PRÉCIS
DU COURS DE LÉGISLATION,

Fait à l'École centrale de l'Isère,

Par Berriat (Saint - Prix).

TOME SECOND,

Contenant le Livre premier.

Imprimé à Grenoble, chez J. Allier,

AN XII.

Se distribue chez le Professeur, aux Élèves du Cours.

AVIS AUX ÉLÈVES.

Quoique le texte de ce volume et du précédent soit, dans beaucoup de titres, l'objet principal des études des élèves, ils ne doivent pas négliger l'examen des notes. Il est vrai que ces notes sont en trop grand nombre et citent beaucoup trop d'autorités, pour que plusieurs des élèves, distraits par des travaux d'un autre genre, puissent les étudier toutes, ou du moins consulter tous les passages auxquels elles renvoient. On les invite, dans ce cas, à les revoir lorsqu'ils auront terminé leur cours; elles leur rappelleront les principes généraux qu'ils auront appris, et leur indiqueront en même tems une foule de décisions utiles, de détail, qu'il n'est pas toujours possible d'expliquer pendant un cours élémentaire. Le professeur aura alors atteint le but qu'il se propose dans son enseignement : *mettre les élèves en état d'étudier sans guide*.

C'est dans cet objet sur-tout, que les notes ont été multipliées, et que les autorités citées soit dans ces notes, soit dans le texte, ont été compulsées et vérifiées avec beaucoup de soin. Mais on a encore voulu épargner aux élèves, et la perte d'un tems toujours précieux, et l'embarras qu'on a souvent éprouvé en recherchant dans leur source, les passages sur lesquels les jurisconsultes fondent leurs décisions. Le professeur a même peut-être le droit d'appliquer à son ouvrage ce que Despeisses dit avec tant de bonhomie du sien. « Et toutes ces authoritez
» sont rapportées auec vne fidélité que vous ne trouuerez pas ailleurs.
» Ez autres escrits, de plusieurs textes, que l'on vous cite, bien souuent il n'y en a pas vn de véritable. Mais icy vous n'en trouuerez pas
» vn seul qui ne dise précisément ce pourquoy je l'employe.... L'erreur
» des autres escriuains provient de ce qu'ils n'ont pas daigné voir dans
» les originaux ce qu'ils disent, et s'en sont remis à la foy d'autres qui
» les auaient citez auant eux; et ainsi vn aueugle ayant esté conduit
» par vn autre aueugle, ils sont tous deux tombez dans vn mesme précipice d'erreur; mais il ne m'est arriué de citer aucun texte du droict,
» ni aduis de docteur, que je ne les aye puisez dans leur source ». —
Œuv. de Despeisses, édit de 1664, tome 1, avertissement, page 2.

☞ Les exemplaires de cet ouvrage seront tous numérotés et inscrits dans un registre, sous le nom des personnes (soit fonctionnaires publics, soit élèves) auxquelles ils sont destinés.

ERRATA DU TOME SECOND.

Observations sur les citations du Code.

Les articles du Code civil, cités dans le tome second, l'ont été d'après le bulletin des lois.

La loi du 30 ventôse an 12 a depuis, établi une seule série de numéros pour tous ces mêmes articles, de sorte qu'il en est beaucoup dans notre ouvrage, qui ne correspondent pas à cette série.

Pour faire concorder nos citations avec la dernière série, il faut remarquer ce qui suit :

1.º Les 151 premiers articles du Code n'ont éprouvé aucun changement dans leurs numéros ;

2.º Après le 151.e, on a intercalé 6 articles sur les actes respectueux, de sorte que le 152e. est devenu le 158e. Il faut donc pour toutes les citations d'articles subséquens des livres 1er. et 2e., jusques et inclus l'ancien article 523, ajouter le nombre 6 à ceux des citations. Ainsi l'art. 509 est devenu l'article 515 ;

3.º Après le 523e. article, aujourd'hui le 529e., on en a intercallé un sur les rentes, de sorte que le 524e. est devenu le 531e. ; il faut donc ajouter le nombre 7 aux citations d'articles subséquens du même livre 2e. ; l'article 594, par exemple, est devenu l'article 601 ;

4.º A l'égard du livre 3e., pour lequel on avait fait une série particulière, il faut ajouter à chaque citation le nombre total des articles des livres 1 et 2, c'est-à-dire, 710, jusques et inclus l'ancien article 287 ; ainsi, l'article 1er. de ce livre est devenu le 711e. du Code, et le 1er. alinéa de l'article 287, est devenu le 997e. article.

5.º On a fait un article séparé des 2e., 3e. et 4e. alinéas du même article 287, alinéas qui forment par conséquent l'article 998 de la série actuelle. Ainsi, à chaque citation subséquente, il faudra ajouter le nombre 711 ; l'art. 384e. est devenu, par exemple, le 1095e. du Code.

Les élèves sont invités à consulter les observations précédentes qui leur seront utiles, non seulement pour les citations du tome second, mais encore pour toutes celles des ouvrages du même genre, publiés avant la loi du 30 ventôse, et ce qui est plus important, pour celles des séances du Conseil d'état où l'on a discuté le Code.

Au reste, voici les pages du tome 2e. où nous avons cité des articles du Code. Ils en pourront rectifier les numéros à la main.

Pages 13, 57, 69, 82, 83, 102, 118, 125, 141, 147, 150, 170, 172 et 182.

Corrections.

Il s'est glissé dans le tome 2e. quelques fautes d'impression que nous allons indiquer.

Page 20, *ligne* 25, au lieu de 14 octobre, *lisez* 11 octobre.

Page 22, *note* 57, au lieu de note 1, *lisez* 53.

Page 29, *note* 6, au lieu de 36, 66, *lisez* 36, 56.

Page 40, *ligne* 10, après le mot *mort*, mettez une virgule et effacez les mots *il en est de même*.

Page 49, *ligne* 10, au lieu de L. 3, ff, *lisez* L. 3, C.

Page 58, *lignes* 2 et 3 de l'article 1er, *lisez* dans le cas où l'absent a laissé une procuration, ou même n'a laissé qu'une procuration qui expire, etc.

Page 61, *note* 30, au lieu de 89, in f, *lisez* 56, in f.

Page 69, *ligne* 16, au lieu de consentement, *lisez* conseil.

Page 73, *ligne* 12, au lieu de et au 1er degré, *lisez* et au second degré (civil) de la ligne, etc.

Page 75, *note* 39, au lieu de n.º 2. p. 66, *lisez* n.º 3, p. 69.

Page 78, *ligne* 16, après 15, *supprimez* § 1.

Page 82, *lignes* 6 et 7, *lisez* 4.º elle n'a pas besoin de l'autorisation de son mari pour faire un testament, mais bien pour accepter une exécution testamentaire. — *V. C-C*, *I*, 226 et *III*, 1029.

Page 91, *ligne* 10, après §§ 1, *ajoutez* s'il avait fait profession monastique ; si étant en captivité, il y avait de l'incertitude sur son existence. — D. nov. cap. 12, et nov. 22, cap. 7.

Idem, *ligne* 18, après § 3-5, *ajoutez* s'il était impuissant. D. cap, 12, et nov. 22, cap. 6.

Idem, *ligne ult.*, après prodigalité, *supprimez* et l'impuissance.

Page 95, *note* 18, avant l'alinéa On entend, *mettez* le renvoi (19), et *effacez* ce renvoi 4 lignes plus bas.

Page 96, *ligne* 27, au lieu de page 117, *lisez* p. 107.

Page 118, *ligne* 27, au lieu de 2, § 2, 1 et 1 ; § 1, ff., *lisez* 2, § 2 ; 1 et 2, §. 1, ff.

Page 122, *note* 36, au lieu de art. 13, *lisez* art. 14, et au lieu 25 nivôse, *lisez* 5 nivôse.

Page 143, *lignes* 16 et 17, *mettez* la maison paternelle, excepté à dix-huit ans, et pour s'enrôler.

Page 149, *ligne* 1, au lieu de tome 2, *lisez* tome 1.

PRÉCIS
DU COURS DE LÉGISLATION.

LIVRE PREMIER.

Des Personnes (1).

TITRE PRÉLIMINAIRE.

Des divisions des Personnes (2).

Tous les particuliers, en France, sont égaux devant la loi civile (3). — *L.* 24 *aout* 1790, *tit.* 2, *art.* 16 *et* 18. — On ne peut donc dans le droit

---

(1) Avant de commencer ce livre, les élèves reverront rapidement la 1.re partie du livre préliminaire (tom. 1.er, p. 21-36), où il est question des lois, de leurs effet, exécution, publication, application et interprétation; et ils expliqueront en même tems de vive voix, les textes principaux des instituts, du digeste et du code qui ont rapport à chaque article des chapitres de cette partie; (il en sera de même à chaque titre de notre cours, où nous aurons soin de citer aussi tous les textes principaux du droit ancien : par ce moyen, nous atteindrons au but indiqué, tome 1, page 187).

Ainsi, en revoyant le chapitre 1.er, ils expliqueront le tit. 1, (excepté le § 2) des instituts, et les §§ 1, 2, 3, 9, 11 et 12 du tit. 2; et les lois 1, 2 et 3, ff. just. et jur. ; 1, 2, 40 et 41 ff. de legib. ; 33-36, eod.

Avec le chapitre 2, 1.° LL. 7, 8, ff. ; 9, 10 et 31, ff. ; et 4, C de legib. ; — 2.° LL. 3-6 et 10 ff. eod. —1, 2, ff. constit. princ. , 32, § 1, ff. de legib.; institut. de jure nat. § 11; L. 2, c. quæ sit longa cons. ; — 3.° à 6.°, les lois citées pages 31-36.

Avec le chapitre 3 toutes les lois qui y sont citées.

(2) En étudiant ce titre, les élèves expliqueront les tit. 3 à 8, et le princ. du tit. 13, liv. 1 des inst., et les lois citées dans le courant du titre.

(3) Il n'en est pas de même devant la loi politique. Les fonc-

privé, fonder les divisions des personnes que sur les différences qui existent entr'elles, indépendamment de toute idée de supériorité (4) : telles sont les différences qui dérivent, 1.º de la capacité civile; 2.º de l'habitation; 3.º de l'union conjugale; 4.º de la légitimité; 5.º de la paternité; 6.º de l'âge; 7.º des facultés physiques et intellectuelles; 8.º du sexe; 9.º de la profession.

De ces différences, ainsi que nous l'allons voir, naissent toutes les espèces de divisions des personnes, dont s'occupe le droit privé, ou droit civil; la classification la plus naturelle et la plus méthodique du premier livre d'un cours de droit civil, serait donc celle qui aurait autant de parties ou titres qu'il y a de sortes de divisions de personnes. Mais pour faire concorder, autant qu'il est possible, notre cours avec le code civil, nous nous bornerons à exposer ces divisions, en indiquant les titres où l'on traite des matières qu'elles embrassent. D'ailleurs, à très-peu de changemens près, l'ordre du code est le même que nous avons suivi depuis plusieurs années.

I. Comme la législation privée ou civile accorde certains avantages, indépendamment de ceux qu'on tient de la loi naturelle, il faut d'abord examiner quelles sont les personnes appelées à jouir de ces avantages, et quelles sont celles qui en sont privées. On traitera donc dans la première division, des ré-

---

tionnaires publics ont une supériorité sur les autres citoyens, à raison de leurs fonctions, et pendant l'exercice de ces fonctions. -- Const. de 1791, au préambule; const. de l'an 3, art. 351.

(4) *DROIT ANCIEN.* — On distinguait en France trois classes principales ou ordres de personnes, le clergé, la noblesse, le tiers-état. 1. Le *clergé* se divisait en clergé du premier ordre ou haut clergé, et en clergé du 2.e ordre, ou bas clergé. -- 2. Dans la *noblesse* on distinguait les seigneurs possédant fiefs, les gentilshommes, les nobles et les annoblis. 3. Les bourgeois ou habitans de certaines villes douées de plusieurs privilèges, les paysans et les mains-mortables ou serfs de la glèbe (il y en avait encore dans quelques districts), formaient le *tiers-état*. La noblesse et le clergé avaient de très-grandes prérogatives dans l'ordre politique; quand à l'ordre civil, dont nous nous occupons ici, leurs privilèges consistaient principalement en ce qu'ils avaient le droit de plaider devant certains tribunaux.

publicoles ou français, des étrangers et des morts civilement; on y indiquera aussi la manière suivant laquelle on constate l'état civil, et l'on expliquera ce qu'on entend par changement d'état et par question d'état. — *Ci-après, titres 1 et 2.*

II. Les particuliers exercent leurs droits civils dans un lieu quelconque; d'autres ne peuvent les exercer, parce qu'ils ont abandonné ce lieu sans avoir donné de leurs nouvelles. La seconde division doit être relative au domicile et à l'absence. — *Titres 3 et 4.*

III. Le mariage est une des bases les plus importantes de l'ordre social. Il faudrait donc encore diviser les personnes, en mariées et en célibataires; mais comme les célibataires ont à peu-près les mêmes prérogatives que les gens mariés, on ne considérera dans la troisième division, que le mariage et les institutions qui le modifient ou le dissolvent (5), et par conséquent l'on traitera du mariage, du divorce et de la séparation de corps. — *Titres 5 et 6.*

IV. Les lois ont toujours favorisé les mariages; les enfans qui en naissent ont été distingués de ceux qui doivent le jour à une union illégitime. La quatrième division aura donc rapport aux enfans légitimes et aux enfans illégitimes, aux enfans légitimés et aux enfans adoptés, qu'on assimile en quelque sorte aux enfans légitimes. — *Titres 7 et 8.*

V. La nature impose aux enfans des devoirs envers leurs parens, devoirs dont l'accomplissement ne concourt pas moins à affermir l'ordre social, que la formation des unions légitimes. Pour empêcher de les méconnaître, les législateurs ont accordé aux

---

(5) On avait jusques à présent dans ce cours, mis à la suite du traité du mariage, ceux des dots, des biens paraphernaux et des gains nuptiaux, comme étant des accessoires de ce traité. (V. tome 1.er, page 27). — On les placera dans un autre lieu, afin de se conformer, autant qu'il est possible, à l'ordre du code civil.

pères une certaine puissance sur leurs enfans. La cinquième division concernera les pères et les fils de familles. — *Titre 9.*

VI et VII. L'âge forme une division naturelle entre les hommes. On a observé que dans l'enfance l'homme était incapable de régir sa personne ou ses biens ; que dans l'adolescence il pouvait les régir à l'aide d'un conseil ; enfin, que dans l'âge mur il était en état de se conduire d'après lui-même, à moins qu'il n'eût quelque infirmité physique ou quelque faiblesse d'esprit. La sixième division embrasse les pupilles et les mineurs ; la septième les majeurs et les interdits. *Titres 10 et 11.*

VIII à XI. Il y a encore entre les personnes plusieurs autres différences ; mais, ou elles n'apportent pas assez de changemens dans la condition civile des individus auxquels elles ont rapport, ou elles ont donné lieu à trop peu de règles, pour qu'on ait dû leur consacrer des traités particuliers.

Telle est, 1.° la différence qui naît du sexe. Les femmes ne jouissent pas des mêmes prérogatives que les hommes, et elles ont toutefois quelques avantages particuliers. — *L. 2 , ff. reg. juris* (6). — Voyez ci-après les titres du mariage, des tutelles, des testamens, des cautions, etc.

2.° Celle qui dérive de la naissance, ou de l'état physique de celui qui naît. Les lois ont établi quelques règles spéciales pour les morts nés, les avortons ou enfans non viables, les enfans conçus, les posthumes, les hermaphrodites, les eunuques, les monstres (7). — Voyez les titres des droits civils, du

---

(6) Voyez aussi LL. 9, ff de statu homin. ; ult. ff. de tutelis ; 20, ff. qui test. facere poss. ; 1 , in pr. et § 1 , ad S-C. Velleïan.
(7) Voyez 1.° LL. 129, ff. verbor. sign. ; 2 , C. posth. hæred. just.
2.° LL. 12 , ff. de statu hom. ; 3 , § ult. ff de suis et legit.
3.° LL. 7, ff. statu hom. ; 2, ff mortuo infer. ; 1 , ff. de vent. in poss.

mariage, des tutelles, des testamens, des successions, etc.

3.º Celle qui résulte de certaines professions particulières. — On a accordé plusieurs privilèges aux défenseurs de l'état. — Voyez les titres des prescriptions, des testamens, etc.

4.º Celle qui tient à certaines fonctions publiques. — Les fonctionnaires d'un ordre relevé sont exempts de tutelle, etc., ne sont pas obligés de se déplacer pour déposer en justice, etc. — Voyez le titre des tutelles, ceux de la procédure, etc.

Si l'on voulait traiter en particulier des règles propres à toutes les espèces de divisions des personnes, on s'exposerait à beaucoup de répétitions. Pour éviter cet inconvénient, on placera plusieurs de ces règles dans les traités des matières avec lesquelles elles ont quelque analogie ; et dans une récapitulation du traité des personnes, on indiquera les articles où l'on s'en sera occupé.

---

evict.; 9, in f. ff ad leg. falcid. ; 8 , ff de curatorib. furioso ; 2, § 6, ff de excusation.
    4.º LL. 3, § 1, in pr. ff de injusto rupto ; 12, in pr. ff de lib. et posth. hæred.
    5.º LL. 10, ff de statu hom.; 15, § 1, ff de testib.
    6.º L. 6, in pr. ff de lib. et posth. hæred.
    7.º LL. 14, ff de statu hom. ; 135, ff. verbor. signif.

APPENDIX AU TITRE PRÉLIMINAIRE.

Des divisions des Personnes dans les Colonies françaises.

OUTRE les différentes divisions des personnes que nous avons exposées, on en observe une particulière dans plusieurs de nos colonies ; c'est celle des hommes libres et des esclaves.

On nomme esclave l'homme qui, contre le droit naturel, est entièrement assujetti à l'empire d'un autre homme. — *Inst. de jure person.*, §. 2 ; *L.* 4, *ff. de statu hom.* — L'esclavage ou la servitude est l'état de l'esclave.

L'esclavage est reçu en général dans toute l'Amérique, et les lois françaises anciennes l'ont consacré dans les diverses parties de ce continent que nous avons acquises ; l'édit de 1685, connu sous le nom de code *noir*, est la base de la législation qu'on doit suivre à l'égard des nègres (1).

Il était essentiel de statuer par des lois particulières sur l'état des esclaves, car la jurisprudence française avait depuis très-long-tems (2) proscrit l'esclavage. Bouchel, dans sa bibliothèque du droit français, au mot *esclaves*, après avoir dit qu'on n'en admet point en France, cite un arrêt du parlement de Bordeaux de l'année 1571, par lequel on mit en liberté des nègres et mores qu'un marchand normand avait amené dans cette ville ; et Loisel, dont les institutes coutumières furent publiées (3) environ trente ans après cet arrêt, établissait (liv. 1, tit. 1, n.º 6) déjà la règle générale suivante :

---

(1) Beaucoup de dispositions de cet édit sont tirées des lois romaines relatives à l'esclavage et à l'affranchissement.

(2) Decocq, tractatus de justitiâ, part. 1, sect. 5, dit que la servitude était abolie en France dès 1250.

(3) En 1607, à la suite de l'institution au droit français de Coquille. — Laurières, vie de Loisel.

« Toutes personnes sont franches en ce royaume, » et sitôt qu'un esclave a atteint les marches d'icelui, » se faisant baptiser (4), est affranchi ».

Cette règle était si universellement reçue, qu'on en faisait l'application même après la publication du code noir, qu'on ne regardait ainsi que comme une loi uniquement propre aux Colonies. Il fallut décider par deux autres lois postérieures, l'édit d'octobre 1716 et la déclaration du 15 septembre 1738, que les nègres amenés en France par leurs maîtres resteraient esclaves. Mais ces lois n'ayant point empêché les nègres de se répandre dans la métropole, on rendit, sur la demande des Colons, les 9 août 1777, 23 février et 5 avril 1778, et 23 mars 1783, une déclaration, une ordonnance et deux arrêts du conseil, par lesquels on défendit aux maîtres d'en amener en France; on leur permit seulement de s'en servir pendant leur traversée, à la charge de les renvoyer dans les Colonies aussitôt après leur arrivée (5).

L'esclavage a été aboli dans les Colonies françaises par les décrets des 16 pluviôse et 12 germinal an 2; mais ces lois n'ont été mises à exécution qu'à St-Domingue, à la Guadeloupe et à la Guyane; et la loi du 30 floréal an 10 a maintenu l'esclavage et la traite des noirs dans toutes les autres Colonies, soit cédées par le traité d'Amiens, soit situées au-delà du Cap de Bonne-Espérance.

On doit suivre dans ces Colonies l'édit de 1685 et les lois et arrêtés antérieurs à 1789, et dans toutes les Colonies en général les réglemens que le Gouvernement fera pendant dix années pour leur régime. — D. L. 30 floréal.

---

(4) Laurières, dans ses notes curieuses sur cet article, n'exige pas même la condition du baptême.

(5) *DROIT ACTUEL*. Les noirs, mulâtres, ou autres gens de couleur, même appartenant à des étrangers, ne peuvent ni être introduits, ni venir en France, sans une autorisation spéciale des magistrats des colonies ou du ministre de la marine, sous peine d'être arrêtés et déportés. — Arrêté du Gouvernement, du 13 messidor an 10.

TITRE PREMIER.

Des Droits civils (1).

Les droits civils sont les droits qui résultent de la loi civile ou privée ; les droits naturels sont ceux qui résultent de la loi naturelle ; les droits publics, ceux qui résultent de la loi publique. Ces derniers droits sont de deux sortes : les uns, qu'on pourrait appeler droits publics *proprement dits*, dérivent de la loi publique extérieure, ou autrement du droit des gens ; les autres, qu'on nomme dans l'usage droits *politiques*, dérivent de la loi publique intérieure, ou loi politique, ou loi constitutionnelle (2).

Le droit d'exister, par exemple, vient de la loi naturelle ; celui de disposer et d'acquerir entre-vifs, vient de la loi publique extérieure, ou droit des gens ; celui de voter dans les assemblées politiques et d'exercer les fonctions publiques, vient de la loi constitutionnelle ; celui de disposer et, en général, d'acquérir à cause de mort, vient de la loi civile ou privée.

La jouissance des droits civils suppose toujours celle des droits naturels et publics extérieurs, tandis que la privation de ces derniers droits n'est pas une suite de la perte des premiers. Ainsi, un homme mort civilement, peut recevoir un legs à titre d'alimens, parce que les alimens ou la nourriture sont du droit naturel ; et faire une donation entre-vifs (3), parce que la donation est du droit des gens (4).

---

(1) On expliquera avec ce titre, les titre 16.e, liv. 1 des instituts, et 5.e (en partie), liv. 4 du digeste, dans l'ordre ci-après : 1.° inst. in pr. ; ff L. 1 ; 2.° Just., § 1-4 ; ff. L. 11 et 3, in f. ; 3.° inst. tit. 15, § 3, et tit. 16, § 6-7 ; ff LL. 3, in pr., 4, 5, § 2, 6, 7 in pr., 2, § 3, 7, § 1, 8 ; 4.° L. 17, ff de pæn., et 1, C, de hæred. instit.

Pour les règles de détail du droit ancien, voyez le 28e plaidoyer de d'Aguesseau, tome 3, et le traité de la mort civile par Richer.

(2) Voyez au tome 1, pages 21-16, les diverses définitions et divisions du droit.

(3) Des biens acquis après l'époque de la mort civile.

(4) C'est pour nous conformer aux idées reçues dans la jurispruden-

Il en est de même des droits politiques. On peut ne pas jouir du droit de cité (5), et avoir cependant le droit de recueillir une succession ou une libéralité à cause de mort, parce que les successions testamentaires ou ab intestat dérivent du droit civil. En un mot, « l'exercice des droits civils est indé-
» pendant de la qualité de *citoyen* (6), qui ne s'ac-
» quiert et ne se conserve que conformément à la
» loi constitutionnelle » (7). — *C.-C. I*, 7.

Cependant on peut être privé tout à la fois des droits politiques et des droits civils; c'est ce qui arrive à celui qui s'est fait naturaliser à l'étranger, ou qui a accepté des fonctions publiques, etc. — *Ci-après*, ch. 2.

Nous allons examiner quelles sont les personnes qui jouissent des droits civils, et quelles sont celles qui en sont privées. Nous indiquerons aussi les moyens dont celles-ci peuvent user pour acquérir ou recouvrer les droits civils.

---

ce, d'après les principes du droit romain, que nous attribuons aux facultés ou droits ci-dessus, les diverses origines que nous avons indiquées; car nous ne pensons pas que ces origines soient toutes bien établies. (Voyez le tome 1.er, au même lieu et page 91). Il ne serait pas difficile de montrer, par exemple, que la donation entre vifs et la succession en ligne directe ab intestat, dérivent plutôt du droit naturel que du droit des gens et du droit civil ou privé.

Cependant, il peut s'élever de grandes difficultés au sujet des règles du droit des gens qu'on doit suivre, parce que ces règles elles-mêmes, sont dans beaucoup de points très-incertaines. Il faut alors résoudre ces difficultés, en usant du principe judicieux établi par Richer (mort civile, part. 1, ch. 2), savoir que c'est le droit civil proprement dit (le droit de la cité, non pas le droit privé. — V. ci-devant, tome 1, p. 25), qui règle les dispositions du droit des gens que doivent observer les particuliers; ensorte que rien de ce qui n'est pas autorisé par le droit civil, n'a force de loi... Ce principe est d'ailleurs fondé sur le droit romain. — *V. Inst.*, *jure nat.*, §. 1; *LL. 6 et 9*, *ff Just. et jure*.

(5) Chez les romains au contraire, la perte du droit de cité entraînait celle des droits civils. — V. ci-après l'app. du changement d'état.

(6) On a été obligé d'insérer au *code* cette disposition, parce que l'on confondait jadis en France les droits civils avec les droits politiques. — *Tronchet*, *séance du conseil d'état*, *14 thermidor an 9*. — V. ce que nous avons dit, tome 1, pages 25 et 26.

(7) Pour *jouir* du droit de cité, il faut être né et résidant en France, âgé de 21 ans, inscrit sur le registre civique de son arrondissement et demeurer ensuite en France pendant une année. — Pour *acquérir* ce droit, il faut, après avoir accompli le même âge, et déclaré qu'on se fixe en France, y avoir résidé pendant dix années, à moins que pour

CHAPITRE PREMIER.

De la jouissance des Droits civils (8).

DROIT ANCIEN. — Les personnes qui jouissaient des droits civils étaient :

I. Les personnes nées en France, dans les Colonies françaises et même en pleine mer, d'un français. — *Bacquet, traité du droit d'aubaine, ch. 2, n.º 2.*

II. Les personnes nées en France d'un étranger, lorsqu'elles exprimaient leur intention d'être françaises. — *Serres, liv. 3, tit. 1, p. 397; Tronchet, séance du conseil d'état, du 6 therm. an 9.*

III. Les personnes nées à l'étranger d'un père français, qui n'y avait pas établi son domicile ni perdu l'esprit de retour. — *Pothier, traité des personnes, tit. 2, sect. 1.*

IV. Les personnes nées à l'étranger d'un père qui y avait établi son domicile, lorsqu'elles revenaient se fixer en France. — *Bacquet, ch. 38, n.º 5, et ch. 39.*

V. Les étrangers naturalisés et établis en France. — *D'Aguesseau, plaid. 32, part. 1, p. 133; Richer, part. 2, liv. 2, ch. 2, sect. 1, dist. 1, §. 1.*

VI. Les étrangers établis hors de France, lorsque le droit d'aubaine (9) avait été aboli à leur égard

---

récompense de services ou de talens distingués, le Gouvernement ne réduise ce délai à une année. — On *perd* le droit de cité par la naturalisation à l'étranger, l'acceptation de fonctions ou de pensions d'un gouvernement étranger, par l'affiliation à une corporation étrangère qui suppose des distinctions de naissance, par la condamnation à des peines afflictives ou infamantes. — Enfin, le droit de cité est suspendu par l'état de débiteur failli ou détenteur à titre gratuit de la succession totale ou partielle d'un failli, de domestique de la personne ou du ménage, d'interdit judiciaire, d'accusé et de contumace. — Constit. art. 2-5 ; sénatus-cons., 26 vendém. 11.

On voit que le domestique personnel ne jouit pas, du moins momentanément, des droits politiques, quoique il jouisse des droits civils.

(8) C'est cette jouissance qui constitue ce que l'on nomme *état civil.* — V. ci après le titre 2.

(9) Les étrangers étaient aussi appelés *aubains*. Le mot *aubain* vient d'*alibi nati* suivant Domat, liv. prél., sect. 2, n.º 11. — Suivant Laurière (Glossaire; et note sur Loisel, sup., liv. 1, tit. 1, art. 49), il

par un traité (*Pothier sup. sect.* 2.) ou par une concession particulière, ou lorsqu'ils étaient réputés regnicoles.

On nomme droit *d'aubaine*, un droit en vertu duquel le souverain succède à l'exclusion de tous étrangers, aux biens que laisse dans ses états un étranger non naturalisé, qui n'en a pas disposé entre-vifs, et un étranger naturalisé qui n'en a disposé ni entre-vifs, ni à cause de mort. — *Répertoire, h. v.*

L'abolition du droit d'aubaine ne donnait pas aux étrangers une capacité complette. Ils excluaient, à la vérité, le fisc des successions, mais ils ne pouvaient ni concourir avec leurs parens français du même degré, ni exclure ceux qui étaient plus éloignés en degré (10). — *Tronchet, conseil d'état, 6 therm. 9.*

DROIT NOUVEAU. — Prononcée d'abord par divers traités (11) à l'égard d'un grand nombre d'états étrangers, cette abolition a été étendue à tous sans exception, par la loi du 18 août 1790, confirmée par celles des 17 avril 1791 et 20 du même mois, tit. 1, art. 7; par la constitution de 1791, tit. 6; et par celle de l'an 3, art. 335. — Enfin, la loi du 15 avril 1791, art. 3 et 4, a donné aux étrangers une capacité complette de succéder (12).

Les étrangers faisant partie des nations réputées regnicoles, jouissent, sans modification, des droits attribués aux Français. Tels étaient les Savoisiens, par rapport aux Dauphinois, avec réciprocité. — Edits de juillet et septembre 1669, et lettres-patentes du 9 février 1674. — *Voyez Basset, tom.* 2, *pag.* 111 et 532.

---

vient d'*albanus*, écossais, parce que les écossais étaient les étrangers qui, jadis, fréquentaient le plus la France.

(10) On les obligeait même à faire emploi en France de ces successions. — Tronchet, sup.

(11) V. le dictionn. diplomatique de Robinet, le répertoire et l'encyclop., mot *aubain*. — Ces traités stipulaient presque tous la réciprocité telle que l'exige l'art. 11 du code civil. Voyez entr'autres, au tome 27 du recueil de Giroud, les déclarations des 20 août 1784, et 25 décembre 1787, relatives aux suisses.

(12) La loi du 17 nivôse an 2, art. 59, a cependant fait à cette règle une exception que nous exposerons au titre des successions.

Certaines classes d'étrangers ont la même prérogative en vertu de concessions particulières ; tels sont les négocians voyageant en France pour commerce (*Ordonnance du 24 juillet 1697 ; précis de Montvalon*); les gens de mer, au bout de cinq ans. (*Edit d'avril 1687*), etc.

Enfin, l'exemption du droit d'aubaine est accordée pour certaines espèces de transactions, telles que l'acquisition et la transmission des effets publics. — *Edit de décembre 1674 ; déclar. du 19 juin 1720.*

DROIT ACTUEL. — Le code civil, liv. 1, tit. 1, art.-13, distingue les individus appelés de droit à la jouissance des droits civils, de ceux qui n'y sont appelés que dans certaines circonstances.

On y expose ensuite, art. 14-16, quelques règles sur les contestations des étrangers en France, et sur celles des Français pour engagemens contractés à l'étranger (13).

I. Les individus appelés de droit à la jouissance des droits civils, sont les Français (*C-C. I*, 8), *proprement dits*, ou Français d'origine et de naissance, ou individus nés en France d'un Français (14). Ils jouissent des droits résultans de la loi civile française, tant qu'ils n'en ont pas perdu l'exercice par une des causes que nous indiquerons au chapitre second (15).

II. Les individus appelés à la jouissance des droits civils dans certaines circonstances, sont le Français de naissance et non pas d'origine, le Français d'o-

---

(13) Ces règles n'y sont exposées que par occasion, elles appartenaient proprement au code de la procédure.

(14) Ce sont les termes de la première rédaction ; dans les trois suivantes, on se contentait de la naissance pour établir la jouissance de droit. On a senti ensuite que c'était accorder au hazard, des droits qu'on mérite seulement par la participation aux charges et à la défense publique. — *V. rapport de Garry, corps législatif, 14 ventôse an 11 . . Voyez aussi conseil d'état, 6 therm. an 9.*

Au reste, le fils d'une française et d'un père inconnu, suit la condition de sa mère. — *Tronchet, ibid.*

(15) Voyez même rédaction et même séance du conseil d'état.

rigine et non pas de naissance, l'étranger, l'étrangère mariée à un Français.

1.° Le Français de naissance et non pas d'origine, ou l'individu né en France d'un étranger, peut réclamer la qualité de Français dans l'année qui suit sa majorité (16); mais il doit alors, s'il y réside, déclarer qu'il veut y fixer son domicile, et, s'il n'y réside pas, se soumettre à y fixer également son domicile, et l'y établir en effet dans l'année qui suit sa soumission (17). — *C-C. I*, 9.

2.° Le français d'origine et non pas de naissance, ou l'enfant né d'un français, (18) en pays étranger, est français (*C-C, I*, 10, *in pr.*) proprement dit, ainsi que son père, parce qu'en général, un enfant suit la condition de son père (19).

Si le père a perdu cette qualité, le fils peut la recouvrer dans tous les tems, en remplissant les conditions précédentes. — *D. art.*

3.° L'étranger, ou veut rester étranger, ou se propose de devenir français. Dans le premier cas, il ne jouit que des mêmes droits civils que sa nation accorde aux français. — *C-C, I*, 11 (20).

Dans le second cas, l'étranger jouit en France de tous les droits civils, tant qu'il continue d'y résider après avoir été admis par le Gouvernement (21) à y établir son domicile. — *C-C, I, 13.*

---

(16) Il paraît évident qu'il s'agit ici de la majorité fixée par les lois françaises et non de celle qui est déterminée par les lois du pays originaire de cet individu, puisqu'un étranger né et résidant en France acquiert les droits politiques à 21 ans. — *Constitut.*, art. 2. — Voyez aussi conseil d'état, 6 therm. an 9.

(17) Une fois devenu français, cet individu ne peut plus perdre cette qualité que comme tout autre français. — *Thibaudeau, conseil d'état, ibid.*

(18) Si ce français n'était pas marié, il faudrait que sa paternité fût ensuite établie en France, par les preuves indiquées au titre 7. — *Conseil d'état, 6 therm. an 9.*

(19) *Conseil d'état*, 14 thermidor an 9.

(20) Mêmes décisions pour la capacité de succéder et pour celle de disposer. — *C-C. III*, 16, 202.

(21) Dès cet instant, il jouit des droits civils. — *Garry, sup.*

4.º L'étrangère qui épouse un français, suit la condition de son mari. —(*C-C*, *I*, 12). Elle devient par conséquent française, et elle doit conserver cette qualité après sa séparation (22), ainsi que pendant son veuvage, et même après son divorce, si elle continue à résider en France (23). — *Hua*, conférences, et *Bousquet*, explication du code.

III. D'après la maxime célèbre *actor rei forum sequitur* (24), le demandeur doit en général s'adresser au juge du défendeur. L'intérêt public a déterminé le législateur à déroger à cette règle lorsqu'il s'agit des étrangers. On peut les citer devant les tribunaux de France (25), pour les obligations qu'ils ont contractées avec des français (26), en pays étranger. (27)— *C-C*, *I*, 13. — Mais on ne peut user du même avan-

---

(22) Puisque la séparation de corps ne dissout point le mariage. -- *Ci-après*, tit. 6.

(23) Voici, suivant nous, sur quoi l'on peut fonder cette dernière décision. L'étranger admis par le Gouvernement à établir son domicile en France, jouit des droits civils, d'après l'art. 13, tant qu'il y réside. La veuve ainsi que la femme divorcée sont dans le même cas, puisqu'elles ont été admises et au domicile et aux droits civils, par la loi (*C-C*, *ar*. 12) elle-même.

(24) L. 3, C ubi in rem actio. -- V. aussi L. 2, C. jurisdict. omn. jud.; L. 26 octobre 1790, tit. 1, art. 3; et le livre 5.e de notre cours.

(25) Il n'est pas aisé de décider devant quel Tribunal français il faut citer, lorsqu'il ne s'agit pas d'une matière attributive de juridiction, telle qu'une obligation contractée en foire, ou une matière réelle. Bousquet pense qu'il faut s'arrêter au juge du domicile du français; nous préférerions l'avis d'Hua, qui croit qu'il faut citer devant le juge du lieu de l'obligation, ou de celui où se trouve l'étranger.

(26) Les contestations entre étrangers peuvent aussi être portées devant les tribunaux français, mais le défendeur a alors le droit, à moins qu'il ne s'agisse d'obligations contractées en foire, de décliner la juridiction. -- *Tronchet et Réal*, séance du 6 thermidor an 9.

(27) Dès que les lois du pays régissent la forme des actes (*locus regit actum*), et la capacité des personnes, (*C-C*, art. 3. -- voyez tome 1, page 31 *bis*); ce sont les lois du lieu du contrat que les tribunaux français devront observer. -- *Bousquet et Hua*, sup.

Il faut remarquer, au surplus. 1.º que les actes passés à l'étranger ne valent en France que comme écritures privées; c'est l'enregistrement qui leur donne de l'authenticité. -- *Emery*, cons. d'état, 6 therm. an 9. -- Cela paraît conforme à l'espr. des LL. 19 décembre 1790, art. 24, et 22 frimaire an 7, art. 22.

2.º Que le français peut aussi être traduit devant un tribunal de France, pour des obligations contractées à l'étranger. -- *C-C*, 1, 15.

tage envers les envoyés publics et les personnes de leur suite (28).

La loi ne borne pas à ce point les précautions qu'elle prend contre l'étranger. Celui qui est demandeur dans un procès, est obligé de donner caution (29) pour le payement des dépens et dommages, résultant de ce procès, si ce payement n'est pas assuré par les immeubles que l'étranger possède en France, ou s'il ne s'agit pas d'affaires de commerce (30). — *C-C*, *I*, 16.

---

(28) On avait inséré cette exception dans la 1.re rédaction (*C-C*, 1, 11); elle n'en a été retranchée que parce qu'elle tenait au droit des gens. — *Conseil d'état*, 6 *therm*. an 9. — Au reste, elle a été admise de tout tems ; voyez l'ambassadeur de Wicquefort, liv. 1, sect. 27-29, et un mémoire du cit. Merlin, extrait au moniteur, an 10, p. 1277 ; — ainsi jugé au parlement de Paris, le 20 juin 1729. *Dictionn. de Prost de Royer*, *mot assignation*. — Enfin, les privilèges anciens des ambassadeurs ont été consacrés d'une manière générale, par un décret du 12 décembre 1789. — V. aussi L. 14 août 1790, relative à la municipalité de Saint-Aubin.

(29) C'est ce qu'on nomme la caution *du jugé*, ou caution *judicatum solvi*.

DROIT ANCIEN. — Les règles relatives à la caution *judicatum solvi*, ont subi plusieurs variations (v. instit. de Satisdat, in pr. et § 1 et 2 ; Vinnius et Heineccius, in id ; Pothier, Pandect, ad h. t.) — La jurisprudence française ne l'exigeait que des dévolutaires, des cessionnaires de biens (Basset, infra, cite un arrêt opposé, mais il y en a plusieurs pour l'affirmative), et enfin, des étrangers, (même des souverains), *demandeurs* contre des français. — V. Richer, part. 2, liv. 2, ch. 2, sect. 1, dist. 1, § 8 ; Merlin, in repert. h. v. ; et recueil alphab. ibid., tome 2, pages 214-216.

Le français établi à l'étranger, assujéti jadis à cette caution (Basset, tome 1, liv. 2, tit. 21), en doit aussi être affranchi aujourd'hui, suivant Hua. Mais cette décision est peut-être contraire à l'esprit du code. Ses rédacteurs ont voulu donner une garantie au français contre l'étranger ; (v. cons. d'état, sup.); or, cette garantie est aussi nécessaire contre l'habitant du pays étranger, que contre l'étranger proprement dit. — V. Basset, h. l.

On peut encore induire des derniers termes de l'art. 16, (immeubles d'une valeur *suffisante*) que la caution du jugé n'est pas indéfinie, ce qui est également conforme à l'ancienne jurisprudence. — Basset, sup., ch. 2 ; Serres sup.

(30) DROIT ANCIEN. — Idem. — V. Merlin, recueil alphab., sup.

CHAPITRE II.

De la privation des Droits civils, et des moyens de les recouvrer.

Article Premier.

De la privation des Droits civils.

La perte de la qualité de français, la condamnation à des peines perpétuelles, et la profession religieuse, entraînaient jadis la privation des droits civils. Les deux premiers évènemens ont seuls aujourd'hui cet effet (31).

§. Ier *De la perte de la qualité de Français.*

Droit ancien. — La qualité de français se perdait par l'abdication de patrie, et par la naturalisation à l'étranger.

I. L'abdication de patrie ou l'action de renoncer à son pays, était expresse ou tacite. Celle du premier genre était fort rare : on cite comme un exemple extraordinaire, celle que fit Rousseau, en 1763.

L'abdication tacite résultait d'actes qui supposaient une intention constante d'abandonner son pays et de se fixer à l'étranger.

II. La naturalisation résultait de lettres qu'on obtenait d'un souverain d'un état étranger.

Droit actuel. — La qualité de français (32) se perd par l'abdication qu'on fait de sa patrie. L'abdication est expresse (33) ou tacite, ou plutôt, elle est directe ou indirecte.

---

(31) Il paraît même que certaines peines perpétuelles n'emporteront pas la mort civile.

(32) Ce qu'on va dire s'applique au français comme à l'étranger devenu français. - V. chapitre 1, note 21, page 13.

(33) L'abdication expresse consiste dans une déclaration semblable à

I.

I. L'abdication *directe* résulte d'un fait unique (34) de la naturalisation en pays étranger (35). Mais il faut que cette naturalisation soit acquise ; d'où l'on peut conclure que jusques à ce que toutes les conditions et formalités exigées à l'étranger pour sa perfection soient remplies, l'abdication n'est pas consommée. — *Voyez* C-C, *1*, 17.

II. Six espèces de faits ou d'actes arrivés ou passés à l'étranger, produisent l'abdication indirecte : l'acceptation de fonctions, l'affiliation à un corps nobiliaire, l'établissement, le mariage, le service militaire, l'aggrégation à un corps militaire.

1.° L'acceptation de fonctions publiques, offertes par un gouvernement étranger, à moins qu'elle n'ait été autorisée par le Gouvernement français. — C-C, *eod.*

2.° L'affiliation à une corporation étrangère, si pour être admis dans cette corporation, il faut établir des distinctions de naissance (36). V. C-C, *eod.*

3° L'établissement en pays étranger, lorsqu'on l'a fait sans esprit de retour (37), ce qui ne comprend pas par conséquent les établissement de commerce, qui toujours supposent l'esprit de retour. — V. C-C, *eod.* (38).

---

celle de Rousseau. On l'avait énoncée dans les 4 1.res rédactions de l'article 17 du code ; nous ignorons pourquoi elle n'a pas été spécifiée dans les suivantes. On aura sans doute regardé ce cas comme trop rare pour devoir être l'objet d'une loi. Cependant, s'il se présentait, il est évident qu'il y aurait perte de la qualité de français.

(34) Voyez toutefois la note précédente.

(35) Il y a cependant un cas où la naturalisation ne produit pas abdication : c'est lorsqu'on l'emploie comme fraude de guerre. — *Portalis*, *cons. d'état*, 14 *thermid. an* 9.

(36) Voyez le titre 1er., pag. 9, note 7.

(37) Tel serait un grand établissement d'agriculture. Au reste, la perte ou la conservation de l'esprit de retour, résultent d'une foule de circonstances que le demandeur doit prouver, tandis que les autres cas ci-devant et ci-après exposés, sont des présomptions *juris et de jure*. (v. ci-après, dans notre cours, le titre des présomptions) de l'abdication de patrie. — *Boulay*, *cons. d'état*, 6 *therm. an* 9.

(38) On voit qu'on perd tout-à-la-fois le droit de cité (v. le titre actuel in pr. note 7), et les droits civils, dans les 3 1.ers cas ci-dessus, dans celui de la naturalisation, et dans les 5.e et 6.e cas ci-après, parce

B

4.º Le mariage qu'une française contracte avec un étranger (39); parceque, comme on l'a dit au chapitre premier, la femme suit toujours la condition de son mari. — *V. C-C*, *I*, 19.

5.º L'acceptation de service militaire à l'étranger, sans l'autorisation du Gouvernement. — *C-C*, *I*, 21.

6.º L'affiliation à une corporation militaire étrangère (40). — *C-C*, *eod.*

§. II. *Des Peines perpétuelles.*

Dès que les droits civils résultent de la loi civile, c'est à cette loi à déterminer l'effet des condamnations judiciaires, sur l'exercice des droits civils. La loi criminelle ne détermine cet effet, que quand à la personne, au corps de l'individu condamné. — *Voyez le rapport de Garry, sup.* — Au reste, l'effet des condamnations, sous le premier point de vue, est plus considérable, que celui des diverses circonstances exposées dans le §. 1.er, (voyez ci-après l'art. 2, page 21); car il entraine un retranchement complet de la société, connu sous le nom *de mort civile*.

DROIT ANCIEN. La condamnation à la peine de mort, et à des peines d'une durée illimitée, telles que les galères perpétuelles, le bannissement perpétuel hors de la France (41), et la prison perpétuelle,

---

qu'ils rentrent, quand au droit de cité, dans les 1.er et 2.e cas.

Mais on perd le droit de cité sans perdre les droits civils, par l'acceptation même autorisée de fonctions, et par l'acceptation de pensions. — *Emery, cons. d'état*, 14 *therm. an* 9.

(39) DROIT ANCIEN. - La femme, malgré le mariage, conservait sa successibilité en France. C'est ce qui avait été jugé plusieurs fois au parlement de Paris, et entr'autres en 1630, par un arrêt indiqué par le cit. Duchâtel; *cons. d'état*, 4 *fructidor an* 9.

On a cependant maintenu la disposition précédente, autrement, a-t-on dit, ce serait donner une prime à l'abdication. -- *Même séance*.

(40) Le français qui est dans ces deux derniers cas, doit être considéré comme ayant abdiqué sans retour. C'est ce qui a engagé à faire une règle séparée sur ces points. -- *V. cons. d'état*, 14 *therm. an* 9.

(41) Le bannissement hors d'une province n'opérait pas la mort civile; -- *Richer, sup., sect.* 2; *Tronchet, cons. d'état*, 16 *thermidor an* 9.

opéraient la mort civile du jour de l'exécution (42).
— *Ordonnance de* 1670, *tit.* 17, *art.* 29.; *Richer, part.* 2, *liv.* 1.*er*, *chap.* 2, *sect.* 1, 2, 4; *liv.* 2, *in pr.*; *liv.* 3, *art.* 1, *chap.* 2, *sect.* 5.

DROIT NOUVEAU. Les condamnés aux fers, à la réclusion, à la gêne et à la détention, sans distinction entre la durée plus ou moins longue de ces peines, n'encourent point la mort civile, mais sont seulement constitués en état d'interdiction légale. On leur nomme un curateur qui leur remet leurs biens, et leur rend compte de sa gestion, après qu'ils ont subi leur peine. — *Code pénal, part.* 1, *tit.* 4, *art.* 2--4.

La loi ne dit pas non plus que les autres peines qu'elle prononce, emportent la mort civile. (43).

DROIT ACTUEL. Les condamnations qui emportent la mort civile, sont les condamnations 1.º à la mort naturelle (44); 2.º à des peines afflictives (45) perpétuelles (46), auxquelles la loi attache cet effet (47). — *C-C*, I, 23, 24. — Si elles ont été prononcées contradictoirement, la mort civile est encourue du jour de leur exécution, soit réelle, soit fictive (par effigie);

---

(42) Le condamné par contumace, qui décédait dans les cinq années, décédait *integri status*; cependant Richer soutient que ce n'était qu'une exception, et que la mort civile devait toujours dater de l'exécution. — *Ibid., liv.* 2, *ch.* 3. *sect.* 3.

(43) Il semble cependant, d'après les dispositions de la loi du 2 fructidor an 4, qu'on voulait attacher cet effet à la déportation.

(44) Il est évident que ceci ne concerne que le condamné qui s'évade et qui est exécuté par effigie. — *V. cons. d'état*, 16 *therm. an* 9.

(45) Les peines afflictives sont toujours infamantes; — *code des dél. et des p.*, art. 604. Mais les peines infamantes ne sont pas toutes afflictives; telle est la dégradation civique. Cette peine, perpétuelle de sa nature, à moins de réhabilitation (*code pén.*, part. 1, tit. 7, art. 1), emportera-t-elle la mort civile? Non, sans doute, puisque la loi ne donne pas cet effet aux peines infamantes. D'ailleurs, il paraît que le 1.er projet de code (liv. 1, tit. 1, art. 16), a été rectifié sur ce que le tribunal de cassation a dit que la dégradation n'emportait pas la mort civile. — Projet de code, avec les amendemens, etc.

(46) On exige que les peines d'où résulte la mort civile soient perpétuelles, parce que l'homme ne peut mourir pour un certain tems seulement. — *Richer*, part. 2, *liv.* 1, *ch.* 2, *sect.* 1.

(47) Il paraît qu'on a voulu se réserver de ne pas frapper de mort civile, les déportés dans de certains lieux, afin de favoriser leur industrie. On avait même proposé plusieurs articles dans ce sens, lors des premières rédactions.

si c'est par contumace, la mort civile n'a lieu que cinq années après cette époque ; jusques là, les condamnés sont privés seulement de l'*exercice* des droits civils, et assimilés aux absens, pour cet exercice et pour l'administration de leurs biens (48). — *C-C*, *I*, 26--28.

§. III. *De la Profession Religieuse.*

DROIT ANCIEN. L'émission des vœux monastiques solemnels, faite suivant les formes prescrites (49), dans un ordre approuvé par le supérieur ecclesiastique et par les lois de l'état (5o), opérait jadis la mort civile. — *Edit de Châteaubriant* (1532) ; *ordonnance de Blois*, *art. 28 ; Richer, part. 3, liv. 3, chap. 2*. — Mais il y avait quelques différences entre les effets de cette mort civile, et les effets de celle qu'encouraient les condamnés. La plus importante qu'on observait, était que le testament fait ou reconnu authentiquement par le religieux avant sa profession, était valable, tandis que celui du condamné ne l'était point. — *Ordonnance de 1735, art. 21 ; — Richer, part. 2, liv. 3, art. 2, chap. 6 ; et part. 3, liv. 2, chap. 13*.

DROIT NOUVEAU. — Les religieux et religieuses ont été rendus à la vie civile (51), par les lois des 26 mars 1790, art. 1, 2 et 3 ; et 11 octobre suivant, tit. 2, art. 21. On leur a permis de disposer des biens acquis depuis leur sortie des cloîtres, mais ils ont été déclarés incapables de succéder et de recevoir des libéralités entre-vifs ou testamentaires, à moins qu'il ne s'agit de recueillir de simples pensions viagères, ou d'exclure le fisc.

---

(48) V. ci-après le tit. 4.e, et C-C, I, 112-114.
(49) Entr'autres l'enregistrement de l'émission des vœux, dans un registre tenu conformément à l'ordonnance de 1667, tit. 20, art. 15 et 16, et à la déclaration de 1736, art. 25-28. — Arrêt du parl. de Toulouse, du 15 avril 1782, rapporté dans les affiches de Dauphiné.
(5o) Jusques à cette approbation, les vœux pouvaient être annullés. -- Arrêt du parl. de Grenoble, du 28 août 1775.
(51) L'émission des vœux monastiques solemnels, a été suspendue

Cette incapacité a été levée peu de tems après, de sorte qu'ils ont été entièrement assimilés aux autres français (52). — *LL.* 5 brum. an 2, art. 3, et 17 niv. suivant, art. 4.

Article II.

Des effets de la Privation des Droits civils.

Les causes de la privation des droits civils exposées au § 1.e, ne produisent pas des effets aussi étendus que ceux des causes exposées au § 2.

Les effets de celles-ci, dont l'ensemble constitue la mort civile, sont indiqués avec beaucoup de détails dans un article du code (*C-C, I,* 25), que nous allons extraire. On peut les diviser en trois classes : perte des biens et ouverture de la succession du mort civilement, dissolution de son mariage, incapacités diverses. Ces effets, sauf quelques exceptions que nous rappellerons dans des notes, étaient les mêmes dans le droit ancien que dans le droit actuel.

I. *Ouverture de la succession.* Le mort civilement perd la propriété des biens qu'il possédait au tems de la mort civile. Sa succession est ouverte ab intestat au profit de ses héritiers. — *C-C, eod.* — S'il acquiert dans la suite des biens, ceux qu'il possédera au jour de sa mort naturelle, sont dévolus à la nation par droit de deshérence (53); sauf au Gouvernement à en disposer au profit de sa veuve, de ses enfans ou de ses parens (54). — *C-C, I,* 33.

---

par les lois des 1 et 3 nov. 1789; et ensuite supprimée par celle du 19 fév. 1790, art. 1, par la constitut. de 1791, au préambule, et par celle de l'an 3, art 352.

(52) On a même prononcé la nullité de leurs vœux, s'ils ont été émis avant l'âge requis. — D. L. 5 brum., art. 6; d. l. 17 niv., art. 5. — Cet âge était fixé pour les hommes, à 21 ans, et pour les femmes, à 18 ans. — Edit de mars 1768 ; déclaration du 5 janv. 1779.

(53) *Droit ancien*, idem. — V. Richer, part. 2, liv. 3, art. 2, c. 1.

(54) *Le Droit ancien* ne statue rien à cet égard.

II. *Dissolution du Mariage.* — Son mariage est dissous, quand à tous ses effets civils (55) ; son époux et ses héritiers peuvent exercer respectivement les droits et les actions auxquels sa mort naturelle donnerait ouverture (56). — *C-C*, I, 25.

III. *Incapacités diverses.* Le mort civilement est incapable :

1.º De recueillir ou transmettre une succession (57); — *C-C*, eod.

2.º De disposer et recevoir (58) entre-vifs ou à cause de mort ; — *id.*

3.º D'être tuteur ou de concourir aux opérations relatives à la tutelle (59) ; — *Eod.*

4.º D'être témoin dans les actes solemnels et dans les procédures judiciaires (60) ; — *Eod.*

5.º D'ester en jugement autrement que sous le nom et par l'entremise d'un curateur spécial (61) ; — *Id.*

6.º De contracter un mariage qui produise aucun effet civil (62), à moins qu'il ne l'ait contracté de

---

(55) Richer. part. 2, liv. 3, art. 2, ch. 7, dit aussi que la mort civile détruit les effets civils du mariage, mais qu'elle en laisse subsister le nœud. Il ne faudrait pas conclure de cette conformité d'expressions avec le code civil, que le nœud du mariage soit encore maintenu après la mort civile. Les mots *effets civils* ne comprenaient pas jadis comme aujourd'hui, tous les effets du mariage, parce que le mariage était un engagement tout-à-la-fois civil et religieux, tandis qu'il n'est plus, aux yeux de la loi, qu'un contrat purement civil. — *Constit.* de 1791, tit. 2, art. 7.

(56) Ceci embrasse les gains de survie, — *cons. d'état*, 24 therm. 9. Richer, sup., h. cap., établit qu'il en était en général de même dans *l'ancien droit.* Voyez cependant ce qu'a dit le cit. Tronchet, même séance.

(57) *DROIT ANCIEN.* — V. la note 1 de la page précédente.

(58) Si ce n'est pour cause d'alimens. — C-C. I, 25. — *Droit ancien*, idem — LL. 1, ff. de leg. 3.º 17, ff. de pœnis; 16, ff. de interd. et releg. — Richer, sup., art. 1, ch. 2, sect. 5, est d'avis que le mort civilement pour condamnation à mort naturelle, ne peut pas recevoir même un legs d'alimens. Hua, ad h. art. du code, embrasse cette opinion. Bousquet, eod., est d'un avis contraire, et cet avis nous paraît mieux fondé.

(59) *DROIT ANCIEN.* — Idem. — Richer n'en parle point, mais c'est une conséquence du principe du § 4 et 6, inst. quib. mod. tut.

(60) *DROIT ANCIEN.* — Idem. — Richer, sup., ch. 5.

(61) *DROIT ANCIEN.* — Idem — V. Richer, sup., ch. 4.

(62) *DROIT ANCIEN.* Le mariage était valable, et les enfans qui en naissaient étaient légitimes, mais incapables de succéder à leurs père et

bonne foi. — *C-C*, *I*, 25, 195, 196 (63).

La peine corporelle qu'on a encourue, se prescrit au bout d'un certain tems (64); mais cette faveur de la loi criminelle ne s'étend point aux droits civils (65). Le condamné ne peut les recouvrer en aucun cas (66). — *C-C*, *I*, 32.

Les particuliers privés des droits civils pour les causes indiquées au § 1er, ne sont pas considérés par la loi comme morts civilement, puisqu'elle ne donne ce titre qu'aux condamnés (*C-C*, *I*, 21--25). L'intitulé de la section (*C-C*, *I*, tit. 1, *chap.* 2, *sect.* 1) qui les concerne, indique en général qu'ils sont privés des droits civils, mais sans spécifier ces droits. Cependant comme les causes qui leur en font subir la privation, se réduisent à une abdication de patrie, (v. le § 1.er), il est évident qu'ils doivent être assimilés aux étrangers, et jouir des mêmes droits accordés à ceux-ci, mais de ces droits seulement; — v. *le chap.* 1.er, *page* 13; — v. aussi Richer, liv. 2, chap. 2, sect. 1, dist. 1, § 3 et 5.

Il faut cependant en excepter les émigrés maintenus sur la liste; la mort civile a été prononcée contre eux (67), et ils sont par conséquent assimilés sous ce point de vue, aux condamnés.

---

mère. — Déclaration de 1639, art. 5 et 6; Richer, sup., ch. 3; Serres, liv. 1, tit. 10, § 10; Malleville, cons. d'état, 16 therm. an 9.

(63) La mort civile avait dans le droit ancien plusieurs autres effets qui ne sont pas rappelés dans le code civil, mais qui ne doivent pas moins être considérés comme maintenus, parce qu'ils sont conformes aux principes qu'on y a adoptés. Telles sont la dissolution de la puissance paternelle et des sociétés, et l'extinction de l'usufruit, mais non pas de la rente viagère. (V. Richer, sup. ch. 6, et art. 2, ch. 4. — V. toutefois ce qu'ont dit les cit. Defermon et Tronchet, séance du 24 therm. an 9). — Je pense aussi que l'adoption et la tutelle officieuse doivent être dissoutes par la mort civile.

(64) 1.° Trois ans après que le délit a été connu ou constaté, s'il n'y a pas eu de poursuites; 2.° six ans après, s'il y a eu des poursuites sans déclaration de jury d'accusation; 3.° vingt ans après le jugement du tribunal criminel. — Code pénal, art. 1, tit. 6; code des dél. et p., art. 480.

(65) Cette décision est tirée de Richer, part. 2, liv. 4, ch. 2, sect. 2, dist. 3.

(66) Il ne peut même se faire juger après l'expiration du délai nécessaire pour l'expiation de la peine. — L. 29 septembre 1791, tit. 9, art. 15; code du 3 brum., art. 481; cons. d'état, 4 fruct. an 9.

(67) V. LL. 28 octobre 1792; 28 mars 1793, art. 1; 25 brum. an

Article III.

Des moyens de recouvrer les Droits civils.

Les moyens qu'accorde la loi pour le recouvrement des droits civils différent suivant les causes de la privation de ces droits.

I. Les individus qui sont dans les cas exposés au § 1.er de l'art. 1.er, à l'exception de ceux des n.º 4, 5 et 6, ont seulement besoin de rentrer en France, avec l'autorisation du Gouvernement, et en déclarant qu'ils veulent s'y fixer, et qu'ils renoncent à toute distinction contraire à la loi française (68). — *C-C*, *I*, 18.

Il suffit à la française mariée à un étranger, de résider en France lorsqu'elle devient veuve, ou d'y rentrer avec la même autorisation et en faisant la première de ces declarations. — *C-C*, *I*, 19.

Mais le français, dans les cas des n.º 5 et 6, doit non seulement obtenir la même autorisation (69), mais il faut encore qu'il remplisse les conditions imposées à l'étranger qui veut devenir *citoyen* (70). — *C-C*, *I*, 21.

Il faut remarquer que tous les individus (71) qui recouvrent la qualité de français, et par conséquent

---

3, tit. 4, art. 1 ; décision du conseil d'état sur les art. 3 et 15, 2.e rédaction, 14 thorm. an 9; discussion sur l'art. 14, séance du 4 fruct.

(68) *DROIT ANCIEN*. Pour acquérir la qualité de français, il fallait obtenir des lettres de naturalisation ; pour la recouvrer, on avait besoin de lettres de *déclaration*. Ces dernières lettres avoient un effet rétroactif ; le français à qui on les accordait était censé n'avoir jamais quitté son pays. D'Aguesseau, pl. 32, sup. ; — à défaut de ces lettres, il suffisait de rentrer réellement en France, car la jurisprudence, malgré les rescrits rigoureux de Louis 14, contre les religionnaires fugitifs, supposait qu'on avait toujours conservé l'esprit de retour, tant qu'il n'y avait pas d'abdication expresse. — Prost de Royer, mot *abdication*; — arrêts conformes du parl. de Grenoble, des 11 avril 1780 et 19 juillet 1785.

(69) Ils ne *peuvent* même rentrer qu'avec cette autorisation, et sans préjudice des peines prononcées contre ceux qui portent leurs armes contre leur patrie. — C-C, I, 21.

(70) C'est-à-dire, avoir 21 ans, déclarer qu'on se fixe en France, et y résider pendant *dix* années. — *Constit.*, art. 3.

(71) Même l'enfant né à l'étranger d'un français. — V. chap. 1, page 13.

les droits civils ne peuvent s'en prévaloir qu'après avoir rempli les conditions prescrites (72), et pour l'avenir seulement (73). *C-C*, *I*, 20.

II. Les condamnés à une peine emportant la mort civile, ne peuvent jamais recouvrer les droits civils, si leur jugement a été contradictoire, puisque la prescription même de la peine ne saurait avoir cet effet (74). — *C-C*, *I*, 32.

Si le jugement a été rendu par contumace, ou le condamné est remis en jugement (75) pendant les cinq années de grâce (76), ou il meurt dans cet intervalle sans avoir été remis en jugement, ou il n'est remis en jugement qu'après cet intervalle.

1.° Dans le premier cas, le jugement est anéanti de plein droit (77) ; et si l'accusé est condamné de nouveau à une peine emportant la mort civile, la mort civile n'a lieu qu'au jour de l'exécution du second jugement (78). — *C-C*, *I*, 25.

2.° Dans le second cas, le jugement est encore anéanti ; le contumax meurt dans l'intégrité de ses droits (79), sauf l'action de la partie civile contre

---

(72) Cet article n'indique point textuellement les individus qui sont dans les 5.e et 6.e cas (art. 1, § 1, p. 18) ; mais il leur est évidemment applicable. Le principe dont on est parti pour ne pas donner un effet rétroactif au recouvrement des droits civils (v. la note suivante), c'est que le retour de ces individus, qui est une faveur pour eux, ne doit pas être une occasion de discorde pour leur famille. (V. cons. d'état, séance du 14 therm., discussion sur l'art. 13; séance du 4 fruct., discuss. sur l'art. 14). Or, le même motif subsiste à l'égard des français au service étranger, ou aggrégés à une corporation militaire étrangère; d'ailleurs, la loi a entendu les traiter avec plus de rigueur que ceux qui sont dans les 1.ers cas. — V. cons. d'état, séance du 14 therm., discuss. sur l'art. 2, et les rapports de Treilhard et Garry.

(73) *DROIT ANCIEN*. — Le français qui avait perdu cette qualité, ou ses enfans, la recouvrait au contraire, avec un *effet rétroactif*, en obtenant les lettres de *déclaration*. - D'Aguesseau, pl. 32 ; — Garry, sup.

(74) Ci-devant, art. 2, page

(75) Soit volontairement, soit forcément, car sa simple comparution en justice suffit pour anéantir le 1er. jugement. — Tronchet, cons. d'état, 26 therm. an 9 ; rapport de Treilhard.

(76) Ce sont les cinq années qui suivent le jugement, et pendant lesquelles le contumax peut se représenter. — *C-C*, *I*, 27, 31.

(77) Le contumax profite par conséquent alors des droits ouverts à son profit, pendant les cinq ans. — V. cons. d'état, 4 fruct. an 9.

(78) *DROIT ANCIEN*. — Elle remontait alors au 1er. jugement, suivant Richer, part. 2, liv. 4, ch. 2, sect. 2, dist. 2.

(79) Même observation qu'en la note 77 ; ainsi, par rapport à la per-

ses héritiers (80). — *C-C*, *I*, 31.

3.° Dans le troisième cas, si l'accusé est absous ou n'est pas condamné à une peine opérant la mort civile, il recouvre tous ses droits, mais seulement du jour de sa comparution en justice. Le premier jugement conserve son effet pour le tems qui s'est écoulé jusqu'alors depuis l'expiration des cinq années de grâce (81). — *C-C*, *I*, 30.

APPENDIX AU TITRE I.er

Du changement et des questions d'Etat.

ON appelle *état*, la situation ou condition dans laquelle un homme se trouve pendant un certain intervalle de tems.

Nous avons exposé au tome premier, page 194, ce qu'on entendait par changement d'état, et combien on en distinguait d'espèces. Nous y reviendrons en expliquant les lois romaines indiquées dans la première note de ce titre. Il suffit ici de dire que le grand changement d'état ne peut avoir lieu parmi nous, puisque nous ne reconnaissons plus d'esclavage; mais on peut considérer ceux qui perdent les droits civils, comme subissant le moyen, et ceux qui sont émancipés ou adoptés, comme subissant le petit changement d'état.

On nomme *question d'état*, la question où il s'agit de l'état politique ou civil d'un homme, ou même de sa condition considérée sous quelque point de vue particulier, tel que celui de sa légitimité, de son illégitimité, de sa filiation, etc.

---

sonne et aux biens, le jugement est censé n'avoir jamais existé. — Garry, sup.

DROIT ANCIEN. — V. ci-devant, note 2, § 1, art. 1.

(80) Cette action ne peut être exercée que par la voie civile. — *C-C*, *I*, 31.

(81) *DROIT ANCIEN.* En cas d'absolution ou de mort avant le 2.e jugement, le condamné recouvrait tous ses droits avec effet rétroactif. — *Richer*, sup., dist. 1.

TITRE II.

Des Actes de l'Etat civil.

Nous avons exposé au titre précédent ce que c'était que l'état civil. D'après ce que nous avons dit des personnes appelées à en jouir ou à l'acquérir, ou condamnées à le perdre, soit en entier, soit sous quelques modifications, on peut facilement concevoir que des actes d'où résulteraient avec certitude l'époque et les circonstances principales de la naissance, de la légitimité, de l'adoption, du mariage, du changement de patrie, et du décès, seraient infiniment utiles pour constater l'état civil. Les législateurs anciens (1) et modernes l'ont senti. Ils se sont attachés à déterminer avec soin la forme, si non de tous, du moins des plus importans de ces actes; à les faire recueillir dans des registres, registres qu'on a fait même ensuite tenir à double, à assurer leur conservation. Tel a été le but des rédacteurs des ordonnances d'août 1539, art. 50 et suivans, de mai 1579, art. 181, de janvier 1629, art. 29, et sur-tout, d'avril 1667, tit. 20, de la déclaration du 9 avril 1736, de l'édit de novembre 1787, et de la loi du 20 septembre 1792.

Telle a été aussi l'intention des rédacteurs du titre du code que nous allons analyser; et quoique ce titre n'embrasse pas non plus tous les actes (2)

---

(1) Il paraît qu'à Rome, dès le tems de Servius-Tullius, les pères remettaient les noms de leurs enfans au temple de Junon Lucine. Marc-Aurèle ordonna ensuite que ces déclarations de naissance se feraient à Rome aux Préfets du trésor, et dans les provinces, à des greffiers publics qu'il chargea de les recueillir. — V. le mémoire que j'ai lu à la société des sciences de Grenoble, au mois de nivôse an douze.

(2) Ainsi il ne prescrit point les formes des déclarations que doivent faire les étrangers, ou les français dans certains cas, pour acquérir ou pour recouvrer les droits civils. — V. titre 1.er, pages 13 et 24. — Les formes relatives au divorce et à l'adoption sont indiquées aux titres 6 et 8.

que nous avons indiqués, il est néanmoins beaucoup plus complet que les lois précédentes.

Il faut aussi remarquer que le titre 2 du code a conservé les dispositions les plus importantes de la loi du 20 septembre (3) ; et comme la loi du 20 septembre avait également conservé plusieurs dispositions essentielles de l'édit de 1787, de la déclaration de 1736 et de l'ordonnance de 1667, l'exposition du droit du code ou droit actuel, suffira pour donner une idée du droit ancien et du droit nouveau, en indiquant toutefois dans les notes, les différences les plus remarquables.

Les faits que doivent constater les actes de l'état civil, se passent ou sur le territoire, ou hors du territoire de la république. Ces deux espèces d'actes sont assujettis à des règles communes ; chacune d'elles en a aussi qui lui sont propres. C'est ce que nous exposerons dans les trois chapitres suivans.

---

(3) On y a seulement fait les modifications et additions qui ont résulté de l'expérience. -- *Thibaudeau, exposé des motifs, corps législatif,* 9 *ventôse an* 11. -- Ainsi, ces deux lois peuvent souvent s'interpréter l'une par l'autre. -- L. 28, ff. de legib. ; v. tome 1, page 34 *bis.*

CHAPITRE PREMIER.

Règles communes à tous les Actes de l'Etat civil.

I. LES actes civils sont destinés, avons-nous dit, à constater des faits. Mais ces faits se passant presque toujours hors de la présence de l'officier chargé de rédiger l'acte, il est évident et c'est la première règle à remarquer, que son ministère se réduit à recueillir rigoureusement ce qui lui doit être déclaré à l'égard de ces faits (4) par les parties comparantes ou leurs représentans (5). — *C-C*, *I*, 35, 36.

II. L'officier civil n'est donc interposé que pour l'authenticité de l'acte. Il en est de même des témoins (6), qui doivent être du sexe masculin (7), majeurs, et choisis par les parties intéressées. — *C-C*, *I*, 37.

III. L'officier inscrit sur un ou plusieurs registres (8) doubles (9) et cotés et paraphés (10), les actes, de suite,

---

(4) *DROIT ANCIEN ET NOUVEAU*. — Idem. — V. déclar. du 20 juillet 1787, interprétative. de l'article 4 de la déclaration de 1736, et L. 20 septembre, tit. 3, art. 12. — Ainsi, les parties ne doivent rien déclarer d'étranger à l'objet de l'acte... Elles ne doivent même indiquer que des faits certains, puisque la loi n'ordonne l'inscription dans les registres civils, que de ces sortes de faits. — V. le rapport de Chabot, au corps législatif, séance du 20 vensôse an 11.
(5) Ceux-ci doivent toujours avoir une procuration spéciale et authentique.
(6) V. C-C, I, 36, 66, — idem, Thibaudeau, cons. d'état, 6 fruct. 9.
(7) On n'admet les femmes qu'aux actes de notoriété de l'âge des époux. — *C-C* 1, 71; *V. ci-après*, ch. 2, § 2. — La L. du 20 septembre admettait les femmes. — Tit. 3; art 1.
(8) Non sur des feuilles volantes. — C-C, I, 52. — *Droit ancien et nouveau*, idem. — décl. 1736, art. 9, L. 20 sept., tit. 2, art. 5.
(9) *DROIT ANCIEN ET NOUVEAU*. — Idem — décl. 1736, art. 1, 16; l. 20 sept, tit. 2, art. 1-3. — Auparavant, le 2.e registre n'était qu'une expédition du 1.er — Ordonnance de 1667, tit. 20, art. 8.
(10) Par le président du tribunal civil. - Les registres militaires et les rôles d'équipages où l'on inscrit les actes civils passés à l'armée ou sur mer, sont cotés et paraphés, les 1.ers, par le commandant du corps ou par le chef d'état-major de l'armée (*C-C*, *I*, art. 91), et les autres, avec les registres où ils sont compris, par les juges de commerce, ou par deux des propriétaires du navire; ils sont aussi vérifiés tous les dix jours par les commandans des vaisseaux. — Ordonnance de 1681, liv. 2, tit. 3.

sans blanc (11), abréviations ou chiffres (12).—*C-C*, *I*, 42, 91. — Il énonce l'année, le jour (13) et l'heure où il les reçoit ; et les prénoms, noms, âges, professions et domiciles de tous ceux qu'il y dénomme (14). — *C-C*, *I*, 34. — Il les lit ensuite aux comparans et aux témoins, et les signe avec eux, ou indique pourquoi ils ne signent pas. — *C-C*, *I*, 38, 39, — Il paraphe aussi, avec les comparans, les procurations et autres actes qui doivent être annexés aux registres.—*C-G*, *I*, 44. — Il ferme et arrête (15) enfin, à l'expiration de l'année, les registres, et les remet (avec les actes annexés) un mois après, dans les dépôts publics indiqués (16). — *V. C-C*, *I*, 43, 44, 61, 87, 90.

IV. Une fois terminés, les actes civils n'appartiennent plus aux individus qu'ils intéressent ; ils deviennent la propriété de la société entière. Ceux auxquels le dépôt en est confié, n'y peuvent faire

---

arr. du 7 flor. an 8, art. 47. DROIT ANCIEN ET NOUVEAU. -- Les registres étaient cotés et paraphés par les baillis, sénéchaux ou juges connaissant des cas royaux. --*Décl.*, 1736, art. 2. -- et ensuite par les présidens des districts. -- L. 20 septembre, tit. 2, art. 2.

(11) DROIT ANCIEN ET NOUVEAU. -- Idem. -- Décl. 1736, art. 3; L. 20 sept., tit. 2, art. 3.

(12) DROIT NOUVEAU. -- Idem. -- L. 20 sept. sup.

(13) Ce qui comprend évidemment le *mois*, quoique ce mot ait été omis dans l'article.

(14) Cette règle est aussi dans les art. 57, 63, 71, 73, 76, 79 et 81 ; lorsque nous les analyserons, nous la rappelerons par le seul mot *désignation*, en y ajoutant l'*âge* qui quelquefois y est omis, et les autres circonstances.

(15) Cela se fait en croisant les feuillets vides et blancs. - Décl., 1736, art. 18.

(16) Un des doubles aux archives de la commune, l'autre au greffe du tribunal civil. -- D. art. 43. -- Le rôle d'équipage et les registres militaires (v. note 10, page 29), sont déposés, les premiers au bureau de l'inscription maritime du port de désarmement, les autres aux archives de la guerre. -- D. art. 61, 87, 90.

DROIT ANCIEN ET NOUVEAU. -- Les doubles des registres ont été déposés d'abord aux greffes des baillages ou sénéchaussées, ou justices royales. -- Décl. 1736, art 17. -- Et ensuite aux archives des départemens. -- L. 20 sept., tit. 2, art. 9-13. -- Il faut qu'ils y soient portés ou adressés par voie sure. -- Décl. 1736, art. 17, -- ordonnance de 1667, art. 11. Au reste, les ordonnances de 1539, art. 53, et autres déjà citées, avaient prescrit ces dépôts de registres, mais cela n'avait pas été exécuté.

le moindre changement (17); les erreurs qui s'y sont glissées ne doivent être rectifiées que de l'autorité des tribunaux, et sauf l'appel ou autres recours de droit (18), sur les conclusions du ministère public, d'après la demande ou en la présence des parties intéressées, autrement on ne pourrait s'en servir contre celles-ci. — *V. C-C, I*, 99, 50, 100. — L'intervention des parties et la surveillance du ministère public, est également nécessaire lorsqu'il s'agit de faire mention en marge des actes civils, soit des jugemens de rectification (19), soit de toute autre espèce d'actes. — *C-C, I*, 49, 101. — *V. aussi art.* 62.

V. Si les rédacteurs des actes, commettent quelque contravention aux règles précédentes, et les dépositaires quelque altération ou faux, le ministère public, chargé par la loi, de vérifier (20) l'état des registres lors de leur dépôt (21), fait condamner les rédacteurs à des amendes (22), sans préjudice des dommages-intérêts des parties et des peines prononcées par le code pénal s'il s'agit d'altération, de faux ou d'inscription sur une feuille volante (23). — *C-C*, 53, 50-52.

VI. Ces contraventions opèrent-elles la nullité des actes civils ? C'est ce que la loi ne nous apprend point.

---

(17) V. le rapport de Thibaudeau, séance du 9 ventôse an 11. — Tout au plus pourrait-on permettre à l'officier civil de rectifier des erreurs, telles que les fautes d'ortographe. — V. ce que dit Portalis, cons. d'état, 14 fruct. an 9.

(18) Les intéressés peuvent toujours se pourvoir contre les jugemens des tribunaux civils, relatifs à ces actes. — C-C, 1, 54.

(19) Rendus en dernier ressort ou passés en force de chose jugée. — Cette disposition qui était dans l'art. 16, sect. 5 de la 1.re rédaction, est une conséquence de l'art. 54 du code. — V. la note 18, et le rapport de Thibaudeau.

(20) Cette vérification est de pure police; elle n'influe point sur la validité des actes. — Thibaudeau et Chabot, sup. — V. aussi L. 20 sept., tit. 2, art. 10, 11, 14.

(21) Il semble que le ministre de la guerre, et le préposé de l'inscription maritime devraient inviter les commissaires des tribunaux de leur résidence, de vérifier les registres militaires et rôles d'équipages. — V. C-C, I, 61, 87, 90.

(22) S'il s'agit de simples erreurs ou omissions. — Chabot, sup.

(23) *DROIT ANCIEN ET NOUVEAU.* — V. décl. 1736, art. 9 et 39; L. 20 septembre, tit. 2, art. 4 et 5.

On a trouvé qu'il était impossible de préciser assez exactement ces nullités (24). On a préferé de les laisser en litige, et à l'arbitrage des juges suivant les circonstances, sauf quelques cas graves, sur lesquels divers titres, comme ceux du mariage et de la paternité (25), prononcent spécialement. — *Thibaudeau, sup.*

VI. Toute personne a le droit (26) de se faire délivrer par les dépositaires des registres, des extraits des actes civils. Ces extraits (27) certifiés conformes aux registres (28), font foi jusques à inscription de faux. — C-C, I, 45.

VII. Si les registres sont perdus, ou si l'on n'en a pas tenu, la preuve en est faite soit par actes, soit par témoins; les registres et papiers émanés des pères et mères décédés (29), peuvent dans ce cas, ainsi que les témoins, servir à celle des mariages, naissances et décès (30). — C-C, I, 46. — V. aussi C-C, I, 188.

---

(24) On n'a pas voulu joindre des *modèles* à la loi, jusques à ce qu'on fût éclairé par l'expérience, sur les meilleures formes à indiquer. -- *Thibaudeau, sup.* -- Il faut donc suivre les modèles anciens, rapportés dans l'arrêté du 19 floréal an 8.

(25) V. C-C, I, 185-189, 310; et les tit. 6 et 7 ci-après.

(26) Idem, L. 20 sept., tit. 2. art. 18, et (à-peu-près) ordonnance de 1667, tit. 20, art. 18. -- La déclar. de 1736, art. 19 et 33, restreignait ce droit aux personnes intéressées.

(27) Et à plus forte raison les actes originaux. Le code n'en fait pas mention, mais la loi du 20 septembre les rappelle, tit. 2, art. 6. -- Idem, ordonnance de 1667, tit. 20, art. 7. -- Voyez ce que nous disons au titre des *preuves*.

(28) Il faut aussi qu'ils soient légalisés par le président du tribunal civil, mais seulement quand on les emploie hors de l'arrondissement. -- D· art. 45; v. cons. d'état, 22 fruct. an 10.

(29) Idem, ordonnance de 1667, tit. 20, art. 14. -- Bousquet sup., dit qu'on peut aussi se servir des papiers des pères et mères *vivans*; mais cela est contraire au texte du code, et sur-tout au procès-verbal de l'ordonnance de 1667.- V. id. proc. verb., tit. 17, art. 17. -- V. aussi Jousse, in tit. 20, art. 14, sup.

Mais les registres des ministres du culte ne peuvent en aucun cas, suppléer ceux de l'état civil. -- L. 18 germinal an 10, art. 54; v. aussi L. 7 vendém. an 4, art. 18-21; et l. 12 frim. an 2.

(30) *DROIT NOUVEAU.* -- Lorsque les deux registres étaient perdus, il devait y être suppléé par des listes rédigées dans les assemblées générales des communes, et suivant le mode prescrit par la loi du 2 floréal an 3; mais le conseil a décidé que toute rectification et *omission* devait être le résultat d'un jugement. -- Avis des 13 niv. an 10, et 12 brum. 11.

CHAPITRE

CHAPITRE II.

Des Actes civils reçus dans le territoire de la République.

Les actes civils étaient reçus jadis par les ministres du culte que professaient les parties intéressées. On les considérait sous ce point de vue, moins comme fonctionnaires spirituels que comme magistrats civils. Cette fonction, ôtée d'abord aux ministres protestans par l'édit de 1685, art. 8, le fut ensuite à ceux de tous les autres cultes par la loi du 20 septembre 1792, tit. 1, qui la confia à un notable ou officier-municipal nommé par le conseil de la commune, et auquel elle donna le nom d'officier public.

Lors de la création des administrations cantonales (31), les agens municipaux ou leurs adjoints furent substitués aux fonctionnaires précédens (32), et ils ont été remplacés à leur tour par les maires ou adjoints, après le rétablissement des anciennes municipalités. — *L. 28 pluv. an 8, art.* 13.

Les actes qui servent à constater l'état civil, sont, ainsi que nous l'avons dit, les actes de naissance, de mariage, de décès, de reconnaissance d'enfant, d'adoption, de divorce, de déclaration de changement de patrie.

Nous exposerons les règles des trois premières espèces d'actes dans autant de paragraphes, et nous réunirons dans un seul, celles des trois suivantes, parce qu'elles sont en petit nombre. A l'égard des règles de la dernière espèce, le code civil n'en détermine aucune (33).

---

(31) V. la constitution de l'an 3, art. 179.
(32) L. 19 vendém. an 4, tit. 2, art. 12. — c'est depuis cette loi qu'on nomme officier de *l'état civil*, le fonctionnaire chargé des registres. Cependant, on l'appelle encore quelquefois officier *public*. — V. C-C, I, 194.
(33) Il semble cependant naturel et nécessaire d'inscrire sur les registres de l'état civil une déclaration qui contribue beaucoup à donner

§. I.er *Des Actes de naissance.*

Les enfans naissent de parens connus, ou de parens inconnus.

I. Le père, ou à son défaut, une des personnes qui ont assisté à l'accouchement (34), ou celle chez laquelle il a été fait, lorsque c'est hors du domicile de la mère, doit, dans trois jours (35), déclarer la naissance d'un enfant et le faire présenter à l'officier de l'état civil. Celui-ci, en présence de deux témoins, rédige aussitôt l'acte de naissance, où il énonce (36) le jour, l'heure et le lieu de la naissance, le sexe et les prénoms de l'enfant, et fait la désignation des père (37) et mère et des témoins (38). — *C-C.*, 56, 55, 57, 34.

II. Celui qui trouve un enfant nouveau né est tenu de le remettre avec ses vêtemens et effets à l'officier civil (39), et de déclarer toutes les circonstances du temps et du lieu où il l'a trouvé. On en dresse un procès-verbal, où l'on énonce aussi l'âge apparent et le sexe de l'enfant, les noms qu'on lui donne et l'autorité civile à laquelle on va le remettre (40). Cet acte est inscrit sur les registres. — *C-C*, I, 58.

---

ou rendre cet état à un grand nombre de personnes, (v. tit. 1, ch. 2, art. 3); on devrait alors la faire au moins en présence de deux témoins.

(34) Tels que les officiciers de santé et sages-femmes. — D. art. 55.

(35) Idem, L. 19 décembre 1792, art 1.

(36) Idem, L. 20 sept., tit. 3, art. 7.

(37) Mais on ne peut pas sans son aveu, nommer le père d'un enfant naturel. — V. une dissertation de Chabot, sup. — V. aussi une décision du ministre de l'intérieur, du 21 ventôse an 7.

(38) Pour les formes de détail, voyez l'arrêté du 19 floréal an 8, art. 10, et le 1.er modèle du n.° 183, 3.e série du bulletin, en y faisant les changemens qu'exigent les règles précédentes.

(36) La loi du 20 septembre, tit. 3, art. 9-11, indiquait ici l'officier de police et l'autorisait à prendre des renseignemens sur l'exposition de l'enfant, ce qu'on n'a pas voulu permettre. — Thibaudeau, sup.

(40) C'est aux hôpitaux à qui l'on remet les enfans exposés. Ils les nourrissent jusques à ce qu'ils soient en état de gagner leur vie. Cette coutume a été suivie de tout tems dans notre pays, suivant les arrêts rapportés par Basset, tome 2, page 247, confirmés par d'autres arrêts modernes, dont un entr'autres, du 7 mai 1765. — Dans les autres provinces, où le droit de bâtardise était admis, ces enfans étaient à la char-

§. II. *Des Actes de mariage.*

On distingue dans le mariage, l'essence, de la forme du contrat. Ce qui constitue l'essence du mariage sera expliqué au titre cinquième; ce qui tient à sa forme extérieure devait trouver place dans celui de l'état civil, parce que c'est sur les registres de l'état civil que l'on constate l'accomplissement des actes d'où résulte cette forme (41).

Le mariage est célébré devant l'officier de l'état civil (*V. C-C* , *I* , 75, 159); mais il ne peut être contracté entre des mineurs, souvent même entre des majeurs (*V. C-C*, *I*, 148, 151, 153, 154), sans le consentement de certaines personnes; il a donc été nécessaire d'établir des solemnités pour leur en faire connaître le projet, d'autoriser ces personnes à s'y opposer, de charger l'officier civil d'examiner l'âge des contractans... D'après ces considérations, nous diviserons ce que nous avons à dire ici sur la forme extérieure du mariage, en cinq articles différens.

I. *Publications* (42). — La célébration du mariage doit (à peine d'amende contre l'officier civil et les parties) être précédée de deux publications (43)

---

ge du seigneur haut-justicier. -- Bacquet, des droits de justice, ch. 33, in f.

Au reste, lorsqu'on découvre leurs parens, on peut les forcer à la restitution des alimens. -- Serres, liv. 2, tit. 1, § 16.

(41) Pour éviter cependant des répétitions inutiles, nous rapporterons dans ce § les dispositions correspondantes du titre 5, qui peuvent sans inconvénient, en être déplacées, et les dispositions sur-tout qui forment une espèce de double emploi.

(42) Pour les diverses règles du droit ancien, sur les *bans* ou publications, voyez Pothier, traité du mariage, part. 2, ch. 2, n.os 66-84.

(43) *DROIT ANCIEN*. -- Il fallait trois publications ou bans, à trois jours de fêtes; les évêques ne pouvaient dispenser que des deux dernières, et pour une cause légitime et urgente. -- *Ordonnance de Blois*, art. 40. -- Mais le prétexte le plus frivole suffisait pour faire accorder la dispense, même des trois bans. -- Gin, analyse du dr. fr., p. 89. -- V. aussi arrêts du parl. de Rennes, du 23 février 1778, & du parl. de Paris, du 20 mai 1780, aux aff. du Dauphiné.

DROIT NOUVEAU. -- Une seule publication, d'abord 8 jours, et ensuite le 3.e jour avant le mariage; L. 20 *sept.*, *tit.* 4, *sect.* 2, art. 3; L. 25

faites un jour de dimanche, la première à huit jours d'intervalle de la seconde (44), et celle-ci le quatriéme jour (45) avant le mariage. Elles sont faites par l'officier civil du domicile de fait et de droit (46), et quelquefois à l'ancien domicile (47) de chacune des parties, devant la porte de la maison-commune (48), où l'on affiche un extrait de l'acte qu'on en dresse, extrait qui y reste pendant le premier délai. — *C-C, I,* 63, 64, 186, 160, 161, 162.

Elles doivent être renouvelées au bout d'une année, si le mariage n'a pas eu lieu. — *C-C, I,* 65.

On y fait la désignation des pères et mères et des futurs époux, et de la qualité de majeurs ou de mineurs de ceux-ci. L'acte (on l'inscrit sur un seul registre) énonce de plus les jours, heures et lieux où elles ont été faites. — *C-C, I,* 63.

Au reste, le Gouvernement, ou les commissaires civils à qui il a délégué ce droit, peuvent, pour des causes graves, dispenser de la seconde publication (49). — *C-C, I,* 163. — *V. Arrêté du 20 prairial an* 11, *art.* 3 *et* 4.

---

vend. an 2. — Mais on a ensuite ordonné l'exécution de la loi du 20 septembre. — Arrêtés des 7 therm. an 8, et 13 flor. an 10.

Au reste, il faut le consentement des deux parties pour pouvoir faire les publications. — Pothier, sup. n.° 76.

(44) Quoiqu'il paraisse que l'intention du législateur est de faire faire les deux publications à deux dimanches consécutifs, la rédaction ne rend pas cette idée avec exactitude, car il ne peut y avoir huit jours d'intervalle entre ces deux jours.

(45) Suivant Bousquet, sup., c'est au plutôt le jeudi après le jour de la seconde publication ; mais le *troisième jour* (termes de la loi), après le dimanche, est le mercredi.

(46) *DROIT NOUVEAU*. — Idem, L. 20 sept. sup. art. 1 ; — s'il y avait impossibilité de publier au lieu du domicile, il suffirait de publier au lieu de la résidence. — L. 14 sept. 1793, art. 4.

DROIT ANCIEN. Quelques évêques se permettaient de dispenser du domicile, contre le texte des lois ; cela fut défendu par l'arrêt de 1780, cité note 43.

(47) Lorsqu'il n'a été établi que par six mois de résidence, — *C-C, I,* 161, — voyez ci-après le titre 3, page 52.

(48) Devant la porte du maire, à défaut de maison commune. — Arrêté du 7 therm. an 8.

DROIT ANCIEN. — Au prône de la messe paroissiale; Pothier; sup., n.° 74. — Pour les protestans, à la porte de l'église. — Édit de nov. 1787, art. 10 et 12.

(49) Les juges pouvaient aussi dispenser des bans, dans les mariages des non-catholiques. — Édit de nov. 1787, art. 15.

II. *Age des contractans.* — Si l'un des époux n'a pu se procurer son acte de naissance pour le remettre à l'officier civil, il y supplée par un acte de notoriété que lui délivre le juge de paix du lieu de sa naissance ou de son domicile, sur la déclaration de sept témoins (50), sauf l'homologation que peut accorder ou refuser le tribunal civil. — *Voyez C-C*, *I*, 70-72.

III. *Consentement des parens et autres personnes.* — L'acte authentique du consentement des personnes qui ont le droit d'en donner un (51), doit indiquer leur degré de parenté (52), et les désigner, ainsi que le futur époux. — *C-C*, *I*, 73.

IV. *Oppositions.* — L'officier civil ne peut, à peine de dommages-intérêts et amende, célébrer le mariage avant qu'on lui ait remis la main-levée des oppositions (53) qu'ont pu y former les parens ou autres personnes (54), et il s'assure de la non existence des oppositions, soit par l'examen de son registre de publication où il a dû les inscrire en abrégé et noter en marge les mains-levées, soit par des certificats de l'officier civil de chaque commune où l'on a fait des publications. — *C-C*, *I*, 68, 69, 67 (55).

Il faut, dans l'acte d'opposition, 1.° énoncer la qualité en vertu de laquelle on a le droit de la former; 2.° si l'on n'est pas ascendant, indiquer ses motifs (56); 3.° élire domicile dans le lieu de célé-

---

(50) *DROIT NOUVEAU.* — Il suffisait de trois témoins, — L. 14 sept. 1793, art. 3.
(51) V. ci-après, titre 5, ch. 1, et C-C, I, 148-154.
(52) Et sans doute aussi indiquer la qualité du tuteur spécial de l'enfant naturel orphelin, ou non reconnu. — C-C, I, 153.
(53) Ou le consentement des personnes ci-dessus. — Chabot, sup.
DROIT NOUVEAU. L'officier public pouvait au contraire ne pas s'arrêter aux oppositions qui péchaient par les formes ou par le droit des opposans. — L. 20 sept., tit. 4, sect. 3, art. 9.
(54) V. ci-après, tit. 5, ch. 2, art. 2, et C-C, I, 166-169.
(55) *DROIT NOUVEAU.* — V. L. 20 sept., tit. 4, sect. 3, art. 4-9.
(56) A peine de nullité et d'interdiction de l'officier ministériel, signataire. — C-C, I, 170.

bration du mariage : cet acte, signé sur l'original et la copie, par l'opposant ou son procureur spécial et authentique, doit être signifié à la partie, à personne ou domicile, et à l'officier civil, qui y met son visa, et l'inscrit sommairement sur le registre des publications. — *C-C*, *I*, 170, 66, 67.

V. *Célébration.* — Les délais des publications étant expirés, le mariage se célèbre publiquement au jour désigné par les parties (57), dans la maison commune (58) et devant l'officier civil (59) du domicile de l'une d'elles, en présence de quatre témoins. L'officier civil lit les actes indiqués précédemment, reçoit successivement des deux parties la déclaration qu'elles veulent se prendre pour mari et femme, et prononce, au nom de la loi (60), qu'elles sont unies en mariage (61). — *C-C*, *I*, 74, 159, 75.

Les règles relatives à la publicité de la célébration et au fonctionnaire qui fait cette célébration, sont observées à peine d'amende contre lui et contre les parties, lors même que la contravention ne suffirait pas pour annuller le mariage. — *C-C*, *I*, 187.

Indépendamment des prénoms, etc. des époux, parens et témoins, l'acte de mariage, qu'on dresse sur-le-champ, fait mention des consentemens des parens, des actes respectueux, des publications et oppositions, et des déclarations des parties. — *Voyez C-C*, *I*, 76 (62).

---

(57) Et à l'heure indiquée par l'officier civil. -- L. 20 sept., tit. 4, sect. 4, art. 2.
(58) *DROIT NOUVEAU.* -- Idem, D. L. art. 3. -- Celle du 13 fruct. an 6, art. 3 et 4, ordonna ensuite que ce serait au temple décadaire, et le décadi, devant le président de la municipalité, ce qui fut abrogé par l'arrêté du 7 therm. an 8.
(59) *DROIT NOUVEAU.* -- Idem, v. L., 20 sept., tit. 4, sect. 4. -- *DROIT ANCIEN.* -- Devant le propre curé de l'une des parties, -- ordonnances, édits, etc. de Blois, art. 40; 1639, art. 1; mars et 15 juin 1697, -- et ensuite pour les protestans, devant les juges des lieux. -- Edit de nov. 1787, art. 14, 16-18.
(60) Cette formule a été tirée du même édit de 1787. art. 18.
(61) Les ministres des cultes ne peuvent bénir le mariage avant cette célébration. -- L. 18 germ. an 10, art. 54; arrêté du 1 prair. an 10.
(62) Pour les formes de détail, voyez l'arrêté et le 3.e modèle cité, note 38.

§. III. *Des Actes de décès* (63).

Les décès arrivent dans un bâtiment ou lieu particulier, ou dans une maison publique; suivant le cours ordinaire des choses, ou d'une manière violente.

En règle générale, une inhumation (64) ne peut être faite que vingt-quatre heures après le décès (65), et ensuite d'une autorisation de l'officier civil, accordée après une vérification, faite en personne, du décès. — C-C, I, 77, 80, 84.

I. Le même officier dresse l'acte de décès sur la déclaration de deux témoins (66) ou sur une note du greffier criminel, s'il s'agit d'un homme exécuté. Outre le degré de parenté des témoins et leurs prénoms, etc., ainsi que ceux du décédé, il y indique les prénoms et nom de son époux, et s'il le peut, les prénoms, etc. de ses père et mère, et le lieu de sa naissance (67). — C-C, I, 78, 79, 83.

II. Les actes des décès arrivés dans les hôpitaux, prisons et autres maisons publiques, sont rédigés sur les renseignemens qu'y prend l'officier civil (68), et sur la déclaration des supérieurs ou concierges, qui ont dû lui en donner avis dans les vingt-quatre heures. — C-C, I, 80, 84.

---

(63) Les dispositions de ce § sont presqu'entièrement conformes à celles de la loi du 20 septembre, titre 5.

(64) Elle doit être faite dans le cimetière public, sans distinction, à raison de la diversité de culte, ou des causes du décès. — LL. 12 frim. an 2; janvier (décret du 21) 1790, art. 4.

Droit ancien. L'inhumation devait être faite dans le cimetière de la paroisse du décédé, à moins qu'il n'en eût choisi un autre. — D'Héricourt, lois ecclésiast., part. 3, ch. 11, n.os 1-6.

(65) Hors les cas où les règlemens de police font devancer ce terme. — D. art. 77.

(66) Les deux plus proches parens ou voisins, ou l'hôte du décédé, hors de son domicile, et un parent ou autre; doivent être préférés. — C-C, I, 78.

(67) Pour les formes de détail, voyez l'arrêté et le 2.e modèle cités note 38.

(68) La loi du 20 sept. sup. art. 5, n'exigeait pas qu'il s'y transportât.

III. Les actes des décès qu'on soupçonne avoir eu lieu d'une manière violente, sont rédigés sur un procès-verbal qu'un officier de police, assisté d'un docteur en médecine ou en chirurgie, dresse (avant l'inhumation) de l'état du cadavre, des circonstances relatives, et des renseignemens qu'il peut recueillir sur les prénoms, etc., et le lieu de naissance (69).

L'officier civil, à qui ces renseignemens sont transmis, ne peut faire mention dans l'acte, des causes de la mort. Il en est de même si elle a eu lieu dans une prison ou à la suite d'une condamnation (70). — *C-C*, *I*, 81, 82, 85.

Il envoie un extrait des actes de ces décès et des décès arrivés dans les maisons publiques, à l'officier civil du dernier domicile des décédés, pour l'inscrire sur ses registres. — *C-C*, *I*, 82, 79.

§. IV. *Des Actes de reconnaissance d'enfant, d'adoption et de divorce.*

I. L'acte de reconnaissance d'un enfant naturel est inscrit, à sa date, sur les registres, et l'on en fait mention à la marge de son acte de naissance (71). — *C-C*, *I*, 62.

II. L'adoption est inscrite sur les registres du domicile de l'adoptant, sur sa réquisition ou celle de l'adopté, et sur le vu d'une expédition du jugement d'appel qui l'autorise (72). — *C-C*, *I*, 353.

La renonciation aux adoptions antérieures au code civil, est aussi inscrite sur les registres civils. — *V. L.* 15 germ. an 11, art. 2.

---

(69) A l'égard des renseignemens qu'on doit prendre sur le délit qui peut avoir été commis, v. code des dél. et p., art. 103-109.

(70) L. de janvier (décret du 21) 1790, art. 4; rapport de Thibaudeau, sup.

(71) La loi n'indique pas la forme de l'acte de reconnaissance; mais comme on l'a mis au nombre des actes de l'état civil, il faut au moins observer les règles générales exposées dans le chapitre 1.er de ce titre, et le faire en présence de deux témoins, quoi qu'en dise Hua, sup.

(72) Même observation qu'en la note 72; mais la forme de l'adoption

III. Le divorce est prononcé par l'officier de l'état civil, en présence des deux parties, s'il a lieu par consentement mutuel, et du demandeur au moins, le défendeur dûment appelé, s'il est prononcé pour cause déterminée (73). — *C-C*, *I*, 284, 288, 258.

CHAPITRE III.

Des Actes passés hors du territoire de la République.

Les actes de l'état civil passés par des Français hors du territoire de la République, sont rédigés en pays étranger, ou sur mer, ou bien ils concernent des militaires français qui se trouvent en pays étranger.

I. Les actes civils des Français passés en pays étranger sont valables, s'ils ont été reçus, avec l'observation des règles précédentes, par les agens diplomatiques ou commissaires commerciaux français. — *C-C*, *I*, 48.

Il en est de même des actes, soit des Français, soit des étrangers, rédigés suivant les formes usitées dans ce pays (74), pourvu, s'il s'agit d'un mariage, qu'on ait fait les deux publications requises (V. chap. 2, §. 2), et que le Français ait satisfait aux règles du code relatives à l'âge, aux consentemens et aux empêchemens. Le même François doit aussi faire transcrire son mariage sur le registre civil de son domicile, trois mois après son retour dans sa patrie. — *C-C*, *I*, 47, 164, 165.

---

est tracée dans le 5e modèle cité note 38, et on peut le suivre avec les modifications que nécessitent les différences opérées dans la législation de l'adoption.

(73) Même observation qu'aux deux notes précédentes ; l'on peut aussi suivre le 4e. modèle cité, note 38, en y faisant les changemens que nécessitent les mêmes différences.

(74) Cela est conforme à l'ancien adage *locus regit actum*. V. aussi C-

II. Les actes des naissances et décès (75) qui ont lieu pendant un voyage de mer, sont, dans les vingt-quatre heures, rédigés et inscrits à la suite du rôle d'équipage, en présence de deux officiers, ou, à leur défaut, de deux hommes de l'équipage (76), par l'administrateur de marine, sur les bâtimens de l'état, et par le chef du navire, sur les vaisseaux marchands. Des expéditions en sont transmises (77), suivant le mode indiqué par le code, à l'officier civil du domicile, pour les transcrire sur ses registres. — *V. C-C, 1,* 59, 60, 36, 61. 87.

III. Les quartiers-maîtres de chaque corps de troupes françaises composé de plusieurs bataillons ou escadrons, et les capitaines commandans des autres corps, tiennent un registre pour les actes civils des militaires de ces corps ; les inspecteurs aux revues en tiennent aussi un pour ceux des officiers sans troupe et des employés de l'armée (78); il en est de même des directeurs d'hôpitaux, mais seulement pour les décès qui y ont lieu (79). — *C-C, 1,* 89, 90, 97.

Ces fonctionnaires y inscrivent les actes suivant les règles exposées aux chapitres 1 et 2, et sauf les exceptions suivantes, et ils en adressent, dix jours après les actes de naissance et décès, et aussitôt après ceux de mariage, des copies à l'officier civil du domicile des parties, ou des père et mère, qui

---

C, I, 3; et ci-devant, tome 1, page 31 *bis.*

Au reste, on peut user du bénéfice de l'une ou de l'autre de ces deux dispositions. — Thibaudeau et Chabot, sup.

(75) D'après l'ordonnance de 1681, sup., il faut y indiquer s'il est possible, la qualité de la maladie et le genre de la mort.

(76) Et du père de l'enfant, s'il est présent. -- D, art. 59.

(77) Si le vaisseau périt avant la transmission, il n'y a plus de preuves des décès. — On doit alors se conformer aux règles prescrites pour l'absence (ci-après, tit. 4). — Cons. d'état, 22 fruct. an 10.

(78) On voit dans la loi du 13 brum. an 5, art. 10, ce qu'on entend par employés de l'armée.

(79) Ces directeurs en envoient aux fonctionnaires précédens, une expédition que ceux-ci transmettent comme on va le voir.

les inscrit aussi sur ses registres. — *C-C*, *I*, 88, 92, 93, 95, 96, 97.

1.º Les déclarations de naissance doivent leur être faites dans les dix jours qui suivent l'accouchement. — *C-C*; *I*, 92.

2.º Ils dressent les actes de décès sur l'attestation de trois témoins. — *C-C*, *I*, 96.

3.º Vingt-cinq jours avant la célébration du mariage ils mettent à l'ordre du jour de leur corps, ou de l'armée ou corps d'armée, les publications qu'on a faites au dernier domicile des parties. — *C-C*, *I*, 94 (80).

Appendix au Titre II.

Des Noms des Français.

Nous avons dit, tome 1.ᵉʳ, page 50, que les Romains portaient diverses espèces de noms. Les Français habitans au midi de la Loire, qui suivaient le droit écrit, conservèrent assez long-temps cet usage. Mais les Français établis au nord de la Loire ne portaient, à l'imitation des Germains, qu'un seul nom, qu'ils ne transmettaient point à leurs enfans. Ce n'est que sous la seconde race de nos rois, que les citoyens puissans commencèrent à prendre un second nom ou *surnom*, qu'ils tirèrent de leurs

---

(80) Nous n'avons point indiqué, au commencement de ce titre, les lois romaines que les élèves auraient à expliquer, suivant la méthode déjà indiquée. C'est qu'en effet, il n'y en a presqu'aucune qui soit applicable aux règles de nos actes de l'état civil, parce que, ainsi que nous l'exposons dans la dissertation citée, note 1, page 27, les romains n'avaient pas un but entièrement semblable au nôtre, lorsqu'ils établirent les déclarations de naissance et le cens. Cependant, pour avoir une idée de leurs principes sur cette matière, on expliquera les lois suivantes. LL. 6, C. de fide instrum.; 15, 22, 24 et 39, C. de liberali causâ; 16 et 29, ff. de probat. et presumpt.; 14, C. eod.; 7, C. de donat.; 5, C., de testament.; 5, C. de episcop. aud.; nov. 153.

seigneuries, de leurs dignités ou de leurs charges (1). Ces surnoms devinrent des noms génériques, et des signes distinctifs et héréditaires; ils formèrent les noms des familles, et les anciens noms, les premiers noms, que l'on choisit dans le calendrier ecclésiastique, restèrent les noms propres des individus, du moins des hommes, car jusques vers le commencement du 17.ᵉ siècle, on ne donna aux femmes dans les actes, que leurs noms propres ou noms de baptême.

Les Français, si l'on en excepte les bâtards non reconnus, qui n'ont le droit de porter (2) et qui ne portent souvent qu'un nom propre, eurent dès-lors deux noms, le nom de baptême et le nom de famille. Mais comme ce dernier nom, à cause des prérogatives accordées long-temps à l'ancienneté de race, était celui qui intéressait le plus les particuliers, ce fut aussi celui que, dans l'usage et même dans les lois, on appela spécialement le *nom*; en parlant du premier, l'on ajouta ordinairement son qualificatif, et l'on dit le *nom de baptême*, expression à laquelle on a substitué dans les lois nouvelles (3), le mot *prénom* (4).

A ces deux noms les femmes ajoutèrent le nom de famille de leur mari, et même ne furent appelées ordinairement que de ce seul nom (5). Les

---

(1) Un grand nombre de surnoms, et par conséquent des noms actuels de famille, furent dans l'origine des *sobriquets*. Cela s'observe sur-tout à l'égard des roturiers qui, vers le 13.ᵉ siècle, avaient aussi des surnoms. Ils les tiraient de la couleur des cheveux, des défauts du corps, de l'âge, des habits, des métiers, etc. -- Mézerai, hist. de France. -- Plusieurs aussi adoptèrent comme nom de famille, leur nom de baptême.

(2) A moins que les familles de leurs pères n'y consentent. -- V. l'ordonnance de 1629, art. 197; Laroque, traité de la noblesse, ch. 38; et le traité des noms qui est à la suite. -- Ce principe paraît aussi reconnu par un arrêt du 18 juin 1707, rapporté dans Augeard, tome 2, p. 26.

(3) L. 20 sept. 1792, tit. 3, art. 7. -- Comme l'on ne reconnaissait plus de culte dominant, on ne pouvait appeler *nom de baptême*, le nom propre des individus attachés à certains cultes, des juifs, par exemple.

(4) Beaucoup de personnes ont plusieurs noms de baptême, et par conséquent plusieurs prénoms.

(5) V. ci-après, tit. 5, ch. 4, art. 1.

hommes en prirent aussi souvent un troisième, *le surnom*, tiré de quelque qualité, de quelque événement, de quelque propriété, ou choisi par pure fantaisie. Ceux qui avaient une dignité ou exerçaient une charge distinguée, se bornèrent même à porter et à signer la dénomination de ces dignité ou charge (leurs autres qualifications ne furent détaillées que dans les actes solemnels); c'est ce qui forma la quatrième espèce de nom, ou *le nom de dignité*, *le nom de seigneurie*.

Dès que les femmes prenaient le nom de leur mari, le nom de famille d'un individu fut affecté nécessairement à ses descendans mâles; il devint le patrimoine de sa race. Cependant rien n'empêcha d'abord de quitter ce nom pour en prendre un autre; le nom, par exemple, d'une épouse, d'une mère, d'une belle-mère, etc. (6). Il paraît que cet abus devint très-fréquent, puisqu'Henri II défendit, sous des peines rigoureuses, de changer de nom sans des lettres de permission du prince (*Ordonn. du 26 mars 1555, art. 9.*), lettres qu'on n'accordait qu'en réservant les droits des tiers (7), et qui devaient être enregistrées dans les cours supérieures.

On sent qu'Henri II avait pour but d'empêcher les usurpations de noblesse. Mais sa loi étant générale, fut observée même à l'égard des roturiers, avec cette différence que ceux-ci se contentaient souvent d'une autorisation des cours supérieures pour changer de nom.

Ce fut sans doute le même dessein d'empêcher les usurpations de noblesse, qui détermina les états-généraux de 1614 à demander (*Cahiers, art.* 162.)

---

(6) Voyez un grand nombre d'exemples cités à ce sujet dans le répertoire, addition au mot *nom*.
Au reste, ce changement de nom, lorsqu'il avait lieu sans fraude, était autorisé par le droit romain. — V. LL. 4, ff. de leg 1°; 1, C. de mutat. nom.; instit., de leg. § 29; L. 13, in pr., ff. ad L. corn. de fals.; Cujas, in gl. D. L. 1, de mutat. nom.
(7) On a des exemples de ces réclamations d'après lesquelles on a forcé des individus de quitter les noms qu'ils avaient usurpé. — Voyez un arrêt du parl. de Paris, du 1 février 1781, rapporté dans le répertoire, et un autre du 2 avril 1787, rapporté dans les affiches de Dauphiné.

que les gentilshommes fussent tenus de signer leurs noms de familles et non ceux de leurs seigneuries. Mais cette disposition, quoique adoptée par l'ordonnance de 1629, art. 211, ne fut pas suivie dans l'usage.

Tel était l'état de notre droit sur les noms au commencement de la révolution. On en distinguait quatre espèces, 1.º le nom propre ou nom de baptême, tiré au choix des parens, du calendrier des saints; 2.º le nom de famille ou nom patronimique attaché à la famille et invariable, à moins d'autorisation; 3.º le surnom choisi et souvent donné à cause de quelque circonstance particulière, ou tiré d'une possession, soit patrimoniale, soit féodale; 4.º le nom de dignité ou charge, tiré, soit d'une terre titrée (8), telle qu'une baronnie, un comté, etc. qu'on possédait, soit d'un emploi distingué qu'on occupait (9).

DROIT NOUVEAU. Le nom de dignité, tenant à la noblesse héréditaire, a été aboli, et il n'a été permis que de prendre le vrai nom de famille. — *L. 23 juin 1790, art. 1 et 2.* — On a ensuite donné à chaque individu la faculté de se nommer comme il lui plaît, en en faisant la déclaration à sa municipalité. — *L. 24 brum. an 2.*

DROIT ACTUEL. I. Trois espèces de noms sont encore en usage, le nom propre ou prénom, le nom de famille, et le surnom (10).

―――――

(8) Pour porter les titres de marquis, comte, baron, etc., il fallait avoir une terre érigée en marquisat, comté, etc., en faveur de sa famille. Mais beaucoup de particuliers usurpaient ces titres, sans posséder de ces sortes de terres.

(9) Voyez sur ces divers points le dictionnaire diplomatique de dom de Vaines, le répertoire, sup., et le rapport du cons. d'état Miot, corps législat., 1 germ. an 11.

(10) Dans l'usage, on désigne souvent les fonctionnaires publics d'un ordre supérieur, par leur qualité. L'on dit, par exemple, le sénateur N., le conseiller d'état N., mais ces titres étant toujours accompagnés du nom de la personne, paraissent plutôt des qualificatifs que des espèces de noms.

1.º On ne peut prendre pour *prénoms* que les noms en usage dans les divers calendriers, et ceux des personnages connus dans l'histoire ancienne. — *L.* 11 *germ. an* 11, *art.* 1.

2.º On ne peut prendre que le vrai *nom* de sa famille. — *D. L.* 23 *juin*, *art.* 2; *décret du* 19 *déc.* 1791.

3.º On ne peut prendre de *surnom*, à moins que le *surnom* n'ait servi à distinguer les membres d'une famille, sans rappeler des distinctions féodales ou nobiliaires. — *D. décret du* 19 *déc.* 1791; *L.* 6 *fruct. an* 2, *art.* 2; *arrêté du* 19 *niv. an* 6.

II. Les prénoms et nom qui sont exprimés dans son acte de naissance, sont les seuls qu'un Français puisse porter; il est tenu de les reprendre s'il les a quittés. — *D. L.* 6 *fruct.*, *art.* 2.

III. Un Français peut être autorisé par le tribunal civil, à changer de *prénom*, si son prénom est le nom d'une famille existante, ou n'est pas au nombre des prénoms autorisés ci-devant. — *V. D. L.* 11 *germ.*, *art.* 2 *et* 3.

IV. Celui qui veut changer de *nom*, doit y être autorisé par le Gouvernement, dont l'arrêté, en ce cas, n'est exécuté qu'une année après son insertion au bulletin, et lorsqu'on n'a pas admis les oppositions qui auraient pu, dans cet intervalle, être formées au changement de nom. Mais les tribunaux ont toujours le droit de prononcer sur les changemens de noms qui dépendent de questions soumises à leur jugement. — *D. L. art.* 4-9.

TITRE III.

Du Domicile (1).

Le domicile peut être considéré en général, comme une espèce de résidence, et dans l'ancien droit, il supposait en effet toujours la résidence (2). Aussi les lois romaines reconnaissaient-elles qu'on pouvait avoir quelquefois, et en même-tems, deux domicile (3), puisqu'on pouvait avoir aussi deux résidences.

Cependant les mêmes lois nous donnent une idée exacte du lieu où un particulier a son domicile. C'est celui « où il a établi ses dieux pénates et la
» masse, le centre de ses affaires et de ses biens ;
» qu'il ne quitte point sans motifs, et sans être con-
» sidéré comme étant en voyage, et par rapport au-
» quel on le regarde comme ayant cessé de voyager,
» lorsqu'il y arrive ». — *L. cives* 7, *C. de incol.*

D'après cette notion, on voit que quoique le domicile suppose en général la résidence, on ne peut cependant le confondre avec la résidence (4) proprement dite. On peut toujours, d'après le code civil, avoir plusieurs résidences, mais on ne peut

---

(1) *Droit ancien.* — Sur les différentes questions relatives au domicile, voyez les observat. de Bouhier, sur la cout. de Bourgogne, ch. 21 et 22, tome 1, p. 383-450, et le traité de l'assignation, n.os 84-103, par Espagne, dans le dictionn. de Prost de Royer, tome 7.

Au reste, nous ne parlons dans ce titre que du domicile civil, et non pas du domicile politique dont il appartient à la loi constitutionnelle seule, de déterminer le caractère (une année de résidence en France et dans un arrondissement. - Constit. art. 2 et 6). Emeri, rapport au corps législat., 11 vent. an 11.

(2) V. LL. 203, ff. verb. sign.

(3) V. LL. 5 et 6, § 2, ff. ad municipal. — V. toutefois L. 27, § 2, eod., et L. 5, § 5, ff. de injur.

(4) *Droit ancien.* — On appelait la résidence domicile de *fait*, par opposition au domicile proprement dit, qu'on nommait domicile de *droit*, lorsqu'on parlait d'un mineur.

avoir

avoir qu'un domicile (5), parce qu'il n'y a réellement qu'un seul lieu où l'on ait ce *principal établissement*, qui est le caractère essentiel du domicile. — *V. C-C*, *I*, 102.

Dès l'instant qu'on existe on a un établissement principal ; par conséquent le domicile se forme au moment de la naissance. Il se maintient ensuite indéfiniment dans le même lieu, par la seule intention du domicilié, et sans qu'il y ait besoin d'aucun acte, ou fait de sa part (6). — *V. L.* 3, *ff. de municipib.*

On suppose, dans ce dernier cas, que cet individu peut avoir une volonté quant à l'administration de ses affaires et de sa personne ; il est évident que le mineur non émancipé et le majeur interdit étant sous la dépendance de leur père et mère, ou tuteur ou curateur, ne peuvent avoir la volonté nécessaire au maintien du domicile ; d'où il suit que leur domicile est confondu de plein droit avec celui des tuteur et curateur, dès l'ouverture des tutelle et curatelle, et qu'il subit les mêmes variations (7) que ce domicile. — *V. Dareau, in répert. h. v. sect.* 1. — *Edit de mars* 1697 ; — *c-c*, *I*, 108.

L'intention (8) de fixer ce principal établissement ne suffit point au contraire pour changer un domi-

---

(6) Emeri et Tronchet, cons. d'état, 16 fruct. an 9 ; rapport de Malherbe, au corps législ., 23 vent. an 11. Cependant, le code admet aussi un domicile de *choix* ; mais cette exception ne détruit pas le principe général, parce que ce domicile n'est utile que pour une certaine espèce d'affaires seulement, et pour un certain tems. Le domicile proprement dit subsiste pour toutes les autres, et tant qu'on n'en change pas. — V. ci-après, page 53.

DROIT ANCIEN. — On distinguait, outre les domiciles de fait et de droit, *réel* et de choix, les domiciles de *dignité*, ou attaché à la fonction qu'on exerçait, et *légal*, ou autorisé par la loi.

(6) Idem, Bouhier, ch. 21, n.os 2-7. — Ce n'est pas toujours au lieu de la naissance que se forme le domicile, mais au lieu du domicile du père. V. aussi L. 9, ff. ad municip.

(7) Mouricaut, rapp. au Tribunat, 18 vent. an 11. — Il observe avec raison qu'on n'a plus de motifs de s'opposer à ce que le tuteur change le domicile de son mineur. — V. Bouhier, ch. 21, n.os 2-7, et ch. 22, n.s 32, 140 et 151 ; et L. 17, § 11, ff. ad municip.

(8) On est toujours libre de changer son domicile quand on le veut. — L. 31, ff. ad municipal. ; Bouhier, ch. 22, n.° 1. Rœderer, cons. d'ét., 16 fruct. an 9. — Mais on est toujours présumé avoir conservé la domi-

cile. Il faut qu'elle soit jointe au fait d'une habitation réelle, et réciproquement. — *L.* 20, *ff. ad municipal.* — *c-c*, *I*, 103.

Ce dernier caractère du changement de domicile est aisé à reconnaître, puisque il consiste dans un fait sensible ; il n'en est pas de même de l'intention, à moins qu'elle n'ait été manifestée d'une manière expresse, c'est-à-dire, par une déclaration positive (9) faite à la municipalité du lieu qu'on quitte, et à celle du lieu où l'on transfère son domicile. — *c-c*, *I* 104.

Il est cependant trois cas où l'intention, quoique *tacite*, se présume de *droit*, ou est considérée comme expresse.

1.° Le majeur qui vient servir ou travailler, et demeurer tout-à-la-fois chez autrui (10) ; 2.° la femme qui se marie (11) ; 3.° celui qui accepte (12) une fonction conférée à vie (13), transfèrent par là même leur domicile, le premier chez son maître ou chef de travail, le second chez son époux (14), le troisième au lieu où il doit exercer ses fonctions (15). — *c-c*, *I*, 109, 108, 107.

Lorsque le particulier dont le domicile est en litige, ne se trouve dans aucun de ces cas, son intention (tacite) se reconnait aux circonstances (*C-C*, *I*, 105), c'est-à-dire, au fait ou à l'ensemble de

---

cile d'origine, lorsqu'on ne prouve pas qu'on en a changé. — Bouhier, ibid., n.° 3 et suiv., et n.° 171-175.

(9) Cette déclaration est purement volontaire ; la loi ne la prescrit pas. -- Emeri et Mouricaut, sup.

(10) *DROIT ANCIEN.* -- Arrêt conforme du parlement de Grenoble, du 19 avril 1785 ; -- Espagne, n.° 91.

(11) LL. 38, § 3, ff. ad municipal. ; 9, C de incol., 13, C de dignitat.; -- V. aussi L. 32, ff. ad municip. -- Bouhier, ch. 21, n.° 23 ; Espagne, n.° 89.

(12) Et qui va demeurer dans le lieu où il faut l'exercer. - Emeri, sup. -- Il y a alors translation *immédiate* de domicile. V. L. 8, C. de incol.

(13) *DROIT ANCIEN.* - idem. -- Arrêt du parl. de Paris, du 26 juillet 1786, rapporté aux affiches de Dauphiné. -- V. aussi Bouhier, ch. 22, n.° 184 et suiv.

(14) Mais la femme séparée de corps peut avoir son domicile propre. -- Bouhier, ch. 22, n.° 201 ; Espagne, n.° 89.

(15) *DROIT NOUVEAU.* -- Ainsi jugé au trib. de cassat., le 6 août 1793 ; Gaz. des tribun., t. 8, p. 65.

plusieurs faits, qui caractérisent un établissement principal.

Le code civil ne nous indique point ces faits; mais on peut dire d'après le droit ancien ou nouveau, que ce sont en général, tous les faits qui ne se passent pour l'ordinaire, que dans le lieu où est l'établissement dont on vient de parler (16).

Tels sont 1.° La conservation des titres et papiers. — *L.* 203, *ff. verb. sign.*

2.° La passation des contrats, comme une vente. — *L.* 27. § 1, *ff. ad municipal.*

3.° L'assistance en jugement. — *D. L.*

4.° L'accomplissement des premiers devoirs de la religion, comme la pâque chez les catholiques, la cène chez les réformés. — *V. D. L.*

5.° Le payement des taxes personnelles (17). — *V. déclarat.* du 27 janv. 1772, tit. 2, art. 23; *L.* 3 nivôse an 7, n.° 2270, art. 20.

6.° L'inscription civique. — *V. constit.*, art. 2.

7.° L'exercice des droits de cité (18). — *V. id.*; art. 2 et 6, et *S-C*, 16 therm. 10, art. 4.

8.° La formation d'un établissement de longue durée, tel qu'une manufacture, une banque, etc. — *V. Bouhier*, chap. 22, n.° 197, 215; *arrêt du conseil d'état*, du 16 juin 1777.

Mais on ne doit pas chercher l'intention tacite dans ces circonstances, quand il y a une présomption légale de conservation du domicile ancien (19). Or, cette présomption est admise à l'égard,

1.° Du particulier nommé à des fonctions temporaires et révocables, qu'il doit exercer dans une résidence autre que la sienne — *C-C, I*, 106; *v.* aussi *L.* 8 sept. 1793, *et jug. de cassat.* du 6 août.

___

(16) L'opinion publique sur le lieu du domicile doit aussi être consultée. — V. L. cives, C. de incolis, et ce titre, in pr., p. 48.
(17) Cette circonstance était rappelée dans la première rédaction.
(18) Idem.
(19) Ainsi, dans cette occasion, le domicile peut être séparé de la résidence ; quoique appelé *réel* par le code, ce domicile est purement *fictif*. — V. aussi L. 24 flor. an 2 ; et C-C, I, 116.

2.º Du militaire employé hors de sa résidence primitive (20). — *L. 21 mars 1790, art. 6.* — *Décision du ministre de l'intérieur, du 21 vent. 7.*

Il faut enfin remarquer que dans le doute, on doit prononcer plutôt en faveur d'un domicile ancien et certain, qu'en faveur d'un domicile nouveau. C'est qu'en général un changement de domicile pour lequel on n'a pas manifesté clairement sa volonté, est suspect de fraude (21).

Nous avons dit que le premier caractère du changement de domicile, l'habitation réelle, était facile à constater, parce que c'était un fait sensible. Aussi tient-on que lorsqu'elle est jointe à la volonté, il suffit qu'elle ait duré un jour et même un seul instant pour constituer ce changement. — *Bouhier, chap. 22, n.º 198; Dargentré, cout. de Bretagne, art. 449, glose 1; rapport d'Emeri, 11 vent. an 11.*

L'intérêt de la société et celui des familles ont toutefois fait faire une exception à cette règle. Lorsqu'il s'agit de la célébration d'un mariage, le domicile ne se constitue que par une habitation qui continue pendant six mois (22). — *L. 20 sept. 1792, tit. 4, sect. 2, art. 2.* — *C-C, I, 74; v. aussi art. 159-162.*

Dès que le domicile se constitue par des faits personnels, il semble qu'il devrait cesser avec l'existence d'un individu. Mais le particulier, à son décès, laisse des droits à régler, et l'on serait exposé à beaucoup d'embarras, s'il fallait s'adresser au juge de

---

(20) DROIT ANCIEN. — Son domicile, s'il s'agissait de régler une succession, était à cette résidence primitive, suivant Bouhier, ch. 22, n.º 176. — Mais Espagne, n.º 94, pense que s'il s'agissait d'une assignation, elle pouvait être donnée et à cette résidence et au lieu de la garnison. — V. aussi L. 23, § 1, ff. ad municipal.
Il en était de même des prisonniers; on pouvait les citer au dernier domicile ou entre deux guichets. — Minsinger, observ. 69; Espagne, n.º 96; Dareau, sup.
(21) V. cons. d'état, séance du 16 fruct. an 9.
(22) DROIT ANCIEN. — Il fallait même une année, lorsque les parties habitaient précédemment un autre diocèse. - Édit de mars 1697; Pothier, sup., n.º 72; édit de nov. 1787, art. 8.

ses héritiers, parce que ceux-ci peuvent être éloignés, dispersés, ou même inconnus. Tel est le motif pour lequel on a toujours décidé que le lieu où une succession s'ouvre, est déterminé par le domicile du décédé. — *C-C*, *I*, 110.

Les questions de domicile étaient autrefois de la plus grande importance, à cause de la grande variété qui régnait relativement à la capacité des personnes et à la nature des biens, dans la législation de la plupart des provinces de France, sur-tout des provinces de droit coutumier (23). Aujourd'hui l'effet le plus remarquable du domicile, consiste dans l'attribution de juridiction au tribunal du lieu, pour toutes les actions personnelles et mobiliaires (24). — *LL. 3, C. ubi in rem act.*; 26 oct. 1790, *tit.* 1. *art.* 3.

Cette règle est cependant sujette à une exception. Lorsque les parties ou l'une d'elles, ont dans un acte, élu un domicile particulier (25) pour l'exécution de cet acte, on peut faire à ce domicile et devant le juge de ce domicile, tous les actes de procédure qu'exige cette exécution. — *C-C*, *I*, 111.

Il est même certaines formalités pour la poursuite desquelles on est obligé d'élire un domicile dans un lieu désigné; tels sont les saisies, les inscriptions hypothécaires, les oppositions aux mariages. — *Ordonnance de* 1667, *tit.* 33, *art.* 1; *L.* 11 *brum. an* 7, *art.* 17 *et* 20; *C-C*, *I*, 170 (26).

Le domicile élu, subsiste autant que l'affaire pour laquelle on l'a choisi (27), ou jusques à la mort de celui qui l'a choisi. — *Ferrière, mot domicile; Fromental, ibid; Espagne*, n.º 121-124. — Cependant le créancier hypothécaire est libre de faire une nouvelle élection. — *D. L.* 11 *brum.* (28).

---

(23) V. ce que nous avons dit à ce sujet, tome 1, page 31 *bis*.
(24) C'est ce que nous exposerons avec plus de détails au traité de la procédure. V. L. 2, C. de jurisd. om. jud.
(25) V. ci-devant, note 5 de ce titre, page 49.
(26) Ci-devant, titre 2, ch. 2, § 2, n.º 4.
(27) Ainsi jugé au trib. de cassat., le 14 prair. an 2.
(28) V. ci-après le titre des hypothèques.

TITRE IV.

De l'Absence.

ON appelle en général, *absent*, celui qui n'est point au lieu où on le cherche, où il devait se trouver. — *L.* 199, *ff. verb. sign.* — On nomme *absence* la situation d'un particulier, sous ce point de vue.

Le lieu où l'on cherche un individu, est ordinairement celui de sa résidence, ou de son domicile, ou même le lieu où l'on a quelque chose à règler avec lui. Dans l'une et l'autre circonstance (1), si cet individu n'est point dans ce lieu, les lois disent qu'il est absent. — *V. C-C*, *I*, 310.

Si cet individu a pourvu aux inconvéniens qui peuvent naître de son absence, la loi ne doit se mêler de ses affaires que comme de celles de toute autre personne, puisqu'il est censé *présent*. Dans le cas contraire, il est de l'intérêt de la société, des parens de l'absent, et de l'absent lui-même, qu'on fasse faire relativement à l'administration de sa famille ou de ses biens, tout ce qu'il ferait s'il était présent.

Cet intérêt est plus grand suivant que l'absence est plus longue ; si elle s'étend à plusieurs années sans qu'on ait des nouvelles de l'absent, comme on

---

(1) Dans la 2.e circonstance on ne devrait pas appeler cet individu *absent*, mais plutôt *éloigné*, *non-présent*.

Au reste, le mot absent s'emploie encore dans cette dernière acception, lorsqu'il s'agit de prescription, du moins dans les provinces qui admettent la prescription *longi temporis* des romains. Ainsi, l'on appele alors absent, celui qui est hors de la province ou du ressort du Tribunal, où est situé l'immeuble qu'on veut prescrire contre lui. — Cout. de Paris, art. 116 ; Boutaric, justit., liv. 2, tit. 6. — L. ult., alinéa sin autem, C. de præscr. longi temp.

craint qu'il ne soit décédé, on s'occupe avec raison de l'ordre qu'il faut mettre dans ses affaires.

Quoique le titre quatrième du code civil soit consacré aux particuliers qui sont dans cette dernière position et à qui l'on donne plus spécialement le nom d'absent, il contient cependant quelques règles pour une autre espèce d'absent; de sorte qu'il se divise naturellement en deux parties ou chapitres, dont l'une est relative à cette dernière espèce, ou aux *absens présumés*, et l'autre aux absens proprement dits.

Le droit romain donne très-peu de règles sur l'absence; la jurisprudence française en avait établi un assez grand nombre, mais pour la plupart incertaines, variables et même contradictoires (2); le code civil a créé en quelque sorte une législation nouvelle sur cet objet (3). C'est celle qu'il importe d'analyser, sauf à indiquer dans les notes, les points les plus remarquables du droit ancien.

---

(2) Bretonnier et Boucher-d'Argis, quest. alphab., mot *absent*, in pr.
(3) V. les rapports de Bigot-Préameneu, d'Huguet et de Leroy, séances du corps législatif, des 12 et 24 vent., et du tribunat, du 23 vent. an 11.

CHAPITRE PREMIER.

De l'Absence présumée.

ON range dans la classe des absens présumés, les particuliers dont l'existence est incertaine, mais dont on n'a pas cessé d'avoir des nouvelles depuis assez long-tems pour les considérer comme absens proprement dits (4).

Ces particuliers peuvent laisser des biens qui ont besoin d'administration, et des enfans mineurs qui ont besoin tout-à-la-fois d'administration et de surveillance ; des droits enfin peuvent leur échoir.

I. En règle générale, le ministère public est spécialement chargé de veiller aux intérêts des présumés absens et il est entendu sur toutes les demandes qui les concernent. — *C. C*, *I*, 114.

II. Dans le premier cas, si l'absent présumé n'a pas de procureur-fondé (5), le tribunal civil pour-

---

(4) V. Bigot-Préameneu et Leroy, sup. — Huguet comprend aussi dans cette classe les individus *simplement éloignés de leur domicile*. Mais il parait qu'il se trompe, puisque sur ce qu'on observa dans les 1.res rédactions que ces individus n'étaient pas dans la même classe, on a changé l'intitulé du chap. 1 du tit. 4, et supprimé deux articles où on les désignait. -- V. cons. d'état, 24 fruct. an 9.

Au reste, les règles propres à cette dernière espèce d'absens, sont exposées dans la loi du 11 février 1791, et indiquées ci-après dans les notes 6, 11 et 12. Il faut seulement ajouter que si l'absent est un militaire, le juge de paix doit lui donner avis, ainsi qu'au ministre de la guerre, de l'apposition des scellés sur une succession où il a des droits. Si un mois se passe sans nouvelles, on lui nomme un curateur pour le représenter. -- L. 11 vent. an 2. - Mais il parait que cette dernière disposition est abrogée par le code, qui confie ce soin aux notaires, suivant le mode ci-après expliqué.

(5) *DROIT ANCIEN*. -- Ses parens doivent faire nommer un curateur pour la gestion de ses biens. -- Bretonnier, ch. 3 ; Royer-Desgranges, régim. hypothéc, nos. 279, 280.

DROIT ACTUEL. -- La nomination du curateur n'est pas interdite (excepté dans le 3e. cas ci-après), mais on ne doit l'ordonner qu'en cas de grande nécessité et en prenant des précautions. -- Bigot-Préameneu, up. -- V. aussi Cons. d'état, 24 fruct. an 9.

voit (6) à l'administration, sur la demande des intéressés (7). — *C-C*, *I*, 112.

Dans le second cas, la mère est chargée de la surveillance, de l'éducation, et de l'administration des biens des enfans mineurs. Si elle n'existe plus (8), le conseil de famille (9), six mois après la disparition du père (10), défère la surveillance aux ascendans les plus proches (11), et à leur défaut, à un tuteur provisoire. Il en est de même si elle décède dans la suite, avant la déclaration d'absence, et si les enfans sont issus d'un mariage précédent. (12). — *C-C*, *I*, 141-143.

Dans le troisième cas, le tribunal, à la requête de la partie la plus diligente (13), commet un notaire pour représenter l'absent présumé, dans les inventaires, comptes, partages et liquidations où il est intéressé (14). — *C-C*, *I*, 113. — Les partages se font dans ce cas en justice (15), et s'il y a lieu à quelque licitation, elle se fait également en justice, et l'on y admet les étrangers (16). — *V. C-C*, *III*, 128-130.

---

(6) En attendant, la municipalité du lieu est tenue de faire recueillir et serrer ses récoltes. – *L.* 6 oct. 1791, *tit.* 1, *sect.* 5, *art.* 1. — Et si le service public est la cause de l'absence, elle doit veiller à la conservation des propriétés de l'absent et dénoncer les atteintes qu'on y porte. - *L.* 6 brum. an 5, art. 7.

(7) Parens ou créanciers. — Bigot-Préameneu, sup.

(8) Ou si elle est incapable de gérer. — Bretonnier, ch. 2; et arrêt du 20 mars 1671, cité par Boniface, tome 4, liv. 4, tit. 2, ch. 3.

(9) Pour sa composition, v. ci-après, tit. 10; et C-C, I, 401-404.

(10) *DROIT ANCIEN*. — Une année après. — Autorités de la note 4.

(11) Nous les indiquerons ci-après, tit. 10, ch. 1. — V. C-C., I, 396-398.

(12) A l'égard des consentemens que doivent obtenir ces enfans pour se marier, V. ci-après le titre 5, chap. 1, et L. 7 sept. 1793, et C-C, I, 149-154.

(13) La municipalité doit même avertir sans délai le juge de paix, du décès de celui auquel l'absent est successible, afin qu'il appose les scellés. — Arrêté du 22 prair. an 5, art. 1.

(14) *DROIT NOUVEAU*. — Idem. — LL. 11 fév. 1791, art. 1; 6 oct. 1791, tit. 1, sect. 2, art. 7.

(15) Pour les formalités à observer. — V. C-C, III, 109-127.

(16) *DROIT NOUVEAU*. — Idem. — V. LL. 7 et 29 mess. an 2.

CHAPITRE II.

De l'*Absence* proprement dite, ou *Absence* déclarée.

L'ABSENCE dont nous avons parlé, n'était qu'un fait obscur et douteux; elle devient un fait authentique et légal, lorsqu'elle est déclarée, et elle a des résultats bien différents de ceux de l'absence simplement présumée.

Nous devons donc examiner ici comment on fait déclarer l'absence, et quels sont les effets de l'absence déclarée.

ARTICLE PREMIER.

De la manière de faire déclarer l'Absence (17).

LORSQUE l'absence, sans nouvelles, s'est étendue à quatre années, ou à dix années dans le cas où l'absent n'a pas laissé de procuration, ou n'a laissé qu'une procuration qui expire avant cette époque (18), les intéressés (19) peuvent, pour faire déclarer l'absence, se pourvoir au tribunal civil (20), qui, sur les docu-

---

(17) *DROIT ANCIEN.* — La déclaration d'absence ne consistait que dans le jugement d'envoi en possession, et il suffisait pour l'obtenir, d'un certificat de notoriété d'absence. Bigot-Préameneu, sup. — Le tems d'absence exigé variait suivant les tribunaux; il était de dix ans, à Grenoble. - V. au reste Bretonnier, ch. 3. — Si l'absence avait eu lieu après un combat ou un naufrage, plusieurs auteurs réduisaient ce tems à cinq années. — Idem, et Serres, liv. 3, tit. 1, § 4.

Au reste, l'on préférait pour la possession, l'héritier fondé de pouvoir. — Mainard. liv. 7, ch. 95; Bretonnier; Serres, sup.; Prost de Royer, mot absent, n°.10, p. 202.

(18) Dans ce dernier cas, on pourvoit à l'administration des biens, comme il est dit au chap. 1er. — C-C, I, 122.

(19) Tels sont d'abord les héritiers présomptifs. — C-C, I, 121 — et les héritiers plus éloignés, à leur défaut. — Tronchet, cons. d'état, 16 fructidor an 9. — Tel est aussi l'époux commun en biens, d'après l'art. 124. — Bousquet, sup.

(20) Du domicile de l'absent. — Boulay et Thibaudeau, cons. d'ét., 24 fructidor an 9.

mens qu'on lui produit, ordonne une enquête contradictoire avec le commissaire, dans les arrondissemens du domicile et de la résidence. — *C-C*, *I*, 115, 131, 122, 116.

Une année après (21), il déclare l'absence, à moins que les motifs qui l'ont causée, et les obstacles qui ont empêché d'avoir des nouvelles de l'individu, ne paraissent exiger un délai plus long. — *V. C-C*, 119, 117, *et Bigot-Préameneu, sup.*

Au reste, les jugemens, soit préparatoires, soit définitifs, sont rendus publics (22) par le Grand-juge, de sorte que l'absent, s'il existe, ne peut guère les ignorer. — *C-C*, *I*, 118.

Article II.

Des Effets de l'absence déclarée.

Les effets de l'absence déclarée sont relatifs aux biens que laisse l'absent, à ses droits éventuels, aux actions qu'on peut exercer contre lui, à son mariage, et à ses enfans mineurs.

Nous avons déjà exposé les effets relatifs aux enfans (23); il nous reste à traiter des autres, ce que nous ferons dans trois paragraphes différens.

Enquête. Le Tribunal civil de Reims a décidé (v. jurisprudence du code civil, t. 1, p. 137-144), le 4 prairial an 11, qu'il ne fallait point faire d'enquête aux lieux de garnison d'un soldat, parce qu'il n'y est toujours qu'accidentellement. Cependant, n'est-ce pas un moyen de constater l'époque de la disparition d'un absent? On a même dit, dans la discussion du code, qu'il faudrait faire l'enquête à toutes les résidences. — Cons. d'état, ibid., discussion sur l'art. 7.

(21) L'art. 121 décide que s'il y a une procuration, l'héritier ne peut *poursuivre* la déclaration d'absence qu'après dix années révolues depuis les dernières nouvelles. Donc il faut au moins onze ans pour obtenir cette déclaration, puisqu'il doit y avoir une année d'intervalle (art. 119), entre les jugemens préparatoire et définitif. Cependant, Bigot-Préameneu et Huguet semblent donner à entendre qu'il suffit de dix ans. Leroy est d'un avis contraire.

(22) C'est le 1er. Consul qui a proposé cette publicité si utile. - Cons. d'état, 16 fruct. an 9.

(23) Ci-devant, chap. 1, page 57.

§. I.er *Des Biens de l'absent.*

IL faut distinguer au sujet des effets de l'absence par rapport aux biens de l'absent, les règles qui concernent la possession de ses biens, de celles qui concernent leur administration, leur partage et leur restitution.

I. La *possession provisoire* des biens de l'absent peut, en vertu du jugement déclaratif de l'absence, être déférée, sous caution (24), 1.° à ceux qui étaient ses héritiers présomptifs au jour de la disparition ou des dernières nouvelles (25). — *C-C, I*, 120-122; — 2.° à défaut de parens successibles, à l'époux de l'absent. — *C-C. I*, 140.

On ouvre ensuite, à la réquisition des intéressés ou du ministère public, le testament de l'absent, et les légataires, donataires, etc., sont admis à exercer leurs droits, provisoirement et sous caution (26). — *C-C, I*, 123.

Mais l'époux commun peut, en continuant la communauté (la femme a la faculté d'y renoncer ensuite) empêcher cet exercice de droits, ainsi que la déclaration de possession, et administrer lui-même. S'il demande la dissolution de la communauté, il exerce ses reprises et ses droits matrimoniaux, sous caution pour les choses restituables (27). — *C-C, I*, 124.

---

(24) *DROIT ANCIEN*. — Idem. Bretonnier, ch. 3, in f.

(25) *DROIT ANCIEN*. — Idem. Bretonnier, ch. 3. — Nous avons eu au parlement de Grenoble, quatre arrêts décisifs à ce sujet. Les trois derniers sont des 15 juin 1747, 2 août 1752, et 15 février 1760.

(26) *DROIT ANCIEN*. — Tous ces points étaient extrêmement controversés, et il n'y avait aucune jurisprudence certaine. — V. Bretonnier, ibid.

(27) *DROIT ANCIEN*. — Une longue absence était un moyen légitime de séparation. Ce principe de Bretonnier, ch. 1, in f., avait été adopté par un arrêt de 1754, cité par Prost de Royer. Bretonnier, conséquemment à cette maxime, pensait que la femme pouvait se faire rendre au bout de 9 ans la dot, et au bout de 10 ans (sous caution et à la charge d'entretenir les enfans), les droits matrimoniaux.

II. La possession provisoire n'étant qu'un *dépôt*, et ne donnant aux possesseurs *l'administration* des biens qu'à la charge d'en rendre compte à l'absent en cas qu'il reparaisse ou qu'on ait de ses nouvelles, il a été naturel, 1.° de les assujettir à un inventaire légal des titres et du mobilier, et à l'emploi des fruits échus (28), et du prix de ce mobilier si la vente en est jugée nécessaire ; 2.° de les autoriser à faire constater judiciairement l'état des immeubles ; 3.° de leur défendre de les aliéner ou hypothéquer. — *C-C*, *I*, 125, 126, 128.

Mais ils ne sont tenus de rendre à l'absent que le cinquième des revenus (29) s'il reparait avant quinze ans révolus depuis sa disparition, et le dixième si c'est de quinze à trente ans ; après cette dernière époque tous les revenus leur appartiennent. — *C-C*, *I*, 127.

III. Le *partage* et la possession définitive des biens peuvent être demandés trente ans (30) après l'envoi provisoire des héritiers, ou l'administration de l'époux commun, ou cent ans après la naissance de l'absent. Les cautions (31) sont aussi déchargées. — *C-C*, *I*, 129.

IV. Les règles précédentes sont fondées sur ce qu'après un long intervalle, la présomption du décès de l'absent, et de son décès à l'époque des dernières nouvelles, est plus forte que la présomption de son existence ; mais toute présomption qui n'est pas *juris et de jure* (32) cesse devant le fait.

---

(28) Sans doute au moment de l'envoi en possession.
(29) *DROIT ANCIEN*. — Il paraît qu'ils étaient tenus de tout restituer. — Bretonnier, ch. 3 ; in f.
(30) *DROIT ANCIEN*. — Le partage ne devenait définitif que cent ans après la naissance de l'absent, terme que le droit romain (LL. 8, ff. usu et usuf. leg. ; 59, in f. ff. usuf. et quemad.; 23, vers. 3, c. sacros eccles.) déclare être le plus long de la vie humaine. — Serres, sup.
(31) *DROIT ANCIEN*. — Le prés. de Lamoignon voulait que leur décharge eut lieu de plein droit, après vingt ans ; Bretonnier, après 30 ; — id. sup.
(32) V. ci-après notre traité des présomptions.

Par conséquent, 1.° si l'absent reparait, ou si son existence est prouvée après l'envoi provisoire, le jugement déclaratif d'absence n'a plus d'effet (33); si c'est après l'envoi définitif, l'absent recouvre ses biens en l'état qu'ils se trouvent, ou le prix des ventes qu'on en a faites, ou les biens provenant de l'emploi de ce prix, et le même droit est accordé à ses descendans pendant trente ans après cet envoi. — *C-C, I*, 131-133.

2.° Si l'on constate le jour du décès de l'absent, ses héritiers les plus proches, à cette époque, recouvrent ses biens, sauf les fruits légalement acquis par les possesseurs. — *C-C, I*, 130, 127.

§. II. *Des Droits éventuels de l'absent.*

Lorsqu'il s'agit de statuer sur le sort des biens de l'absent, comme il importe que ces biens ne restent pas à l'abandon, la loi a pu admettre qu'après un certain tems, la présomption de sa mort l'emportait sur celle de son existence. Il n'en est pas de même quand on vient, en qualité de représentant de l'absent, réclamer des biens qui lui seraient échus s'il eût été présent. Ces biens, à son défaut, sont déférés à ses co-appelés, et successivement aux individus d'un ordre inférieur; ils ont des possesseurs revêtus de titres légitimes; il est donc juste que ceux qui veulent exercer les droits de l'absent ne puissent être accueillis jusques à ce qu'ils aient prouvé son existence au moment de l'ouverture de ces droits (34). — *V. C-C, I*, 135, 136.

---

(33) L'on règle même l'administration de ses biens, suivant ce qui a été dit au chap. 1. — C-C, I, 131.

(34) *Droit ancien.* — Les opinions avaient d'abord été très-partagées sur ce point de droit, mais l'on avait enfin adopté les principes ci-dessus consacrés par le code civil; c'est ce qu'a établi d'une manière lumineuse, le cit. Merlin (recueil alphab. h. v. t. 1, p. 7-12), et le Tribunal de cassation a jugé, conformément à ces principes, le 21 ventôse an 9. — C'est aussi ce qu'a exposé le cit. Tronchet, cons. d'état, 16 fruct. an 9, discuss. sur l'art. 6.

Légitime. Jadis un enfant était, avant dix ans révolus d'absence, réputé vivant pour la fixation de la légitime; — Bretonnier, ch. 2, in f.; Serres, sup. — Serait-ce aujourd'hui, d'après les principes ci-dessus,

Mais si l'absent revient, ou si son existence postérieure est prouvée avant que les possesseurs aient prescrit, il est également juste de lui réserver, ainsi qu'à ses représentans et ayant-cause, l'action en réclamation de ces biens, sauf à en réserver aussi aux possesseurs jusques à l'exercice de cette action, les fruits qu'ils ont gagné par leur bonne foi. — *V. C-C*, *I*, 137, 138.

§. III. *Des Actions passives et du Mariage de l'absent.*

I. Tant que l'absence n'est pas devenue authentique par le jugement de déclaration, ceux qui ont des actions à exercer contre l'absent doivent agir suivant les formes prescrites par la procédure (35); après cette époque, il faut qu'ils se pourvoient contre les possesseurs ou administrateurs légaux des biens de l'absent (36). — *C-C. I*, 134.

II. L'absent, ou son fondé de pouvoir muni de la preuve de son existence, est seul recevable à attaquer le nouveau mariage contracté par son conjoint (37). — *C-C*, *I*, 139.

---

serait-ce l'héritier testamentaire qui devrait prouver la mort de l'absent, pour avoir une plus forte portion disponible, ou serait-ce le légitimaire qui devrait prouver l'existence de l'absent, pour faire réduire cette portion ?

(35) Nous les exposerons au traité de la procédure.

(36) *DROIT ANCIEN*. — Même règle. (Bretonnier, ch. 4, in f.). Au reste, jusques à cette époque, on poursuit l'absent à son dernier domicile. — Ordonnance de 1667, tit. 2, art. 8.

(37). —*DROIT ANCIEN*.—On ne pouvait se remarier avant d'avoir établi par lettres, ou par témoins ou indices irrécusables que le conjoint absent était décédé. — d'Aguesseau, plaid. 28, tome 3, p. 12 et suiv. ; — code matrim. mot *absence*. — On ne le considérait pas, dans ce cas, comme mort, même lorsqu'il avait atteint cent ans.

Si l'on se remariait sans avoir fait ces preuves, on ordonnait la séparation des époux ; et si l'absent revenait, les enfans nés du second mariage, contracté de bonne foi, étaient légitimes. — Leprestre, cent. 1, ch. 1; Bretonnier, ch. 1 ; d'Aguesseau, sup.

DROIT NOUVEAU. — L'absence, pendant cinq ans sans nouvelles, était une des causes de divorce. —L. 20 sept. 1792, sect. 1, art. 4. — V. ci-après, tit. 6.

TITRE V.

Du Mariage (1).

« Le mariage est la société de l'homme et de la femme, qui s'unissent pour perpétuer leur espèce, pour s'aider, par des secours mutuels, à porter le poids de la vie, et pour partager leur commune destinée (2) ».

Cette société a une influence si grande sur l'ordre public, que les législateurs se sont, de tout tems, attachés à déterminer avec soin les règles et les conditions dont l'observation pourrait lui procurer des résultats heureux. Ils ont déterminé entr'autres :

I. Les qualités qu'il fallait avoir et les conditions qu'il fallait remplir pour la contracter ;

II. Les obstacles qui s'opposent au mariage ;

III. Les formes qui lui donnent de la solemnité et de l'authenticité ;

IV. Les obligations qui en naissent, soit par rapport aux époux, soit par rapport aux enfans ;

V. Les causes qui en empêchent la validité ;

VI. Les moyens par lesquels on le dissout.

---

(1) Pour les règles de détail relatives à cette matière, voyez Pothier, traité du mariage, et le code matrimonial de Le Ridant. - Les principales lois romaines seront citées ci-après. On y joindra le tit. 10, Just.

(2) Portalis, exposé des motifs de ce titre, séance du corps législatif, du 16 ventôse an 11.

Cette définition est un développement de celle de Justinien. « Le mariage est l'union de l'homme et de la femme, accompagnée d'une habitude commune de vie ». -- Inst. de patriâ pot., § 1.

Ce texte des instituts contient les expressions suivantes : ... *matrimonium est. . . . conjunctio, individuam vitæ consuetudinem continens.* Cl. J. Ferrière les traduit ainsi : le mariage est une union ... qui contient une société *indissoluble*.

Ferrière prête à Justinien une absurdité gratuite, puisque à Rome, le mariage était au contraire *dissoluble* par le divorce, et que Justinien lui-même avait rendu avant la publication des instituts (v. L. 10, 11 et 12, C. de repud.), et qu'il rendit encore depuis, plusieurs lois qui permettaient certaines espèces de divorces. -- V. ci-après, titre 6, in pr.

Les mots *consuetudinem individuam vitæ*, au jugement des meilleurs

CHAPITRE PREMIER.

Des qualités et conditions requises pour le Mariage.

Les qualités et conditions principales requises pour le mariage, sont l'âge suffisant, le consentement des parties et celui des parens.

I. *Age.* — Le droit ancien exigeait que les contractans eussent atteint l'âge de puberté, qui était fixé pour les hommes à quatorze ans, et pour les femmes à douze ans (3). — *Inst. lib.* 1, *tit.* 10 *et* 22, *in pr.* — Les lois nouvelles et le code civil, sans avoir égard à la puberté, ont fixé cet âge à quinze et treize ans. — *L.* 20 *septembre* 1792, *tit.* 4, *sect.* 1, *art.* 1, — et successivement à dix-huit et quinze ans. — *c-c*, I, 144. — Mais le Gouvernement peut, pour des motifs graves, accorder des dispenses d'âge. — *c-c*, I, 145.

Contracté avant ce temps, le mariage peut être annullé, à moins, 1.° qu'avant l'action en nullité, il ne se soit écoulé six mois depuis que l'époux ou

---

interprètes, dont le cit. Portalis a très-bien saisi l'explication, expriment que le mariage est non-seulement une union physique, mais encore une union morale du mari et de la femme, et qu'il produit entr'eux une communication de tous leurs droits et de toutes leurs affections. C'est ce qu'on dit plus clairement dans la loi I, ff. de ritu nupt.; et c'est aussi ce que l'on devait dire pour distinguer les nôces du concubinage, qui, quoique autorisé à Rome, ne produisait pas cette communication, cette confusion de droits entre les personnes unies. — V. Vinnius, in h. §; Pothier, ad D. L.; Gibert, corp. J. canon., tract. de sacram. matrim., t. 3, p. 86; etc.

(3) Le but du mariage étant la procréation des enfans, la première qualité que devaient avoir les parties était la puberté. On s'assurait dans le principe, suivant Justinien, que les futurs époux étaient pubères, non seulement par leur âge, mais encore par leur état physique. Cela exigeait un examen indécent qu'il proscrivit. -*Inst.*, *quib. mod. tut.*, *in pr.*, *L. ult. C. quando tut. vel cur.* — Mais plusieurs auteurs soutiennent que l'assertion de Justinien n'est pas exacte. — V. Heineccius, ad inst. tit. 9a, n.° 2-4.

E

les époux trop jeunes ont acquis l'âge compétent (4); 2.° que la femme trop jeune n'ait conçu avant ces six mois ; 3.° que le mariage ne soit attaqué que par les parens qui y ont consenti (5). — *c-c*, *I*, 178-180.

II. Le *consentement des parties* est l'essence du mariage. — *L.* 30, *ff. reg. jur.; L.* 20 *sept. sup. art.* 12; *c-c*, *I*, 146. — Et par conséquent il n'y a point de mariage lorsqu'il n'y a pas de consentement. — *L.* 2, *ff. de ritu nupt.; conseil d'état,* 26 *fruct. an* 9.

Le consentement résulte d'une opération de l'entendement, et est l'expression de la volonté ; il est donc clair qu'il n'y a pas de consentement, 1.° lorsque l'époux que l'on dit avoir consenti n'avait pas un entendement sain. — *D. L.* 20 *sept. eod.* — *V. c-c*, *I*, 168, 169. — S'il etait, par exemple, imbécile ou insensé (6). — *Pothier*, n.° 92. — 2.° Lorsqu'il n'a consenti qu'en cédant à la violence. — *L.* 14, *c. de nupt.; L.* 21 *et* 22, *ff. de ritu nupt.; L.* 116, *in pr., ff. reg. jur.; c-c*, *I*, 174. — Et à une violence considérable et actuelle (7). — *LL.* 3, 5, 9, *ff. quod met. causâ; Pothier*, n.os 315-320. — 3.° Lors-

---

(4) DROIT ANCIEN. — Le mariage était aussi validé, pourvu, dans le 1er. cas, que les époux eussent atteint l'âge compétent (L. 4, ff. rit. nupt. ; cap. attestationes 10, ext. de desp. impub. ; Pothier, sup. n.° 95), et dans le 2e., qu'il y eut eu consommation prouvée. — Cap. de illis 9, ext. ibid; Bouguier, lett. M, n.° 2, p. 198; Pothier, n.° 94; Serres, liv. 1, tit. 10, in pr.
DROIT NOUVEAU. — La loi du 20 sept. 1792, tit. 4, sect. 1, art. 13, prononçait en général la nullité.
(5) A l'égard de la manière de constater l'âge des époux, v. ci-devant, titre 2, ch. 2, § 2, n.° 2 , et C-C, I, 70-72.
(6) On ne doit pas ranger au nombre des personnes incapables de consentir, les sourds-muets qui peuvent faire entendre leur volonté. — Pothier, n.° 92. — Ainsi jugé au parl. de Paris, le 26 juin 1776 (aff. de Dauphiné). — Idem, cons. d'état, 26 fruct. an 9.
Mais l'insensé peut-il comme autrefois (Pothier ibid.), contracter mariage pendant ses intervalles lucides ? . Il n'y a aucune prohibition expresse à ce sujet, dans le code : ce qui pourrait cependant faire douter que l'insensé eut une telle faculté, c'est qu'on décide qu'il doit être interdit, quoiqu'il ait des intervalles de ce genre. — C-C, I, 483.
(7) Malgré cette décision du droit romain, on sent que la violence est toujours *relative*. — V. conseil d'état, 4 vendémiaire an 10.

qu'il a *erré* sur la personne (8) qu'il voulait épouser. — *D. L.* 116, §. 2; *c-c*, *eod* (9).

L'époux contraint, ou dans l'erreur, peut seul attaquer son mariage, et il doit se pourvoir au moins dans les six mois après qu'il a acquis sa pleine liberté (10), ou reconnu son erreur. — *c-c*, *eod.*, et 175.

III. *Consentement des parens.* — La législation a beaucoup varié sur cette condition et ses modes. Attaché d'abord à la puissance paternelle, le droit de consentir au mariage appartint au seul père de famille, à quelque âge que son fils fût parvenu. — *Inst. de nupt. in pr.* (11). Il fut ensuite accordé également au père et à la mère, mais par rapport seulement à leurs enfans mineurs de vingt-cinq ans (12); les majeurs ne furent assujettis qu'aux actes respectueux dont nous parlerons. — *Ordonn.* ou *édits de* 1556; *de Blois*, art. 40-43; *de* 1629, art. 169; *de* 1639, art. 1 et 2; *et mars* 1697; *Pothier*, n.os 321-327. — *Basset*, tom. 2, liv. 4, tit. 3. — Les lois nouvelles firent cesser la minorité à vingt-un ans; et n'exigèrent que le consentement du père; à son défaut, le consentement de la mère fut nécessaire;

---

(8) Dans le droit ancien, l'erreur sur les qualités de la personne ne détruisait pas le consentement, et à peine élevait-on des doutes sur ce point, lorsque l'erreur portait même sur la capacité civile de l'un des époux. — V. Pothier, nos. 308-314. — Les rédacteurs du code semblent avoir admis un autre principe, lorsque l'erreur tombe sur les qualités les plus importantes de l'état d'un individu. — V. cons. d'état, 4 vend. an 10, discuss. sur l'art. 3.

(9) *DROIT ANCIEN.* — La séduction était aussi considérée comme détruisant le consentement et par conséquent le mariage. — Pothier, nos. 228, 320, 326.

(10) Un arrêt du 29 mars 1651, cité par Soefve, t. 1, admit la réclamation au bout de trois ans, quoiqu'il y eût des enfans nés du mariage. — Pothier, n.° 318. — Cependant, dans la 1re. rédaction de cet article, (art. 2, sect. 2, ch. 3 du projet) on n'admettait pas la réclamation lorsqu'il y avait des enfans, et l'on disait que c'était la dernière jurisprudence. — Cons. d'état, 4 vendémiaire an 10.

(11) V. aussi LL. 12, C. de nupt.; 35, 3, 34, ff. de ritu nupt. et 2, C. de nupt.

(12) Le consentement était aussi exigé à l'égard des garçons de 25 à 30 ans, mais s'il n'était pas donné, le mariage n'était pas nul; les garçons étaient seulement sujets à l'exhérédation.— V. les autorités citées par Serres, inst. liv. 1, tit. 10, in pr., et par Pothier, nos. 337-341. — M. de Gueydan, tome 4, p. 154 et 160, est d'un avis contraire.

et à défaut de celle-ci, on exigea d'abord le consentement des cinq plus proches parens, suppléés au besoin par des voisins; et ensuite celui d'un conseil composé des deux plus proches parens, de deux parens non héritiers, et de l'officier public (13). — *L. 20 sept. sup.*, art. 2-9; *L. 7 sept.* 1793.

DROIT ACTUEL. 1.° La majorité (14) qui dispense d'obtenir le consentement des parens est fixée à vingt-cinq ans pour les garçons et à vingt-un ans pour les filles. *c-c*, I, 148. — Celle qui dispense du consentement du conseil de famille et du tuteur, est fixée à vingt-un ans. — *c-c*, I, 154, 153.

2.° Au-dessous de cet âge, les enfans légitimes et les enfans naturels reconnus (15), ont besoin du consentement de leur père et mère (16), ou de leur père seul, en cas de dissentiment, ou de l'un d'eux seulement si l'autre est mort ou ne peut manifester sa volonté (17). — *c-c*, I, 148, 152, 149. — Si tous les deux sont dans ces cas, les enfans légitimes ont besoin du consentement des ayeuls et ayeules, ou de l'ayeul seulement, en cas de dissentiment dans

---

(13) Si, sur le refus de ce conseil, le mineur persistait pendant un mois, le conseil ne pouvait plus refuser son consentement qu'en cas de désordre de mœurs ou de condamnation infamante de l'époux futur du mineur. — D. L. 7 sept. 1793.

(14) La majorité politique et civile ordinaire est fixée à 21 ans. — V. constit., art. 2; C C, I, 482.

(15) DROIT ANCIEN. — Les enfans naturels n'avaient besoin que du consentement d'un tuteur ou curateur, suivant Pothier, n.° 342, et un arrêt de 1661, cité au code matrim., mot *bâtard*.

(16) Même lorsqu'ils ont contracté un second mariage. — V. conseil d'état, 26 fructidor an 9.

(17) Si par exemple, il est mort civilement, interdit ou absent. — V. L. 7 septembre 1793, et Pothier, 329-336.

DROIT ANCIEN. — Les enfans d'un père absent depuis trois ans, sans nouvelles, pouvaient contracter mariage. — LL. 9, §§ 1, 10 et 11 ff. de ritu nupt. - Serres pense toutefois qu'ils avaient besoin, ainsi que les enfans des religionnaires fugitifs, du consentement du tuteur et de 6 parens ou voisins. — V. les déclarations de 1686, et 1724, art. 16. — V. aussi Pothier, n.° 329, 333-336. — Mais l'absence, avec nouvelles, ne dispense pas du consentement — Pothier, n.° 328.

la même ligne (18). — *c-c*, *I*, 150. — (Les enfans naturels non reconnus, et mineurs de vingt-un ans, ont besoin de celui d'un tuteur *ad hoc*. — *c-c*, *I*, 153). A défaut de toutes ces personnes, il faut le consentement d'un conseil de famille (19). — *c-c*, *I*, 154, 168.

3.° Contracté sans ce consentement, le mariage peut être attaqué (20) par l'époux qui en avait besoin, pourvu qu'il réclame dans l'année après sa majorité, et par ceux qui avaient le droit de le donner, pourvu qu'ils n'aient pas approuvé expressément ou tacitement le mariage, et qu'ils réclament dans l'année après qu'ils l'ont connu (21). — *c-c*, *I*, 176, 177.

4.° Les majeurs doivent demander par un acte respectueux (22) le consentement de leurs père et mère, et à leur défaut, celui de leurs ayeuls et ayeules; — *c-c*, *I*, 151, 152; — et ceux-ci ont le droit de s'opposer à ce que le mariage de leurs enfans ou descendans soit contracté (23). — V. ci-après, chap. 2; et *c-c*, *I*, 166-169.

---

(18) Le partage entre les deux lignes vaut consentement. - D. art. 150.
(19) Mais ce consentement n'est exigé qu'à l'égard des mineurs de 21 ans. -- D. art. 154.
Pour la composition du conseil, v. le titre 10, ch. 1, art. 2; et C-C, I, 401-404.
Au reste, le consentement des mêmes personnes est exigé pour la validité des donations que les époux mineurs se font. - V. C-C, III, 384.
(20) Il n'est pas nul de plein droit, mais il peut être annullé. - V. cons. d'état, 26 fructidor an 9 et 4 vendém. an 10.
(21) *DROIT ANCIEN*. -- L'approbation ou le défaut de réclamation validaient aussi le mariage. -- Pothier, n.° 446.
(22) La forme de cet acte que le code n'indique point, avait été déterminée par un règlement du parlement de Paris, qu'on trouve au code matrimonial, p. 329.
(23) *DROIT ANCIEN*. -- Les majeurs devaient requérir le consentement de leurs père et mère, par des sommations respectueuses (ordinairement au nombre de trois), ou actes de respect. -- Serres, liv. 1, tit. 10, in pr.; Pothier, n.° 337-341. -- Suivant ce dernier auteur, l'omission de ces actes n'annullait pas le mariage, s'il n'y avait point de clandestinité.

CHAPITRE II.

Des obstacles ou empêchemens au Mariage.

On distingue deux espèces d'empêchemens au mariage, ceux qui s'y opposent et qui le détruisent lorsqu'il a été contracté, et ceux qui s'y opposent sans le détruire. On nomme les premiers *dirimans*, et les seconds *prohibitifs*.

Les empêchemens dirimans s'opposent, tant qu'ils subsistent, à ce que l'on se marie avec quelque personne que ce soit, et alors on les nomme empêchemens *absolus*; ou ils s'opposent seulement à ce que l'on épouse certaines personnes, et, en ce cas, on les appelle empêchemens *relatifs*.

Nous traiterons des diverses espèces d'empêchemens dans deux articles séparés, et dans un troisième, des dispenses qu'on en peut obtenir.

Article premier.

Des empêchemens dirimans.

§. Ier *Des empêchemens absolus.*

Les auteurs distinguaient jadis six espèces d'empêchemens absolus.

1.º Les vœux solemnels de religion; 2.º l'engagement dans les ordres sacrés; 3.º l'impuissance incurable et perpétuelle; 4.º le défaut de puberté; 5.º le défaut de raison; 6.º le mariage existant. — *V. Pothier, part.* 3, *chap.* 2, *n.*^{os} 97-119; *et Dareau, in répert., mot empêchement,* 2.e *part., sect.* 1.

Les trois premiers de ces empêchemens n'ont plus aucun effet depuis la loi du 20 septembre, parce que ni cette loi, ni le code ne les rappellent dans leurs dispositions. D'ailleurs la législation nouvelle ne reconnait plus de vœux (24), et elle ne donne aucun effet civil à l'engagement dans les ordres sacrés (25).

Les trois autres empêchemens, savoir : le défaut de puberté, le défaut de raison et le mariage existant (26) ont été conservés. — *V. L.* 20 *sept. sup.*, art. 1, 12 *et* 10; *c-c*, *I*, 144, 168, 169, 146, 147; et ce que nous disons des deux premiers empêchemens au chapitre premier, et ci-après chapitre V.

On a ajouté à ces trois empêchemens, 1.° celui qui nait de la mort civile. — *c-c*, *I*, 25. — *V. ci-devant tit.* 1, *p.* 22 ; 2.° deux empêchemens temporaires. Le premier de ceux-ci concerne la femme dont le mariage a été dissous par le divorce déterminé, ou de toute autre manière ; elle ne peut contracter un nouveau mariage que dix mois après la dissolution du premier (27). — *c-c*, *I*, 222, 290. — Le second est relatif aux divorcés par consentement mutuel ; ils ne sont libres de se marier que trois ans après le divorce (28). — *c-c*, *I*, 291 (29).

---

(24) V. LL. citées dans la note 51, tit. 1, page 20.
(25) Portalis, exposé des motifs de la loi du 18 germ. an 10; moniteur, p. 789.
A l'égard de l'empêchement d'*impuissance*, on avait eu l'intention d'y suppléer par le divorce. (V. le discours de Ducastel, séance du 13 septembre 1792 ; et celui du cit. Cambacérès, page 4 et 21, sur le projet de code présenté en l'an 4). On peut aussi induire son abolition de ce que l'impuissance n'est pas un motif valable pour désavouer un enfant. - V. C-C, I, 307; ci-après, tit. 7; et obs. du trib. de Nîmes, sur le t. 5.
(26) DROIT ANCIEN et NOUVEAU. -- *Bigamie.* C'est même un crime de contracter un second mariage avant la dissolution du premier. -- L. 2 et 18, in pr., C. de incest. nupt. -- On condamnait jadis la femme bigame à faire amende honorable en chemise, la corde au cou et deux chapeaux de paille sur sa tête. -- V. journal des aud., tome 6, ch. 65, et code matrim., mot *femme.* -- Aujourd'hui la bigamie est punie de 12 ans de fers, s'il n'y a pas bonne foi. - Code pén., part. 2, tit. 2, sect. 1, art. 33.
(27) DROIT NOUVEAU. -- V. ci-après, § 2, note 34.
(28) Voyez la même note.
(29) Mais toute autre espèce d'empêchement ne doit pas être admise. Tel serait par ex. l'empêchement qu'on tirerait d'une infirmité grave, d'une grande disproportion de fortune, etc. - Arrêts du parl. de Paris des 14 mai 1777 et 26 avril 1780, aux aff. de Dauphiné.

§. II. *Des Empêchemens relatifs.*

On comptait jadis douze espèces d'empêchemens relatifs ; 1.° l'alliance spirituelle résultant des cérémonies du baptême ; 2.° le rapt ; 3.° la séduction ; 4.° l'hérésie ; 5.° le meurtre du premier conjoint, accompagné d'adultère ; 6.° la participation au même meurtre dans la vue du mariage ; 7.° et 8.° l'honnêteté publique ou espèce de lien moral, formé par les fiançailles, ou par un mariage célébré, mais non pas consommé ; 9.° l'adultère accompagné de promesse de mariage ; 10.° la parenté civile résultant de l'adoption ; 11.° et 12.° la parenté et l'affinité naturelles et légitimes (30). *V. Pothier, sup., ch.* 3, *n.°* 120-251 ; *et Dareau, sup., sect.* 2.

La tutelle, avant la reddition du compte, formait aussi, chez les romains, un empêchement entre le tuteur et sa pupille devenue mineure. *V. L.* 128, *ff. de legat.* 1.° ; *L.* 63, *in f., ff. de ritu nupt.* — Mais cela n'était plus admis parmi nous ; on privait seulement quelquefois le tuteur, de la succession de son épouse. — *V. Serres, liv.* 1, *tit.* 10, §. 11 ; *et code matrimonial, mot appel.*

Enfin, le commandement dans une province et l'inégalité de condition, formaient à Rome des empêchemens que nous n'avons pas non plus admis. — *V. LL.* 38 *et* 23, *ff. de ritu nupt.*

Droit nouveau. La loi du 20 septembre, (tit. 4, art. 11) n'a rappelé que les deux derniers de ces empêchemens (31), et comme la section où elle les

---

(30) Cet empêchement s'étendait à toute la ligne directe, et au 4e. degré canonique de la collatérale, ce qui équivalait au 8e. degré civil — V. ci-après le titre des successions.
DROIT ROMAIN. = Idem, au 3e. degré civil. = L. 53, 17, § 2, 39 et 54 ; 14, § 2 et 4 ; et 40, ff. de ritu nupt. ; 4, § 7, ff. de gradib. et adfin. ; 5, C. de incest. nupt. ; 14, § 3, ff. de ritu nupt. ; 4, C. de nupt. ; 34, § 2, ff. de ritu nupt.
(31) Encore a-t-elle restreint l'empêchement de parenté au 1er. degré de la ligne collatérale, et celui d'affinité à la ligne directe ; de sorte qu'il a été permis à un beau-frère d'épouser sa belle-sœur. -D. art. 11.

spécifie, détermine les qualités et conditions requises pour le mariage, on peut conclure de son silence que les autres empêchemens ont été abrogés (32).

DROIT ACTUEL. On admet les quatre dernières espèces d'empêchemens relatifs.

1.° L'adultère pour lequel on a fait prononcer le divorce, forme empêchement au mariage de l'époux coupable, avec son complice. — *c-c*, *I*, 223, 292.

2.° La parenté civile ou adoptive en ligne directe et au premier dégré de la ligne collatérale, forme aussi empêchement; il en est de même de l'affinité civile au premier degré de la ligne directe (33). — *c-c*, *I*, 342.

3.° La parenté naturelle et légitime, forme empêchement dans toute la ligne directe, et jusques au troisième degré dans la ligne collatérale. — *c-c*, *I*, 155, 157.

4.° L'affinité forme empêchement dans la même ligne directe, et jusques au deuxième degré seulement de la ligne collatérale. — *c-c*, *I*, 155, 156.

5.° Enfin, on a établi un empêchement entre les

---

(32) C'est ce qui résulte aussi de ce que dit le rapporteur de la loi (Muraire), aux séances des 15 février et 28 juin 1792. V. aussi Portalis, exposé des motifs du tit. 5 du code; Gillet, tribunat, 23 ventôse an 11; et cons. d'état, 26 fructidor an 9. - Dans cette dernière séance on a nommément indiqué la suppression de l'empêchement naissant du rapt de séduction.

Il faut cependant excepter la 8e espèce d'empêchement qui a subsisté, mais d'après un autre principe. Le droit nouveau n'a aucun égard à la consommation, pour la validité d'un mariage; dès qu'il y a eu célébration, l'alliance est formée, et il y a par conséquent empêchement entre un époux et les parens en ligne directe de son conjoint, sans qu'il soit besoin pour cela de prendre en considération l'honnêteté publique.

(33) *DROIT ROMAIN.* - La parenté civile produisait les mêmes empêchemens que la parenté naturelle, mais ces empêchemens étaient détruits en ligne collatérale par la dissolution de l'adoption, et c'est ce que le code ne dit point. — Jnst. de nupt. § 1, 2, 3 et 5; LL. 17, 55, & 12, § 4, ff. de ritu nupt. - V. C-C, I, tit. 8.

époux divorcés; ils ne peuvent plus se remarier ensemble (34). — *c-c*, *I*, 289.

ARTICLE II.

Des Empêchemens prohibitifs.

ON distinguait dans le droit ancien, deux espèces d'empêchemens prohibitifs, les canoniques et les civils.

I. Les empêchemens prohibitifs canoniques étaient au nombre de cinq : les fiançailles non dissoutes, le vœu simple de chasteté, la défense du juge ecclésiastique, le défaut d'instruction religieuse et le tems férié (35). — *Dareau, sup., art.* 1.

Le mariage étant un contrat purement civil (36), on sent que ces empêchemens n'ont pu être d'aucun usage depuis la loi du 20 septembre.

II. Les oppositions régulières au mariage, constituent les empêchemens prohibitifs civils. Nous avons déjà expliqué comment elles se faisaient (37). Il nous

---

(34) *DROIT NOUVEAU.* - 2e. *mariage des divorcés.* Les divorcés pouvaient se remarier ensemble sur-le-champ. S'ils voulaient s'unir à d'autres personnes, après les divorces de consentement ou d'incompatibilité, ils devaient attendre une année ; après le divorce pour motifs déterminés, la femme seule, hors le cas d'absence, était assujétie au même délai. - L. 20 sept. 1792, § 3, art. 2 et 3.

La loi du 8 nivôse an 2 décida ensuite, art. 3 et 4, que le mari pourrait se remarier aussitôt après le divorce (de toute espèce), et la femme, dix mois après l'époque (constatée) où le mari l'aurait abandonnée. La loi du 4 floréal suivant, confirma cette dernière disposition, et décida de plus, art. 7, que la femme qui accouchait après son divorce n'avait pas besoin d'attendre l'expiration des dix mois.

L'exécution de ces deux lois ayant été suspendue par celle du 15 thermidor an 3, ce sont les règles de la loi du 20 septembre qu'il a fallu suivre depuis ce tems jusques au code civil.

(35) On ne pouvait célébrer le mariage depuis le 1er. dimanche de l'avent jusques au jour de l'épiphanie, et depuis le mercredi des cendres jusques à l'octave de Pâques.

(36) V. note 55, tit. 1, p. 22.

(37) Ci-devant, tit. 2, ch. 2, § 2, p. 37.

reste à indiquer les personnes qui ont le droit de les faire, et le mode de leur jugement.

1.º Les personnes qui ont le droit de former opposition au mariage, sont l'époux, (par rapport à son conjoint), le père, et à son défaut, la mère, et à défaut des père et mère, les ayeuls et ayeules, et à défaut de ceux-ci, les collatéraux majeurs (38), jusques au quatrième degré, et les tuteurs ou curateurs. Mais les collatéraux ne peuvent user de ce droit que par rapport aux mineurs qui n'ont pas obtenu le consentement du conseil de famille (39), et par rapport aux insensés, à la charge de provoquer et faire juger leur interdiction dans un délai déterminé (40). Les tuteur ou curateur doivent être autorisés à l'opposition, par le conseil de famille (41). — *c-c*, *I*, 166-169.

2.° La demande en main-levée d'une opposition est portée au tribunal civil qui, sauf l'appel, y statue dans dix jours, et peut en l'accueillant, condamner à des dommages, les opposans non ascendans. — *c-c*, *I*, 171-173.

III. On peut aussi considérer comme un empêchement prohibitif civil, la défense qui était faite jadis aux militaires de se marier sans la permission de leurs supérieurs, (*reglement du* 1.er *juillet* 1788), et qui a été abrogée par la loi du 8 mars 1793.

---

(38) Même une seule de ces personnes. - V. conseil d'état, 4 vendémiaire an 10.
(39) V. ci-devant, chap. 1, n.º 2, page 66.
(40) Sauf à celui qui est accusé de démence, à demander d'être examiné, pour obtenir plutôt la main-levée de l'opposition. - Cons. d'état, ibid.
(41) DROIT ANCIEN. - Toutes personnes pouvaient former des oppositions, ce qui donnait lieu à de grands abus (Portalis, sup.), et engagea sans doute à prendre la décision suivante.
DROIT NOUVEAU. - L'époux, les personnes dont le consentement était nécessaire, et deux parens, en cas de démence, étaient seuls admis à former des oppositions. - L. 20 sept., tit. 4, sect. 3, art. 1-3. - Ces oppositions devaient être motivées, et si elles n'étaient pas faites suivant les formes prescrites, l'officier public pouvait ne pas s'y arrêter. - Art. 4, 9 ; Jugem., cassat., 15 floréal an 2.

Article III.

Des dispenses des Empêchemens.

Si l'on excepte l'empêchement d'hérésie dont le monarque, et ceux des deux derniers degrés de parenté et d'affinité dont un petit nombre d'évêques délivraient les dispenses, c'est le pape (42) qui avait jadis, sinon le droit, du moins la possession de dispenser des empêchemens dirimans (43) de mariage.

Il y avait cependant des empêchemens dont on ne dispensait ni ne pouvait dispenser, et d'autres dont on ne dispensait que pour des causes d'état. L'impuissance, le défaut de puberté, celui de raison, le mariage existant, le meurtre et l'adultère (44), l'honnêteté publique (45), la parenté et l'affinité en ligne directe, et la parenté au premier degré canonique de la ligne collatérale étaient de la première classe : l'affinité au premier degré canonique de la ligne collatérale, la parenté entre une tante et un neveu, les deux premiers ordres sacrés (46) et la profession religieuse (47) étaient de la seconde.

A l'égard de tous les autres empêchemens (48),

---

(42) Un règlement de 1592, fait par Henri 4, lui avait ôté cette faculté ; mais ce règlement ne fut pas long-tems mis à exécution. - Portalis, exposé des motifs.

(43) Les évêques dispensaient des empêchemens prohibitifs canoniques.

(44) A moins que le crime ne fût secret et que le mariage ne fût déjà célébré ; on avait alors pour but d'éviter le scandale.

(45) A moins qu'il ne s'agit du mariage de l'un des fiancés ou conjoints avec un collatéral de l'autre, parce que ces mariages n'avaient pas toujours été prohibés.

(46) La prêtrise et le diaconat.

(47) Outre cette dispense, le religieux avait encore besoin d'être relevé de la mort civile par le souverain.

(48) Même de celui qui existait entre l'oncle et la nièce, quoique au même degré que la tante et le neveu.

on en dispensait pour des causes en si grand nombre, et la plupart si futiles, qu'on ne courait guère le risque d'échouer dans la demande de dispense. Souvent même on ne daignait exposer aucune cause; les parties se contentaient de dire *ex rationalibus causis earum animos moventibus* (49). Au reste, ces dispenses étaient plus chères suivant que l'empêchement qu'elles levaient était plus grave (50). — V. sur tous ces points, *Pothier*, *sup.*, *part. 3*, *ch. 4*, n.° 252-305; *et Dareau*, *sup.*, 3.ᵉ *part.* — Quoi qu'il en soit, un mariage contracté sans dispense, au degré prohibé, pouvait être annullé, lors même que l'empêchement était peu important, et que les époux avaient habité plusieurs années ensemble. Ainsi jugé au parlement de Grenoble, le 13 août 1770, plaidans MM. Pison-du-Galand et Lemaître.

Les lois nouvelles avaient d'abord aboli expressément toutes les dispenses de la cour de Rome, et elles en avaient transferé le droit aux évêques, à la charge de les délivrer gratuitement. — *L. 3 nov. 1789*, (décret du 4 août), *art. 12.* — Elles avaient ensuite abrogé tacitement les dispenses du mariage, puisque les seuls empêchemens qu'elles admettaient, n'avaient jamais été susceptibles de dispenses. — *V. L. 20 sept.*, *tit. 4*, *sect. 1*, *art. 1*, 10-12. — Mais le code civil ayant établi un nouvel empêchement pour le troisième degré civil de la ligne collatérale, a autorisé le Gouvernement à en dispenser pour des causes graves. — *c-c*, I, 157, 158.

---

(49) Les canonistes, pour autoriser ces dispenses délivrées sans causes, disaient *que le bon usage qu'on faisait des sommes données pour les obtenir*, était un motif de les accorder. - Dareau, sup.
(50) Voyez pour leur prix, le répertoire, mot *dispense*, à la note.

CHAPITRE III.

Des formes du Mariage.

LE mariage est ordinairement précédé de fiançailles; il doit l'être de publications; enfin, ce qui le constitue essentiellement, c'est la célébration.

I. Les *fiançailles* (51) ou les promesses que font deux personnes de s'épouser (52), doivent être rédigées par écrit, et sont accompagnées quelquefois, comme chez les romains (53), de cérémonies religieuses. Les personnes qui fiancent doivent 1.º avoir au moins sept ans; 2.º donner un consentement réciproque à la promesse; 3.º être capables de contracter dans la suite un mariage légitime; 4.º avoir la permission des personnes qui ont le droit de consentir au mariage. — *V. LL.* 14, 4, 7, § 1, 11, 13, 8, 16, 15, § 1, *in f.*, 12 et 13 *ff. de sponsalib.*; ordonnance de 1639, art. 7; *Pothier*, *sup.*, n.ᵒˢ 27-38.

Les fiançailles sont ordinairement accompagnées 1.º d'un contrat notarié de mariage; (elles sont même le plus souvent, contenues dans ce contrat); 2.º d'arrhes qui servent de garantie de l'exécution de la promesse, et de présens réciproques.

Lorsque sans motifs légitimes, une des parties refusait d'exécuter les fiançailles, c'est-à-dire, de célébrer le mariage, on l'obligeait à Rome, de restituer les arrhes de nôces, et même le double de ces

---

(51) On distinguait jadis les fiançailles par *paroles de futur* (ce sont celles qu'on admet encore), et les fiançailles par *paroles de présent*, qui consistaient dans une simple convention de mariage, sans célébration. Celles-ci formèrent de véritables mariages jusques au concile de Trente et à l'ordonnance de Blois, art. 44, qui les défendirent. - *Pothier*, sup. p.º 23.

(52) V. LL. 1, 2, 3, ff. de Sponsal.

(53) V. Brisson, de ritu nupt., in pr.

arrhes, si elle était majeure. — *LL.* 5, *in pr.*, *c. de sponsalib.*; 16, *c. de episcop. aud.* — Les présens au contraire se restituaient réciproquement, à moins que le baiser de nôces ne fût intervenu, car alors la fiancée retenait la moitié des siens. — *L.* 15 et 16, *c. de donat. antè nupt.*

Parmi nous, le refus d'accomplir les fiançailles, était puni par des dommages souvent très-considérables, qu'on adjugeait à la personne délaissée; elle était tenue de rendre la somme dont les arrhes ou présens excédaient ces dommages (54). — *V. Pothier, sup.*, n.ºs 42-46, 55-65.

Les lois nouvelles et le code civil n'ont pas statué sur ce point. Mais il paraît juste de suivre l'ancienne jurisprudence, puisqu'on n'a pas aboli l'action pour injures, et que toute injure, et par-conséquent celle que produit le refus d'accomplir le mariage, doit en général être réparée par des dommages.

II et III. Nous avons déjà exposé les règles relatives aux *publications* et à la *célébration* (55); nous ajouterons ici, que c'est l'acte de célébration inscrit sur les registres civils, qui est le titre essentiel du mariage, titre sans lequel les époux ne peuvent réclamer la qualité d'époux et les effets civils du mariage, quand même ils ont la possession d'état (56), et qu'ils sont non-recevables à attaquer lorsqu'il est joint à cette possession. — *C-C.*, I, 188-190.

---

(54) V. journ. du palais, tome 2, arrêt du 30 août 1680; d'Héricourt, lois eccles., part. 3, ch. 5, art. 14; arrêt du parl. de Paris, du 12 août 1776, et du parl. de Besançon, du 24 février 1780, rapportés dans la gazette des Tribunaux.
(55) V. tit. 2, ch. 2, § 2, page 35 et 38.
(56) Ainsi jugé au parlement de Grenoble, le 8 avril 1775, sur les conclusions de M. Lenoir-Laroche (aujourd'hui sénateur). — *Idem*, au Tribunal civil de la Seine, le 12 thermidor an 10; v. les causes célèbres de Lebrun, an 11, n.° 4, où les caractères et les effets de la possession d'état d'un époux et d'un enfant, sont très-bien déterminés.

Il faut cependant remarquer 1.° que la possession d'état non-contredite par l'acte de naissance, supplée par rapport aux enfans, la représentation de l'acte de célébration. — *C-C*, *I*, 191, 316;

2.° Que si le registre a été perdu, ou si l'on en a point tenu, l'on est admis à prouver le mariage, par titres ou par témoins (57). — *C-C*, *I*, 46, 188;

3.° Qu'en cas d'omission ou de falsification de l'acte sur le registre civil, on peut par la voie criminelle, et après le décès de l'officier public, par la voie civile, prouver le fait de la célébration légale. — *C-C*, *I*, 193, 194.

Dans ce cas, indépendamment des indemnités qu'on obtient contre l'officier public ou ses héritiers, l'inscription du jugement sur le registre civil, assure au mariage tous ses effets à dater du jour de la célébration (58). — *C-C*, *I*, 192.

CHAPITRE IV.

Des obligations qui naissent du Mariage.

Les obligations qui naissent du mariage sont de deux sortes: ou elles concernent les époux dans leurs rapports respectifs, ou elles concernent les époux et les enfans tout-à-la-fois.

Outre ces obligations, le mariage a d'autres effets importans, savoir la légitimité et la légitimation des enfans: nous en parlerons au titre septième.

---

(57) V. tit. 2, ch. 1, n.° 7, p. 32.
(58) V. l'exposé des motifs, sup.

Article Premier.

Des Droits et Devoirs respectifs des Epoux.

Le mariage est une société qui n'est pas soumise aux mêmes règles que les autres espèces de sociétés dont nous parlerons au traité des contrats. Les obligations des deux associés sont bien égales en ce que le mari et la femme se doivent mutuellement fidélité, secours, assistance; mais elles sont inégales en ce que le mari étant considéré comme le chef de la société, la femme lui doit obéissance. — *V. C-C*, *I*, 206, 207, *et Portalis*, *sup.*

I. D'après ces principes et eu égard à cette qualité du mari, la femme est tenue

1.° De prendre et porter son nom; — *Répert. de jurisp.*, *mot* femme;

2.° D'habiter avec lui et de le suivre par-tout où il juge à propos de résider (59), excepté en pays étranger. *Pothier*, *sup.*, n.ºs 382, 383. — *C-C*, *I*, 208, 153, 162, 274; *jurisp. du code civ.*, *t.* 1, *p.* 74;

3.° La femme même non commune ou séparée de biens (60), ne peut sans le concours ou le consentement écrit de son mari (61), donner, aliéner,

---

(59) Si la femme refuse, le mari lui fait une sommation; si elle persiste ensuite, elle est réputée l'avoir abandonné. - V. conseil d'état, 5 vend. an 10.

DROIT ANCIEN. - Il y avait des coutumes (Normandie et Anjou), qui privaient la femme de ses avantages nuptiaux, lorsqu'étant séparée de fait de son mari, elle ne s'était pas réconciliée avec lui avant sa mort, à moins qu'elle ne l'eût quitté pour de justes causes. - Arrêts des 7 juillet 1738, et 16 janvier 1743, cités par Denisart, et le répert. sup.

(60) Dans ce dernier cas, la femme peut aliéner ses meubles sans autorisation. - V. cons. d'état, 5 vend. an 10.

(61) Nous ne dirons rien ici sur le droit ancien relatif à l'autorisation du mari, parce que cette formalité n'était pas nécessaire dans les pays de droit écrit, pour les affaires relatives aux biens paraphernaux des femmes, et même suivant Furgole (sur l'art 9, infrà), pour celles qui concernaient les biens dotaux, lorsque le mari en avait eu connaissance, et sous la seule exception de l'acceptation des donations dotales, conformément à l'ordonnance de 1731, art. 9. -- Au reste, nous revien-

hypothéquer et acquérir à titre gratuit ou onéreux. Mais si elle est marchande publique, c'est-à-dire, si elle fait un commerce séparé, elle a le droit de s'obliger pour son commerce, et elle oblige même alors son mari, s'ils sont communs en biens. — *C-C*, *I*, 211, 214; *III*, 66;

4.° Elle a besoin de l'autorisation de son mari, pour faire un testament et pour accepter une exécution testamentaire. — *V. C-C*, *I*, 220 et *III*, 318;

5.° Cette autorisation lui est également nécessaire pour ester en jugement. — *C-C*, *I*, 210.

II. Cependant, de ce que le mari est le chef de la société conjugale, il ne faut pas en conclure qu'il ait le droit de ne consulter que son caprice dans la conduite qu'il tient envers sa femme. Comme il lui doit assistance et protection, (*C-C*, *I*, 206, 207) il est obligé,

1.° De la recevoir dans son habitation et de pourvoir selon ses facultés et son état, à ses besoins (62); *Pothier, sup.*, n.°^{os} 380, 381; — *C-C*, *I*, 208.

2.° D'observer dans ses relations avec elle tous les égards dûs à son sexe; — *Pothier, ibid.*; — *V. Lacroix, répert. mot mari, sect.* 1 *et* 2, *in f.*

3.° D'avoir soin de ses affaires comme des siennes propres. — *V.* ci-après le traité des dots.

Si méconnaissant ses devoirs, le mari se rend coupable de sévices ou injures graves envers son épouse, elle a le droit de demander la séparation de corps ou même le divorce (63), — *C-C*, *I*, 300, 225, — et s'il met sa fortune en péril, elle peut récla-

---

drons sur ces points, quand nous parlerons des dots, des biens paraphernaux, etc.

A l'égard du droit des pays coutumiers, v. Merlin, in répert., mot *autorisation*.

(62) Ou en d'autres termes, de lui fournir des alimens (v. l'art. 2, page 84). Ainsi jugé au parlement de Grenoble, le 17 novembre 1583; v. Expilly, ch. 84, et L. 22, § 8, ff. soluto matrim.

(63) V. ci-après, tit. 6, ch. 1, et son appendix.

mer la séparation de biens. — *LL.* 24, *in pr. ff. soluto matrim.* ; 29, *C. de jure dot.* — *V. C-C*, *I*, 300, 305.

L'autorisation du mari (64) n'est pas non plus arbitraire ni même toujours attachée à sa personne. Le juge peut autoriser à son refus ou à son défaut, lorsqu'il s'agit d'ester en jugement (65), ou de contracter; mais dans ce dernier cas, il faut qu'il entende le mari (66), à moins qu'il ne soit frappé d'une condamnation afflictive ou infamante. — *V. C-C*, *I*, 212, 213, 215.

Il faut encore remarquer 1.° que si le mari est mineur, l'autorisation du juge est nécessaire (67). — *C-C*, *I*, 218;

2.° Qu'une autorisation générale donnée à la femme, même en contrat de mariage, n'est valable que quant à l'administration de ses biens (68). — *C-C*, *I*, 217;

3.° Que le mari, la femme ou leurs héritiers peuvent seuls opposer la nullité fondée sur le défaut d'autorisation. — *c-c*, *I*, 219;

4.° Que l'autorisation donnée par le mari, ne l'oblige point envers des tiers; l'effet de cette formalité est d'obliger le mari à surveiller l'emploi des deniers, etc. — *V. conseil d'état*, 5 *vendém.* an 10.

___

(64) V. ci-devant, note 60, page 81.
(65) Et même d'accepter une exécution testamentaire, lorsque la femme est séparée de biens. -- C-C, III, 318.
(66) Il faut aussi que ce soit en connaissance de cause qu'il autorise, si le mari est interdit ou absent. -- C-C, I, 216 ; - et l'on entend ici par *absent*, tant l'absent présumé que l'absent déclaré. V. cons. d'état, 5 vendémiaire an 10.
(67) A moins qu'il ne s'agisse d'une simple administration de biens. — V. C-C, I, 470, 475, et Hua, ad art. 218.
(68) Elle ne lui donne pas même le droit d'ester en jugement. — Cons. d'état, 5 vendémiaire an 10.

ARTICLE II.

Des droits et devoirs respectifs des Époux et des Enfans.

Les époux contractent ensemble par le fait seul de leur mariage, l'obligation de fournir, 1.º des alimens ; 2.º de l'éducation à leurs enfans ; et les enfans, même adoptifs, sont tenus de la première obligation envers leurs ascendans nécessiteux. — *LL.* 3, 4, 1 et 2, *C. de alend. lib.* ; *L.* 5, *C. pat. pot.* — *C-C*, *I*, 197, 199, 343. — Il en est de même des belles-fille et gendre par rapport à leurs beau-père et belle-mère (avec réciprocité) tant que celle-ci ne se remarie point, ou tant qu'existent l'époux qui produisait l'affinité et les enfans nés de son union avec l'autre époux. — *C-C*, *I*, 200, 201.

On entend, en droit, par *alimens*, 1.º la nourriture, les vêtemens, l'habitation, toutes les choses, en un mot, rigoureusement nécessaires à l'existence physique. — *LL.* 43, 44 et 234, §. 2, *ff. de verb. sign.* ; 2.º les choses qui sont devenues nécessaires à un individu, par son éducation, sa situation et autres circonstances. C'est au juge à apprécier cette dernière espèce d'alimens. — *Portalis, sup.*

Les alimens ne sont dus que dans la proportion du besoin de celui qui les réclame et de la fortune de celui qui les doit (D. L. 2, 3 et 4, sup.) ; de sorte que si leur situation change, les alimens peuvent être réduits et supprimés, et le juge peut même affranchir de la pension alimentaire le débiteur, à la charge de recevoir, nourrir et entretenir dans sa maison (69) le parent nécessiteux (70). — *C-C*, *I*,

---

(69) *Droit ancien*. - Idem, d'après la jurisprudence. -- V. cons. d'état, 5 vendémiaire an 10.
(70) Le fils n'est pas tenu de payer les dettes de son père. -- L. 5, § 16, ff. de agnosc. et al.

202-205. — *V. aussi L.* 4, 5 *et* 8, *ff. de agnosc. et al. lib.*; *N.* 117, *C.* 7, *in f.*; *et Pothier*, n.ᵒˢ 384-393.

L'éducation due aux enfans comprend l'instruction nécessaire pour les mettre en état de pourvoir eux-mêmes à leurs besoins (71); mais ce devoir ne s'étend pas plus loin, et les enfans n'ont pas d'action contre leurs père et mère pour un établissement par mariage ou autrement (72). *C-C*, *I*, 198.

Une troisième obligation que le mariage produit entre les ascendans et les descendans, c'est celle de se laisser réciproquement une portion de leurs biens, connue sous le nom de légitime. — V. ci-après les titres des donations et successions (73).

---

(71) V. D. L. 5, § 12. — Ce qui n'empêche pas qu'un père ne soit tenu de fournir des alimens à ses enfans *élevés*, mais nécessiteux, puisque l'obligation des alimens est réciproque. — V. C-C, I, 201; et cons. d'état, 5 vendemiaire an 10.

(72) *DROIT ANCIEN.* — Le père pouvait au contraire être obligé d'établir et doter ses enfans. - L. 19, ff. de ritu nupt. ; - On avait proposé de confirmer cette règle, mais on y a trouvé trop d'inconvéniens. - V. cons. d'état, 5 vendémiaire an 10. -- Voyez les observations du tribunal d'appel de Grenoble, sur l'art. 51, tit. 5 du projet de code.

(73) Les parens ont aussi d'autres droits et obligations dont nous parlerons au titre 9e.

CHAPITRE V.

Des nullités du Mariage.

Nous avons déjà exposé les règles dont l'observation était requise pour la validité du mariage (74); nous avons même indiqué les personnes qui, dans les cas de violence, d'erreur, et d'omission du consentement des parens, étaient exclusivement admises à demander la cassation du mariage (75). Il est d'autres cas où cette action est ouverte à tout interessé et aux époux eux-mêmes, ainsi qu'au ministère public (76); c'est, 1.° et 2.° lorsque le mariage a été contracté par des personnes déjà mariées (77), ou bien parentes (78) au degré prohibé (79); — *C-C*, *I*, 178. — V. aussi 144, 147, 155-157; — 3.° et 4.° lorsque il n'a pas été contracté publiquement, ou bien n'a pas été célébré devant l'officier public compétent (80). — *C-C*, *I*, 185.

---

(74) V. chap. 1, page 65, et tit. 2, ch. 2, § 2, pages 35-38.
(75) V. chap. 1, page 65-69.
(76) *DROIT ANCIEN*. Le ministère public n'avait pas ce droit, lorsque les père et mère avaient approuvé le mariage, et qu'aucun parent ne se plaignait. -- Arrêt du 15 décembre 1722; code matrim., mot appel.
(77) Dans la 1re. rédaction on n'accordait pas cette faculté à l'époux bigame. - V. conseil d'état, 4 vendémiaire an 10.
(78) *DROIT ANCIEN*. - Idem. - V. ci-devant, ch. 2, art. 3.
(79) Il en est de même du mariage contracté par des personnes trop jeunes; mais cette nullité peut être couverte. - V. ci-devant, ch. I.
(80) *DROIT ANCIEN*, - *Célébration*. - Le mariage était aussi annullé, lorsque la célébration n'avait pas eu lieu devant le propre curé des parties. -- Déclar. de 1639; édit de mars 1697; déclarat. du 15 juin 1697; d'Aguesseau, plaid. 57; Pothier, n.º 354-366. — Ainsi jugé au parlem. de Grenoble, le 8 avril 1775, v. note 56; et au parl. de Toulouse, le 20 mars 1784. V. les aff. de Dauphiné.
Mais lorsqu'il paraissait de la mauvaise foi dans l'époux ou les parens qui demandaient la nullité sur ce motif, si par exemple la célébration du mariage avait été suivie d'une longue et paisible possession, alors on les déclarait souvent non recevables dans leur demande. -d'Aguesseau, ibid. - Ainsi jugé au parl. de Paris, les 20 juillet 1778, 20 mai et 22 juin 1780. V. le même journal.
DROIT NOUVEAU. -- La loi du 20 septembre 1792, tit. 4, sect. 2, art. 2; sect. 4, art. 1, exige aussi que le mariage soit célébré à la maison commune du domicile de l'une des parties (ci-devant, tit. 2, ch. 2, art. 2); mais comme elle ne prononce pas positivement de nullité, le

Dans les deux premiers cas (81), le ministère public peut et doit demander la nullité du mariage du vivant des époux, et les faire condamner à se séparer. — *C-C*, *I*, 184. — Le premier époux peut aussi, dans le même tems, demander la nullité du second mariage, sauf à faire prononcer préalablement sur la validité du sien, si elle est contestée. — *C-C*, *I*, 182, 183. — Mais les collatéraux et les enfans d'un autre mariage ne peuvent exercer cette action du vivant des époux, et tant qu'ils n'y ont pas un intérêt né et actuel. — *C-C*, *I*, 181.

Dans les deux derniers cas, l'action peut être intentée et par les époux, et par leurs ascendans, et par le ministère public, et par tous ceux qui y ont un intérêt né et actuel (82). — *C-C*, *I*, 185.

Si la demande en nullité est accueillie, le mariage annullé produit cependant les effets civils à l'égard de l'époux qui l'a contracté de bonne foi, et de ses enfans (83). — *C-C*, *I*, 195, 196. — Et l'on entend ici par bonne foi, la persuasion où était cet époux que son union était légitime, parce qu'il ignorait l'empêchement qui la viciait (84).

Tribunal de cassation a jugé, le 12 prairial an 11, que l'inobservation de cette règle n'annullait pas le mariage. - V. aussi caus. cél. an 10, n.° 2.

DROIT ANCIEN. - *Publication.* On trouve dans Basset, plaid. 16, p. 231, un arrêt du 24 juillet 1655, qui met le défaut de publication au nombre des moyens de nullité du mariage, conformément à l'ordonnance de Blois, art. 40. Mais la jurisprudence avait changé sur ce point, et ce vice ne faisait annuller le mariage, qu'autant qu'il y avait clandestinité. Voyez les autorités citées dans Pothier, sup., n.° 69, et dans le code matrim., mots *âge* et *proclamation*.

DROIT NOUVEAU. -- On doit suivre la même règle en partant des principes adoptés par le jugement du 12 prairial, qu'on vient de citer.

DROIT ACTUEL. -- Idem. -- Du moins c'est ce qu'on peut induire de l'exposé des motifs, sup. -- Dans la 1re. rédaction, (ch. 3, art. 16 et 17), on admettait la réhabilitation, lorsqu'il y avait des vices de publication ou de célébration dans le mariage.

(81) Ainsi que dans celui dont nous parlons à la note 79, à moins que la nullité n'ait été couverte. - V. *C-C*, 184, 179.

(82) *DROIT ANCIEN.* V. la note 80.

Au reste, on voit que le code civil distingue comme l'ancien droit, les nullités du mariage, en *nullités absolues* qui peuvent être proposées par tout le monde, et *nullités relatives* qui ne peuvent être proposées que par les intéressés. - Cons. d'état, 5 vend. an 10; d'Aguesseau, pl. 57.

(83) *DROIT ANCIEN.* -- Même jurisprudence. -- Les enfans nés de l'union annullée, étaient légitimes, et la 2e. femme pouvait répéter ses gains nuptiaux. Basset, tome 1, plaid. 16. -- Arrêts des 15 mars 1674, au journal du palais, tome 1; 4 février 1689, et 22 janvier 1693, au journal des audiences, cités par Pothier, nos. 437-441, arrêt de 1780,

CHAPITRE VI.

De la dissolution du Mariage.

LE mariage ne se dissolvait jadis que par la mort naturelle de l'un des époux, parceque c'était alors seulement que le lien religieux qui les unissait, était rompu (85). Le droit nouveau établit une seconde cause de dissolution, le divorce (L. 20 sept. 1792, §. 1, art. 1); enfin, le code civil a ajouté à ces deux causes, la condamnation (devenue définitive) de l'un des époux, à une peine opérant la mort civile (86). — C-C, I, 221, 25, 384.

APPENDIX AU TITRE V.

Des Mariages valables, mais dépourvus des effets civils.

Nous avons dit, page 22, que l'on considérait jadis le mariage comme un engagement tout-à-la-fois civil et religieux. D'après ce principe, un mariage bon, suivant les règles du droit canonique, pouvait n'être pas accueilli par la loi civile ; et quoique il fût légalement formé, la même loi pouvait le priver des effets qu'elle accorde aux mariages qu'elle avoue. C'est ce qu'a fait la déclaration du 26 novembre 1639, par rapport à trois espèces de mariages,

---

dans la cause du marquis de Bauveau, aux aff. de Dauphiné. -- V. aussi code matrim., mot *bonne foi.*

Cette jurisprudence paraît avoir été fondée sur les lois 57, § 1, ff. de ritu nupt. ; et 2, C. si nupt. ex rescr. pet. -- Mais en général, le mariage contracté contre les lois, ne produisait à Rome aucun effet. -- Just. de nupt, § 12.

(84) Pothier, n.° 437; exposé des motifs, sup.
(85) Voyez ci-après, tit. 6, in pr., page 90.
(86) V. ci-devant, tit. 1, ch. 2, page 22.

qu'elle a déclaré incapables de produire des effets civils, mariages dont les enfans qui en naissent, quoique légitimes, sont par conséquent incapables de toutes espèces de successions. Ce sont,

1.° Les mariages que les époux ont tenu cachés pendant leur vie. — *D. déclarat.*, *art.* 5; *arrêt du 26 mai* 1705, *rapporté par Augeard; Pothier*, n.ᵒˢ 426-428; *arrêts cités au C. matrim.*, p. 194.

2.° Les mariages contractés à l'extrémité de la vie avec des concubines. Ces mariages sont connus sous le nom de mariages *in extremis.* — *D. déclar.*, *art.* 6; *édit de mars* 1697; *arrêts des* 28 *fév.* 1667, *et* 22 *déc.* 1672, *au journ. des aud.*, *tome* 2, *pages* 532 *et* 856; *Pothier*, n.ᵒˢ 429-432; *jugement du trib. d'appel de Bordeaux*, *du* 15 *prair. an* 9 (1).

3.° Les mariages contractés par des condamnés à la peine de mort. — *D. déclar.*, *art.* 7; *arrêt du* 13 *février* 1625, *au code matrimon.*, *pag.* 192; *Pothier*, n.ᵒˢ 433-436.

DROIT ACTUEL. La dernière espèce de mariage est nulle dans tous les cas (2). La première peut être annullée, si la célébration n'a pas été publique (V. C-C, I, 185, 159; et ci-devant, chap. 5); mais si toutes les formes ont été observées, le mariage ne serait pas nul, parceque les parties ne l'auraient point fait connaître, puisque la publicité tient à ces formes mêmes (3).

A l'égard des mariages *in extremis*, les auteurs du code civil n'ont pas jugé à propos de laisser subsister les peines auxquelles les assujettissait la législation ancienne, qu'ils ont jugé tout-à-la-fois, arbitraire, dure et contraire à nos mœurs. — *Portalis, sup.; Bouteville, corps législat.*, 26 *vent. an* 11 (4).

---

(1) Ce jugement est inséré dans les causes célèbres de Lebrun, n.ᵉ 1, an 11. La question des mariages *in extremis*, y est très-bien discutée. - V. aussi lett. du ministre, ci-devant, *note* 37, titre 2, page 34, et les observations du même tribunal, sur l'art. 19, tit. 5 du projet de C-C.

(2) Et ne peut par conséquent produire aucun effet. — V. ci-devant, chap. 2, art. 1, p. 79; et tit. 1, p. 22.

(3) V. ci-devant, ch. 3, p. 79; et Portalis, sup.

(4) *Seconds mariages.* Nous parlerons ailleurs *des peines des secondes nôces.*

TITRE VI.

Du Divorce.

ADMIS chez les anciens peuples, le divorce fut permis à Rome dès sa fondation. Le droit civil Papyrien, les lois des douze tables, les décisions du digeste, et les constitutions du code contiennent des règles qui supposent que cette institution avait toujours été en vigueur (1). Cependant si l'on s'en rapporte aux historiens, les divorces furent presque inconnus dans les premiers tems, tandis qu'à la fin de la république et sur-tout sous les empereurs, ils se multiplièrent jusques à l'excès (2). Il ne parait pas même, d'après les lois de ces princes, que l'introduction du christianisme en ait diminué l'usage pendant plusieurs siècles.

Lorsque Justinien entreprit sa collection de lois (3), on distinguait deux espèces de divorces, dont l'une avait lieu pour de certaines causes et par la simple volonté de l'un des époux, notifiée dans un acte appelé *libellum repudii*, et l'autre nommé *divortium bonæ gratiæ*, par le consentement des deux parties.

---

(1) Voyez 1.° la loi 25 du droit papyrien, dans Terrasson, page 51. Valentin Forster, hist. juris; Plutarque, vie de Romulus; Pothier, infrà. -- 2.° la table 6, ch. 8, des 12 tables de Pothier, Pand., t. 1, p. cxxj. 3.° Le titre du digeste, de divort. et repud. -- 4.° ceux du code de repudiis et divortio facto. -5.° nov. 22, c. 3-19; nov. 117, c. 7-14; nov. 127, c. 4; nov. 140.

Dacier (note sur Plutarque, sup., t. 1, p. 261), prétend, et son opinion a été suivie par un des membres du tribunat, que Romulus n'a point fait la loi que lui attribue Plutarque : qu'il rendit au contraire les mariages indissolubles. Mais c'est une erreur manifeste. Si Romulus établit ainsi que le dit Dacier, d'après Denis-d'Halycarnasse, les mariages par *confarréation* (institution due plutôt à Numa), il ne les rendit pas pour cela indissolubles, puisque la confarréation se dissolvait par la *diffarréation*. -- Nous croyons avoir démontré ce point d'histoire dans nos observations sur le divorce et l'adoption, et sur l'abus qu'en faisaient les grandes familles de Rome, lues à la société des sciences de Grenoble, le 7 thermidor an 11.

(2) Voyez les autorités citées dans les mêmes observations.

(3) L'an 527 et suiv.; V. ci-devant, tome 1, page 76.

Ce monarque, par sa novelle 117, publiée en 541, défendit la dernière espèce de divorce, excepté dans le seul cas où un motif de chasteté (4) y donnerait lieu (*D. nov. c.* 10); et il ne permit de demander la première espèce que pour les causes suivantes.

1.º *Aux deux époux*: Si le conjoint était coupable ou complice d'un crime d'état, ou s'il n'en avait pas dénoncé le projet; s'il avait attenté ou connu, sans le dénoncer, le projet d'attentat à la vie de son conjoint. — *D. nov. c.* 8 *et* 9, §§. 1.

2.º *Au mari*: Si sa femme était adultère; si contre sa défense elle avait quitté sa maison, assisté à des spectacles publics, mangé ou pris le bain avec d'autres hommes. — *D. cap.* 8, §. 2, 4, 5 et 6.

3.º *A la femme*: Si son mari l'avait voulu prostituer, ou l'avait accusé mal-à-propos d'adultère; s'il tenait dans sa maison des femmes de mauvaise vie. — *D. cap.* 9, §. 3-5.

Justinien (5) fut bientôt obligé de révoquer sa défense du divorce par consentement mutuel. Les exhortations, dit-il, qu'il avait fait aux époux de se réunir, avaient été inutiles: *Nihil profecimus; eos quidem qui violento affectu odioque semel corrupti sunt, perquam difficile est reconciliare.* — Nov. 140, in pr.

Léon VI, dit le philosophe, qui régnait aux 9.ᵉ et 10.ᵉ siècle, ajouta aux causes pour lesquelles on pouvait demander l'autre espèce de divorce, l'avortement criminel de la femme, et la démence de l'un et de l'autre époux. — *Nov. Léon.* 34, 111 *et* 112. — Il annonce même (*D. nov.* 112) qu'il y avait de son tems plusieurs causes de divorce, telles que la prodigalité et l'impuissance du mari, et l'hérésie,

---

(4) Si par exemple les époux voulaient faire profession dans un monastère. — V. gl. in h. c. 10; nov. 5, c. 5, in f, et gl. in eamd.

(5) Denis Godefroi donne à la novelle 140 la date de l'an 556; Leconte et Freymonius (v. ci-devant, tome 1, p. 115, et l'errata à la fin), attribuent aussi cette constitution à Justinien, mais sans indiquer sa date précise. Cependant, les termes qu'on y emploie, ont fait penser avec assez de vraisemblance à quelques auteurs, qu'elle avait été publiée par Justin 2, neveu et successeur de Justinien. - V. Pothier, pandectæ, tom. 1, liv. 24, tit. 2, n.º 16, in f.

dont il n'est cependant point question dans la novelle 117 de Justinien (6).

Sur ces entrefaites, l'église latine se prononça pour l'indissolubilité du mariage ; les divorces cesserent peu-à-peu d'être permis ; et enfin, depuis le concile de Trente (7), il fut décidé qu'ils ne devaient pas être tolérés, même pour l'adultère, cas auquel l'église grecque (8) et les églises réformées les admettent encore.

L'assemblée législative adopta des principes entièrement opposés. Elle rétablit le divorce pour cause déterminée et le divorce *bonæ gratiæ*, et même la répudiation sans motifs, sous le titre de divorce par incompatibilité d'humeur.

Les abus (9) multipliés qu'a occasionné cette législation ont déterminé les rédacteurs du code civil à la réformer (10). On a abrogé tacitement la dernière espèce de divorce, et l'on a assujetti les deux premières à des formes si difficiles à remplir, que l'usage en sera très-rare ; aussi pourrons-nous nous dispenser de donner beaucoup de développemens à cette partie de notre cours. Nous diviserons ce que nous avons à dire, en trois chapitres, relatifs aux causes, au mode et aux effets du divorce. Nous parlerons, dans un appendix, de la séparation de corps.

---

(6) Nicéphore Botoniate qui monta sur le trône de Constantinople en 1078, confirma les novelles de Léon, relatives au divorce pour cause de démence. — V. constit. imperatoriæ, à la suite du corps du droit.

On voit que l'usage du divorce s'est perpétué bien des siècles après l'établissement du christianisme.

On a dit, lors de la discussion du code civil (sans doute d'après Pothier, tr. du mariage, n.° 463), que les empereurs chrétiens n'avaient toléré le divorce que par politique. Nous n'avons trouvé dans aucune des lois des titres ou novelles citées à la note 1, aucun passage où ces princes manifestent en quelque façon que ce soit, la répugnance que la religion devait leur inspirer pour le divorce. Cependant, il y a des lois de Constant, de Théodose le jeune, Valentinien 3, Anastase et Justinien.

(7) Sess. 24, de matrim., canon 7.

(8) L'église latine a hésité assez longtems sur ce point. — Voyez l'hist. de ses décisions dans Pothier, tr. du mariage, nos. 486-497.

(9) Voyez dans les annales de statistique, tome 7, p. 1-34, mon mémoire sur les progrès de la population.

(10) « La loi sur le divorce est une loi toute politique. On a admis

CHAPITRE PREMIER.

Des causes du Divorce.

DROIT NOUVEAU. Il y avait quatre causes de divorce : le consentement mutuel, l'incompatibilité d'humeur, la séparation de corps ordonnée par un ancien jugement exécuté, ou non attaqué, ou en dernier ressort, et les motifs déterminés. Ceux-ci étaient au nombre de sept ; savoir : 1. démence ; 2. condamnation afflictive ou infamante ; 3. crimes, sévices ou injures ; 4. dérèglement notoire de mœurs ; 5. abandon pendant deux ans ; 6. absence pendant cinq ans ; 7. émigration. — *L. 20 sept.* 1792, §. 1, *art.* 2-6 ; *L. 5 flor. an* 2.

DROIT ACTUEL. Il n'y a plus que trois causes du divorce, le consentement mutuel et persévérant, les motifs déterminés, et la séparation de corps. — *C.-C, I,* 227, 228-226, 304.

La première espèce de divorce n'est permise qu'après deux ans et avant vingt ans de mariage, aux femmes âgées de plus de vingt-un et de moins de quarante-cinq ans, et aux hommes âgés de plus de vingt-cinq ans. — *C.-C, I,* 269-271.

Il y a trois motifs déterminés de divorce, les excès, sévices ou injures graves, la condamnation à une peine infamante (11), et l'adultère. Mais l'adultère du mari n'autorise la femme au divorce que lorsqu'il a tenu sa concubine dans la maison commune (12). — *C.-C, I,* 225, 226, 223, 224.

» le divorce comme étant politiquement préférable à la séparation ». Disc. du cons. d'état Treilhard, corps législ., 23 vent. an 11.

(11) *Sévices.* L'attentat à la vie doit être mis au premier rang des sévices. — Obs. des trib. de cassation et de Lyon, sur le projet de code.
Injures graves, - V. ci-après, note 21, pages 96 et 97.
Peine infamante. - Ceci comprend les peines *afflictives.*- V. ci-devant, tit. 1, note 45, page 19 ; et cons. d'état, 24 vend. an 10.
(12) Ainsi l'adultère du mari ne produit pas toujours le même effet

Lorsque la séparation de corps n'a pas été prononcée pour l'adultère de la femme, elle peut sur la réclamation du défendeur originaire à la séparation, opérer le divorce, si elle a duré trois ans, et si ce demandeur originaire ne consent pas à la faire cesser sur-le-champ. — *C-C*, *I*, 304.

CHAPITRE II.

Des modes du Divorce.

§. I.ᵉʳ *Du Divorce pour cause déterminée.*

DROIT NOUVEAU (13). Le divorce pour cause déterminée et pour séparation, se prononçait sans délai d'épreuve. Il suffisait même de s'adresser à l'officier public dans les cas d'émigration, d'absence, de condamnation et de séparation, et de lui représenter un acte authentique ou de notoriété de l'émigration (14), ou de l'absence (15), ou les jugemens de condamnation et de séparation, sauf à se pourvoir au tribunal civil en cas de contestation sur la validité de ces jugemens. — *D. L. 20 sept.*, §. 2, *art.* 15-17; *L. 28 niv. an 2*; *L. 24 vendém. an 3*.

Mais pour les autres motifs (16), il fallait d'abord

---

que celui de la femme. Cette distinction a été puisée dans le droit romain. -- V. cons. d'état, 24 vend. an 10, et L. 1, C. ad L. Jul. de adult

(13) *Droit transitoire.* -- V. ci-après § 3, page 101, ci-dessous.

(14) Il suffisait dans ce cas de l'inscription sur la liste des émigrés. -- Jugem. du trib. civ. de Paris, des 14 et 17 fruct. an 11; jurisp. du code civ., t. 1, p. 73, 79. *Id.*, tr. d'app. d'Aix, 1 th. 10, caus. cél. an 11, n.º 1.

(15) Bien plus, la loi du 4 floréal an 2, art. 1 et 2, décida qu'en cas de séparation de fait, ou d'abandon sans nouvelles du domicile commun, depuis 6 mois, le divorce pouvait être prononcé sur le champ, et d'après un acte de notoriété de ces séparation et abandon; mais l'exécution de cette loi fut suspendue par celle du 15 thermidor an 3.

La même loi, art 6, rectifiée ensuite par celle du 12 ventôse an 3, décidait aussi que le divorce ne pouvait être attaqué par la voie de l'appel. --Jugem. conforme du trib. de cassation, du 2 brumaire an 6.

(16) L'époux contre qui l'on demandait le divorce pour inconduite, pouvait-il opposer en fin de non-recevoir, la propre inconduite du de-

faire juger, sauf l'appel (17), s'ils étaient fondés (18).
— D. §. 2, art. 18-20.

DROIT ACTUEL. Il faut distinguer le divorce demandé pour condamnation infamante, du divorce demandé pour sévices ou pour adultère.

I. Dans le premier cas, il suffit de présenter au tribunal civil du domicile des époux, une expédition du jugement de condamnation avec un certificat où le tribunal criminel atteste que ce jugement n'est plus susceptible d'être réformé par aucune voie légale (19).
— C-C, I, 255. — Le tribunal civil autorise alors sauf l'appel (V. ci-après), la prononciation du divorce.

II. Lorsqu'il s'agit d'un divorce pour les deux autres causes déterminées, la procédure offre quatre degrés différens (20) : une vérification préparatoire et secrette, une discussion préliminaire pour examiner si la demande sera admise ou si elle sera rejetée, une instruction publique et décisive, l'examen du fond, et le jugement définitif. Nous allons indiquer rapidement les formes de ces quatre parties de la procédure.

---

mandeur ? Le tribunal de cassation a prononcé l'affirmative, le 7 nivôse an 7.

(17) Ces sortes de causes et la plupart des contestations relatives au divorce, furent d'abord attribuées en 1er. ressort aux tribunaux de famille, créés par la loi du 24 août 1790, tit. 10, et ensuite, lors de leur suppression, aux tribunaux civils. — D. L. 20 sept., § 1, art. 18 ; et § 4, art. 9 ; L. 8 nivôse an 2, art. 1 et 2 ; L. 9 vent. an 4. — V. aussi jugemens de cassation, des 13 brumaire an 3 et 22 floréal an 5.

(18) Au reste, la femme n'a pas besoin de l'autorisation de son mari pour ester en jugement à raison du divorce. Ainsi jugé au tribunal d'appel de Paris, le 29 pluviôse an 10, journal du palais.

On entend ici par *voies légales*, l'appel, la requête civile et la cassation. — V. L. 5 floréal an 2. - Mais il ne paraît pas qu'une demande en *révision* soit comprise dans ce terme, ou du moins qu'elle ait l'effet d'empêcher la prononciation du divorce. V. gaz. trib. 1794, t. 6, p. 209.

(19) V. C-C, 27, 29-31, et ci-devant, tit. 1, ch. 2, art. 1, § 2.

(20) Rapport du tribun Gillet, au corps législat., 30 vent. an 11.

Premier degré. Remise personnelle de la demande détaillée du divorce et des pièces au président du tribunal civil du domicile des époux; audition du demandeur et représentations à lui faites; procès-verbal de la remise, communiqué au défendeur; comparution devant le juge; audition des parties et nouvelles représentations; communication au commissaire, et référé au tribunal, qui accorde ou suspend la permission de citer à huis-clos devant lui; citation; comparution au tribunal; observations respectives; représentations des pièces et propositions des témoins; procès-verbal de tout cela et renvoi à l'audience publique, avec communication au commissaire et nomination d'un rapporteur. — C-C, I, 228-239.

Deuxième degré. Rapport du juge commis; observations des parties; conclusions du commissaire et décision du tribunal, d'abord sur les fins de non-recevoir, et ensuite sur l'admission ou le rejet de la demande. — V. C-C, I, 240, 242.

Les fins de non-recevoir que peut proposer le défendeur, sont, 1.° la réconciliation survenue depuis les faits autorisant la demande, faits qui servent cependant en cas d'une nouvelle demande pour une cause postérieure (la réconciliation contestée doit être prouvée par titres ou témoins). — V. C-C, I, 266-268; *et ci-après, note 8 et 12, pag.* 117. — 2.° La faute qu'a fait la femme de quitter la maison où elle doit résider pendant la procédure. — V. C-C, I, 263.

Troisième degré. Nouveau rapport, nouvelles observations et conclusions; admission définitive du divorce, si la demande parait en état d'être jugée, sinon, et c'est ce qui doit arriver le plus souvent, admission à la preuve des faits pertinens (21), sauf

---

(21) Des sévices allégués d'une manière vague, sans indication de détails et d'époque, ne sont pas des faits pertinens. — Ainsi jugé au trib. civ. de Paris, le 1 fruct. an 11; jurisp. du code civ., tom. 1, p. 37-39.

Le même jugement déclare *inadmissible* le fait de la communication du mal vénérien. Ce fait n'est pas, il est vrai, indiqué positivement

la preuve contraire. — *V. C-C*, *I*, 241, 242, 246.

Dans ce cas, indication des anciens et proposition facultative de nouveaux témoins (22); reproches et leur jugement; dépositions reçues à jour fixe, à huis-clos, devant le commissaire, les parties et leurs conseils ou amis, et observations sur ces dépositions; procès-verbal et renvoi à l'audience publique, avec communication au commissaire et nomination d'un rapporteur. — *V. C-C*, *I*, 243-250.

Quatrième degré. Rapport, observations des parties, conclusions, jugement définitif. Si le divorce est demandé pour excès, sévices ou injures, le tribunal peut en ajourner l'admission à une année, si pendant cet intervalle les époux, dont il autorise alors la séparation, ne se sont pas réunis. — *V. C-C*, *I*, 251-254.

Si le jugement admet purement le divorce, on peut en appeler dans les trois mois de la signification, et recourir, avec effet suspensif, du jugement d'appel, dans le même délai. — *V. C-C*, *I*, 256, 257.

Le jugement définitif, favorable au divorce, renvoie, pour sa prononciation, le demandeur à l'officier civil (23); mais il faut qu'il se présente dans les deux mois après l'expiration du délai d'appel, ou

---

dans le code, mais ne doit-il pas être rangé au nombre des *injures graves* pour lesquelles la loi (C-C, I, 225) autorise à demander le divorce? Quelle injure plus grave, et plus dangereuse dans ses suites, peut recevoir une femme de son mari! Le tribunal se sera sans doute fondé sur l'autorité de Pothier, tr. du mariage, n.° 514; mais ce jurisconsulte a été réfuté par Merlin, (repert. mot séparation de corps, n.° 6), et l'on cite deux arrêts qui ont mis le fait dont nous parlons, au nombre des causes de séparation.

« Les injures graves, dit le tribun Savoie-Rollin, dans son excellent
» rapport sur le divorce, sont au moral, ce que les sévices sont au phy-
» sique. Les sévices sont la violence des corps, et les injures la violen-
» ce des sentimens. — Tribunat, 27 ventôse an 11 ».

Mais les injures graves rentrent aussi dans la cause des sévices et mauvais traitemens. — Obs. du trib. de Bruxelles, sur le projet de code.

(22) Les ascendans, les collatéraux et les domestiques des époux peuvent être témoins, sauf à avoir tel égard que de raison à leurs dépositions. — C-C, I, 245.

(23) Pour le mode de prononciation, v. ci-devant, tit. 2, ch. 2, in f.

G

d'opposition, ou de pourvoi, sous peine de déchéance de son action, qu'il ne peut ensuite reprendre que pour une cause nouvelle, quoique il ait alors la faculté de faire valoir les anciennes causes. — *V. C-C*, *I*, 232, 258-260.

III. L'accomplissement de toutes ces formalités exige un long intervalle de tems pendant lequel il est nécessaire de pourvoir à l'ordre de la société conjugale, qui est troublé par la demande.

1.° L'administration provisoire des enfans reste au mari, si pour leur avantage le tribunal n'en ordonne autrement. — *V. C-C*, *I*, 261; *et L.* 17 *fr.* 2.

2.° La femme peut quitter le domicile de son mari pour résider constamment dans une maison qu'indique le tribunal, et où elle se soutient à l'aide d'une pension alimentaire qu'il détermine (24). — *V. C-C*, *I*, 262, 263, 253.

3.° Si elle est commune en biens, elle a le droit après la première ordonnance de comparution, de faire apposer les scellés, sauf au mari à les faire lever en répondant des effets. — *V. C-C*, *I*, 234, 232; *et L.* 22 *vend. an* 2.

4.° Les obligations contractées par le mari à la charge de la communauté, et les aliénations par lui faites après cette même époque, des immeubles qui en dépendent, sont annullées si l'on prouve qu'elles ont eu lieu en fraude des droits de la femme — *V. C-C*, *I*, 265; *et D. L.* 17. *frim. an* 2.

---

(24) La femme *commune* n'est pas remise en possession de ses biens avant la prononciation du divorce. — Cons. d'état, 22 fructidor an 10.

§. II. Du Divorce par consentement mutuel.

Droit nouveau (25). Les époux étaient obligés de se présenter en personne à une assemblée composée de six parens, ou amis à défaut de parens, tenue devant un officier municipal, et convoquée un mois à l'avance, ou même deux mois si les époux avaient des enfans de leur mariage, ou si l'un d'eux était mineur. Les parens leur fesaient des représentations sur leur projet; si les époux persistaient, on dressait un acte de non conciliation; et un mois (ou deux mois dans le cas précédent) après ils pouvaient faire prononcer le divorce par l'officier public, sans être obligés d'exposer aucune cause. Six mois après ils n'y étaient plus admis. — *D. L.* 20 *sept.*, §. 2, *art.* 1-7.

Droit actuel. La procédure pour le divorce, par consentement mutuel, offre trois degrés différens : consentemens et conventions préliminaires, déclarations solemnelles et répétées pour garantir la persévérance du dessein des époux, jugement définitif. Nous allons y jetter un coup-d'œil.

Premier degré. Consentement au divorce de la part des père et mère des époux, ou à leur défaut des ayeuls et ayeules, dans l'ordre prescrit pour le mariage (26); inventaire des biens des époux et réglement de leurs droits respectifs; convention sur l'administration des enfans, sur la demeure et la pension alimentaire de la femme pendant le tems des épreuves. — *C-C*, *I*, 272-274, 150, 283.

Deuxième degré. Comparution personnelle des époux devant le président de leur tribunal civil; déclaration de leur volonté en présence de deux notaires; représentations, et lecture du chapitre IV du titre du divorce, à eux faites; acte de leur demande; dépôt des actes de mariage et de naissance

---

(25) *Droit transitoire.* — V. ci-après, § 2, page 101.
(26) V. ci-devant, tit. 5, ch. 1, n.º 3, page 67.

des époux, de naissance et de décès de leurs enfans, et du consentement des ascendans; procès-verbal de tout cela, et avis à la femme de se retirer dans la maison convenue... Cette déclaration, avec toutes les formes précédentes (27), sauf la remise des actes de naissance et mariage, doit être réitérée dans la première quinzaine des quatrième, septième et dixième mois suivans. — *V. C-C, I*, 275-279.

Troisième degré. Au bout de l'année, cinquième comparution devant le président, avec deux amis, notables communaux, âgés au moins de cinquante ans; remise des procès-verbaux des précédentes comparutions; demande séparée de l'admission du divorce; procès-verbal, référé au tribunal en la chambre du conseil, et communication au commissaire; examen de celui-ci, et conclusions par écrit à l'admission ou au rejet, si toutes les formes et conditions sont ou ne sont pas rigoureusement remplies; même vérification et mêmes décisions de la part du tribunal dans les mêmes cas. — *V. C-C, I*, 280-284.

Si le jugement rejette le divorce, on ne peut en appeler que dix jours après sa date, et pendant dix jours seulement; les deux parties doivent appeler, et appeler séparément. — *C-C, I*, 285.

Après cela, signification de l'appel aux époux et au commissaire; envoi que celui-ci fait, dans les dix jours, au commissaire près le tribunal d'appel, du jugement et des pièces; conclusions par écrit de ce dernier, dans les dix jours suivans; rapport du président et jugement définitif en la chambre du conseil, dans un semblable délai. — *C-C, I*, 286, 287.

En vertu du jugement d'admission, et vingt jours après sa date, les parties font prononcer le divorce (28). — *C-C, I*, 284, 288.

---

(27) Mais on n'est pas obligé de rapporter chaque fois une nouvelle autorisation des parens, mais seulement la preuve qu'ils persistent dans la 1re. autorisation. — C-C, I, 279; cons. d'état, 22 fructidor an 10.

(28) V. ci-devant, tit. 2, ch. 2, in f., p. 41.

§. III. *Du Divorce par incompatibilité.*

DROIT NOUVEAU. L'époux demandeur en divorce (29) pour incompatibilité d'humeur, convoquait successivement trois assemblées (30) de parens où il appelait le défendeur. Si les représentations qu'on leur fesait étaient sans fruit, on leur délivrait des extraits des actes de non-conciliation, sur le dernier desquels ils fesaient prononcer le divorce par l'officier public.

La première assemblée se tenait un mois après la convocation, la seconde deux mois après la première; la troisième, trois mois après celle-ci. La prononciation ne pouvait se faire que six mois après la troisième assemblée, et six mois après ce dernier délai, on était déchu de la demande, sauf à recommencer les mêmes formalités. *D. L, 20 sept.*, § 2, *art. 8-14; L. 1 complém. 5.*

DROIT ACTUEL. On a déjà dit que cette espèce de divorce était abolie (31).

DROIT TRANSITOIRE. Les demandes en divorce, formées avant la publication (32) du titre 6 du code, ont dû continuer à être instruites suivant les règles exposées ci-devant, à chaque article du droit nouveau; les divorces seront prononcés de la même manière et auront les mêmes effets. Il en est de même à plus forte raison de ceux qui ont été prononcés (33) ou autorisés avant cette époque. — *L. 26 germinal an 11.*

---

(29) Un français peut-il demander le divorce d'un mariage qu'il a contracté avec une étrangère, *dans un pays étranger*, où le mariage est indissoluble? Le tribunal d'appel d'Aix a prononcé l'affirmative, le 5 ventôse an 10. Le tribunal de 1re. instance de Marseille avait jugé le contraire. Cette question intéressante est discutée dans les causes célèbres de Lebrun, nos. 6 et 11, an 10.

(30) On ne pouvait demander cette espèce de divorce, par procureur. - Ordre du jour des 500, 23 vent. an 6.

(31) A l'égard du mode de divorce pour séparation de corps, voyez ci-devant, ch. 1, in f., et ch. 2, § 1, in pr.

(32) La promulgation est du 10 germinal an 11.

(33) Peut-on aujourd'hui attaquer les divorces sous prétexte de l'i-

CHAPITRE III.

Des effets du Divorce.

Il faut distinguer les effets que produit le divorce par rapport aux époux divorcés, de ceux qu'il produit par rapport à leurs enfans.

I. Le principal effet du divorce par rapport aux époux, consiste dans la dissolution de leur union (34) et dans la faculté qu'ils acquièrent d'en former une nouvelle (35). — *L. 20 sept.*, §. 3, art. 1.

Le second effet consiste dans les empêchemens de mariage dont nous avons déjà parlé (36).

Le troisième effet concerne la femme, contre qui l'on obtient le divorce pour adultère. Le même jugement la condamne, sur la requisition du ministère public, à une reclusion correctionnelle, de trois mois à deux années. — *C-C*, I, 292.

---

inobservation de quelques formes! La négative a été prononcée par les jugem. cités note 14, page 94. On s'est fondé principalement sur ce que ces défauts de formes étaient réparables sous l'empire du droit nouveau, et sur les désordres qu'entraînerait l'annullation des divorces, à cause des seconds mariages dont ils ont souvent été suivis. -- Trop favorables aux époux qui voulaient dissoudre le lien conjugal, les lois leur offraient en effet des ressources pour remédier aux vices qui auraient pu se rencontrer dans leur procédure. Telle était entr'autres, la loi du 4 floréal an 2, qui ne permettait pas d'attaquer le divorce par la voie de l'appel, et autorisait à le faire prononcer une seconde fois après l'expiration des délais prescrits, lorsque la première prononciation avait eu lieu avant cette expiration. -- D. L. 4. floréal, art. 6, rectifié par la loi du 12 vent. an 3.

(34) Dès cet instant, ils deviennent étrangers l'un à l'autre. -- L. 28 vend. et 14 mess. an 2. - Aussi ne peuvent-ils recueillir leur succession, lors même qu'ils décèdent sans parens successibles. -- C-C, III, 57.

(35) *Droit nouveau*. -- Dans ce cas, ils ne pouvaient faire à leurs seconds époux de plus grands avantages que les époux vœufs qui se remariaient ayant des enfans. --L. 20 sept., § 4, art. 8.

(36) V. ci-devant, tit. 5, ch. 2, § 1, in f., et § 2, nos. 1 et 5.

Il faut ajouter ici que l'empêchement indiqué à ce n.º 5, page 74, ne paraît pas concerner les époux dont le divorce était consommé lors de la publication du titre actuel du code. L'observation en a été faite (v. cons. d'état, 12 fructidor an 10), et le droit nouveau leur donnait en effet la faculté de se réunir -- V. note 34, même page.

Le quatrième effet est relatif aux avantages nuptiaux des divorcés.

Droit nouveau. Divorces pour séparation. — Les droits des divorcés restaient réglés comme ils l'avaient été par les jugemens de séparation ou par les transactions intervenues à la suite de ces jugemens, (mais non pas à la suite d'une séparation volontaire);—*L.* 20 sept., §. 3, art. 10; *résolut. des cinq cents, du 5 flor., et décision des anciens, du 20 prair. an 5;* — et par une dérogation à l'art. 9 du même paragraphe, le divorcé qui se remariait, conservait la pension qui lui avait été accordée par les mêmes transactions. — *L.* 23 *vend. an* 2; *ordre du j. du 2 flor. an 6; jugemens des troisième et cinquième trib. de Paris, gaz. des trib.*, 1794, *tome* 9.

Autres divorces. 1.° Les droits des divorcés dans la communauté de biens, étaient réglés comme si l'un deux était décédé (37).

2.° Les gains de survie, avantages de mariage et dons mutuels étaient éteints et sans effet; mais l'époux qui obtenait le divorce pour cause déterminée, en était indemnisé par une pension viagère. — *L.* 20 sept. §. 3, art. 4, 6, 7.

Droit actuel. L'époux contre lequel on obtient le divorce pour cause déterminée (38), perd tous les avantages que le demandeur lui avait faits lors du mariage ou depuis, tandis que le demandeur conserve les avantages à lui faits par le défendeur, lors même qu'ils étaient stipulés avec réciprocité (39). — *C-C, I,* 293, 294.

---

(37) Mais la femme contre laquelle on obtenait le divorce pour cause déterminée autre que la démence, était privée des bénéfices de la communauté. — L. 20 sept., § 3, art. 5.

(38) Le code excepte le divorce de consentement, parce que les époux ont dû alors régler entr'eux leurs droits. — V. ci-devant, § 2, et C-C, I, 273. — Mais il paraît que le divorce obtenu pour séparation est sujet aux règles ci-dessus. — V. C-C, I, 293.

(39) V. ci-après, note 9, page 107.

Le cinquième effet (40) a rapport à la subsistance du divorcé nécessiteux.

La loi du 20 septembre, sup. art. 8 et 9, lui adjugeait une pension alimentaire, autant que les biens de l'autre époux pouvaient la supporter, déduction faite de ses propres besoins. Cette pension ainsi que la pension d'indemnité dont on vient de parler, cessait en cas que le pensionnaire se remariât.

Le code civil accorde aussi une pension alimentaire à l'époux demandeur, si ses avantages de mariage sont insuffisans pour sa subsistance. Cette pension dont le maximum est le tiers des revenus du défendeur, est révocable lorsqu'elle n'est plus nécessaire. — *C-C*, *I*, 295.

Les sixième et septième effets seront exposés à la fin du chapitre.

II. Les effets du divorce par rapport aux enfans des divorcés, sont relatifs à leur personne ou à leurs biens et droits.

1.º *Education*. — DROIT NOUVEAU. — Lors des deux premiers cas de divorce, les enfans au-dessous de sept ans, et les filles à tout âge étaient confiés

---

(40) *Créanciers*. — La loi du 20 sept., sup., art. 11, traite aussi des effets du divorce, par rapport aux créanciers des époux. Elle décide qu'ils seront les mêmes que ceux des séparations anciennes de corps ou de biens, et qu'en conséquence les divorces seront enregistrés et publiés. Ces formalités qui étaient nécessaires pour avertir les tiers du moment où ils ne pourraient plus contracter avec l'époux, en sa qualité de chef de la communauté, ou de maître de la dot, ne sont point rappelées dans le code civil. Peut-être les a-t-on jugées inutiles, parce que le divorce acquiert assez de publicité par les formes auxquelles on l'a assujéti, et l'on a dit en effet, en discutant l'art. 299 (ci-après, page 107), que les acquéreurs postérieurs des biens des enfans seraient inexcusables, à cause de cette publicité. — Au reste, sous l'empire du droit nouveau, les divorces ne pouvaient rester inconnus, puisqu'on les annonçait à chaque fête décadaire. — L. 13 fruct. an 6, art. 5.

Simulation de divorce. — Un tiers peut attaquer un divorce comme simulé, lorsque c'est en vertu de cet acte qu'il est attaqué lui-même; et l'on regarde comme simulé un divorce qui n'a pas fait cesser la cohabitation ni l'administration ordinaire des époux. Cette décision du tribunal d'appel de Limoges, du 26 mess. an 9, confirmée par le trib. de cassation, est rapportée avec les moyens des parties, dans les causes célèbres, an 10, n.º 8; an 11, n.º 10. — V. LL. 3, 5 et 7, ff. de divort. et repud.; 3 et 8, C. de repud.; nov. 22, c. 19; L. 33, ff. de ritu nupt.

à la mère, et les garçons au-dessus de sept ans, au père. En cas de divorce pour cause déterminée, l'assemblée de famille prononçait sur ce point. Il en était de même 1.° dans le cas de divorce pour séparation, lorsqu'il n'y avait à ce sujet ni traité, ni possession annale : 2.° dans le cas où les divorcés se remariaient. — *L. 20 sept.*, §. 4, *art.* 1-4.

DROIT ACTUEL. Les enfans sont confiés à celui qui obtient le divorce, à moins que le tribunal, pour leur avantage, n'en décide autrement; les père et mère ont toujours le droit de surveiller leur entretien et éducation, — *C-C, I*, 296, 261, 297, — et ils y contribuent à proportion de leurs facultés (41). — *L. 20 sept.* §. 4, *art.* 5; *C-C, I*, 297.

2.° *Biens et droits.* Les avantages assurés aux enfans par les lois ou conventions matrimoniales de leur père et mère, leur sont conservés, mais ne s'ouvrent que comme ils se seraient ouverts s'il n'y avait pas eu de divorce. — *D. L. 20 sept.*, §. 4, *art.* 6; — *C-C, I*, 298.

Indépendamment de ces avantages, le code civil, en cas de divorce, par consentement, donne aux enfans la propriété de la moitié des biens de leurs père et mère (42), dont il ne réserve à ceux-ci que l'usufruit, encore n'est-ce que jusques à la majorité de leurs enfans, et à la charge de les élever suivant leur fortune et leur état. — *C-C, I*, 299.

Enfin, les père et mère divorcés perdent le droit d'usufruit des biens de leurs enfans mineurs ou non émancipés (43). — *C-C, I*, 380.

---

(41) Ce qui comprend les revenus réels et industriels. — D. L. 20 sept., § 4, art. 5.
(42) V. ci-devant, note 38, page 103.
(43) V. ci-après, tit. 9, ch. 2, § 2.

Appendix (1) au Titre VI.

De la séparation de Corps.

Le divorce désunit les époux quant à leurs personnes et leurs biens, et rompt en même-tems le lien du mariage. La séparation de corps produit le premier, mais non pas le second de ces effets. Le lien du mariage subsiste et les époux ne peuvent en former un autre.

Droit ancien. La séparation de corps pouvait être demandée par la femme, pour injures graves (2) et sévices (3), (non pour démence, maladie (4) ou inconduite) ou refus de secours (5) de son mari, et par celui-ci, pour adultère de sa femme (6).

On ne l'accordait point sur le consentement des deux époux ; il fallait qu'ils constatassent par une enquête, les faits dont ils se plaignaient (7), et la réconciliation survenue après les faits d'adultère ou

---

(1) Nous n'avons pas cru devoir placer la séparation de corps dans le titre 6, parce qu'elle est une institution très-distincte du divorce, et que si elle peut donner lieu au divorce, il est à présumer que ce ne sera que très-rarement.

Au reste, pour les détails du droit ancien, v. Pothier, tr. du mariage, t. 2, nos. 506-527, et sur-tout Merlin, in répert. mots *adultère*, et séparation de corps.

(2) Telles que la diffamation par accusation, par libelles et par propos ; et la demande en cassation du mariage. — V. Merlin, § 1, nos. 2 et 3. — Ainsi jugé au 3e. tribunal de Paris, le 8 juillet 1792, dans le cas de diffamation par mémoires. — V. gaz. trib., t. 8.

(3) Les sévices sont évidemment *relatifs*, c'est-à-dire, que tels faits insuffisans pour opérer la séparation de deux époux qui ont reçu une éducation grossière, le seraient pour celle de deux époux d'une éducation distinguée. — V. Merlin, § 1, n.° 1 ; Pothier, n.° 509.

(4) V. toutefois la note 21, ci-devant, pages 96 et 97.

(5) Lorsque la femme est infirme. — Pothier, n.° 511.

(6) Il fallait pour cela qu'il obtînt d'abord un jugement criminel qui condamnait la femme comme adultère. — Tronchet, cons. d'état, 26 vendémiaire an 10.

(7) Serres, liv. 1, tit. 9, § 1 ; Pothier, n.° 517 ; Merlin, § 2.

de sévices, éteignait l'action (8). On ordonnait communément que la femme pendant la procédure, se retirerait dans un couvent, où son mari toutefois avait le droit de la voir.

La séparation accordée à la femme, l'affranchissait de l'autorité de son mari, lui donnait le droit de vivre seule, de révoquer les avantages faits à son époux lors du mariage (9), d'administrer ses propres biens (10). — *V. Merlin, sup.*, §. 3.

L'effet principal de la séparation accordée au mari, consistait dans le gain de la dot de son épouse (11), et dans l'affranchissement des avantages qu'il lui avait faits et dont on la déclarait déchue (12).

―――――――――

(8) Pothier, n.° 520; Merlin, § 1, n.° 2 ; répert., mot *adultère*.
Grossesse. Dans le projet de code, tit. 6, art. 42 et 48, on décidait que si la femme devenait enceinte depuis la demande en divorce, la réconciliation était présumée de droit. La présomption serait en effet très-forte si la femme demandait elle-même le divorce et si elle avait une habitation séparée avant l'époque de la conception. Il y aurait aussi présomption, si les deux époux habitaient ensemble à la même époque, mais elle serait moins forte dans ce cas. Aussi le 6e. trib. de Paris avait-il admis à la preuve des sévices de son mari, une femme devenue enceinte depuis sa demande en séparation. - V. gaz. trib. 1791, t. 1.
Si l'époux au contraire était demandeur, la grossesse survenue depuis la séparation de fait, ne pourrait seule faire présumer la réconciliation. Ce motif, joint aux conséquence fâcheuses qu'ils pouvaient entraîner, a sans doute déterminé à supprimer les deux articles ci-dessus. — V. les obs. des trib., et sur-tout du trib. de Besançon, sur ces art.
(9) Même lorsqu'il y avait réciprocité d'avantages. — Merlin, § 3. — V. ci-devant, page 103, et C-C, 1, 294.
(10) V. ce que nous dirons dans la suite sur la *séparation de biens*, qui est un des effets principaux, et un effet nécessaire de la séparation de corps. — Pothier, n.° 522; Merlin, § 3.
(11) Il y avait néanmoins plusieurs exceptions à cette règle. S'il existait, par exemple, des enfans du mariage, si le mari avait tué sa femme surprise en adultère (v. Auth. sed ei quis, C, ad L. Jul. de adult.; nov. 117, c. 15), ou favorisé sa débauche ; si le retour était stipulé.
(12) Indépendamment de la peine corporelle que subissait la femme condamnée pour adultère. Elle était renfermée pendant deux ans dans un couvent, et si le mari ne la reprenait pas, ou décédait pendant ce tems, elle était rasée et recluse pour le reste de sa vie. — Répert. et Pothier, sup. - V aussi L. 30, C. ad L. Jul. de adult.; Auth. sed hodiè, ibid.; nov. 134, C. 10; id. Pothier in pand. ad d. tit.; et les capitulaires de Pepin et Charlemagne, dans la collection de Baluze.
Cohabitation. La cohabitation des époux depuis l'adultère (et même depuis les sévices qui donnent lieu au divorce ou à la séparation. — V. ci-devant, pages 96 et 106), est un signe de réconciliation et peut par conséquent aussi être une fin de non-recevoir. — Ainsi jugé en 1792, au trib. criminel de Paris, dans la fameuse cause des mariés Boullenois ; gaz. des trib., tome 5.

— *V. Répert.*, mot adultère, *et Pothier, sup.*, n.os 525-527.

Droit nouveau. La loi du 20 septembre abolit la séparation de corps ; elle donna seulement aux personnes séparées précédemment, le droit de faire prononcer leur divorce (13), — *D. L. §. 1 , art. 7.*

Droit actuel. La séparation de corps peut être demandée dans les mêmes cas que le divorce pour cause déterminée. Il faut que l'action soit intentée, instruite et jugée de la même manière que toute autre action civile, et comme le consentement mutuel des époux ne suffit pas en cette occasion, il est évident qu'il faut une enquête pour constater les faits. — *C-C, I*, 300, 301 ; *rapport de Gillet, sup.; cons. d'ét.*, 24 *vendém. an* 10.

La femme séparée pour adultère est assujétie à la même peine que la femme divorcée pour la même cause (14), mais le mari peut, en reprenant son épouse, arrêter l'effet de cette peine. — *C-C, I*, 302, 292, 303.

La séparation de corps emporte toujours la séparation de biens (15). — *C-C, I*, 305. — Elle peut aussi donner lieu au divorce. — *Voyez ci-devant, pages 93 et 94.*

---

(13) V. ci-devant, tit. 6, ch. 1 et ch. 2, § 1.
(14) V. ci-devant, tit. 6, ch. 3.
(15) Le code civil n'indiquant que cet effet de la séparation de corps, il paraît qu'il faut, pour les autres, suivre l'ancienne jurisprudence que nous venons d'exposer, si l'on en excepte toutefois le gain de la dot accordé au mari, gain qui était une addition à la peine prononcée contre la femme adultère.

TITRE VII.

De la Paternité et de la Filiation (1).

La légitimité est l'état de ceux qui sont nés d'une union approuvée, ou qu'on croyait sincérement, approuvée par les lois (2). Cet état, l'un des effets les plus importans des nôces (3), produit d'assez grands avantages pour qu'on ait dû diviser les enfans en plusieurs classes, dont la première est celle des enfans nés légitimes, ou enfans *légitimes* (4) proprement dits; la seconde est celle des enfans nés et restés illégitimes, ou enfants *naturels*, ou bâtards; la troisième, celle des enfans nés illégitimes, et devenus ensuite légitimes, ou enfans *légitimés*. Nous nous servirons de cette classification dans la division de ce titre (5).

Dès que la légitimité est plus avantageuse que l'illégitimité, il est essentiel pour un enfant, de prouver qu'il jouit de cet état, ou qu'il l'a acquis, c'est-à-dire, d'établir sa filiation ou son extraction d'un père et d'une mère mariés : et s'il est illégitime, la preuve de la filiation lui est encore avantageuse, parce qu'elle lui donne des droits aux soins et aux biens de ses père et mère... D'un autre coté, il importe à ceux-ci de s'assurer si la paternité ou

---

(1) On expliquera avec ce titre les lois romaines qui y sont citées.
A l'égard des règles de détail, relatives à la filiation légitime, voyez Merlin, in répert., mot *légitimité*.
(2) V. ci-devant, tit. 5, ch. 5, in f., p. 87.
(3) V. d. tit., ch. 4, in pr., page 80 ; et C-C, I, tit. 7, rub. du ch. 1.
(4) Dans l'usage, on les nomme aussi enfans *naturels et légitimes*, et les bâtards, enfans *naturels et illégitimes*.
(5) *Effets de la paternité et de la filiation établies.* Ces effets sont relatifs à l'obéissance, etc., que doivent les enfans aux parens, et aux alimens que les parens et les enfans se doivent réciproquement. Nous n'en dirons rien dans ce titre, parce que nous avons traité du dernier de ces points, au tit. 6, ch. 4, art. 2, et que nous parlerons du 1er au tit. 9, ch. 2.

la maternité qu'on leur attribue, ou en d'autres termes, si la filiation qu'on réclame d'eux est réelle... Nous allons exposer les régles que les lois ont établies sur ces divers points.

La nature a couvert le mystère de la génération d'un voile qu'on n'a pu jusques à présent lever tout-à-fait. La filiation, par rapport à la mère, est un fait simple, susceptible de preuve; mais par rapport au père, elle ne repose que sur des conjectures plus ou moins fortes. C'est sans doute ce qui a engagé à établir d'abord les deux régles générales suivantes.

I. La recherche de la maternité est admise (6) — *C-C*, *I*, 335.

II. La recherche de la paternité est interdite, à moins 1.° qu'il n'y ait eu un enlèvement de la mère, à l'époque de la conception (7); — *C-C*, *I*, 334; — 2.° que cette recherche ne soit établie sur certaines conjectures assez fortes pour équivaloir à une présomption de droit. — V. les chapitres suivans.

---

(6) L'enfant doit alors prouver par titres, ou même par témoins, s'il a un commencement de preuve par écrit, qu'il est identiquement le même dont la mère est accouchée. — V. D. art. 335.

DROIT ANCIEN. — *Idem.* — Au reste, la reconnaissances des parens et la possession de la légitimité, sont les meilleures preuves de l'identité. — V. Merlin, sup., sect. 2, § 4.

(7) Cette exception a été proposée par le Tribunat. — V. cons. d'état, 13 brumaire an 11.

CHAPITRE PREMIER.

Des Enfans légitimes.

Les présomptions légales de la filiation des enfans légitimes, se tirent du mariage, du titre ou acte de naissance, et de la possession d'état.

I. *Mariage.* Le mari est le père des enfans nés de son mariage. — *L.* 5, *ff. de in jus voc*; *L.* 6, *in pr., ff. de his qui sui vel al.*

Cette présomption, admise par tous les codes, est si forte, qu'elle ne peut être détruite que dans les circonstances indiquées par la loi (8). — *V. C-C*, *I*, 306-309. D'après ce principe, on a décidé que la mère, c'est-à-dire la personne même qui doit le mieux connaître le père de son enfant, ne pourrait pas le faire inscrire sous le nom d'un autre que son mari. — *L.* 19 *flor. an* 2. — 2.° Que le mari ne peut sous prétexte d'impuissance naturelle (9), désavouer son enfant. — *C-C*, *I*, 307.

Les circonstances légales où l'ont peut détruire la présomption précédente, sont 1.° l'impossibilité physique de cohabitation pendant l'intervalle de tems où la conception a dû commencer; 2.° l'adultère.

---

(8) C'est que dans le doute on présume toujours en faveur de l'innocence de la mère et de l'état de l'enfant. — Lahari, rapp. au tribunat, 28 vent. an 11. — En un mot, on n'admet rien contre la règle *is est pater*, tandis qu'on admet tout en sa faveur, tout, excepté l'impossible et l'absurde. — Duveyrier, rapport au corps législat., 2 germinal an 11.

(9) *DROIT ANCIEN.* — *Désaveu.* — Si l'on en excepte le cas de l'impuissance (v. *L.* 6, *in f. ff. de his qui sui vel al.*), et les circonstances légales que nous exposerons, on n'admettait pas non plus les parens à désavouer l'enfant né de leur mariage. — *V. LL.* 3, § 3, *ff. de jure jur.*; 9, *C. de patr. pot.*; 14, *C. de probat*; v. aussi beaucoup d'arrêts rapportés au journ. du palais, t. 1, et à celui des aud., t. 1 et 6, et indiqués au code matrim., mot *désaveu*; et Merlin, sup., sect. 2, § 2.

Un enfant pour naître viable, doit rester dans le sein de sa mère, au moins 180 jours (10), et il est contre le cours ordinaire des choses qu'il y reste plus de 300 jours. — *V. C-C*, *I*, 306, 309.

---

(10) DROIT ANCIEN. — *Naissances prématurées.* — De eo qui centesimo octogesimo secundo die natus est, Hippocrates scripsit, et divus Pius rescripsit, justo tempore videri natum. — *LL*. 3, § 12, *ff. de suis et legit.* — Septimo mense nasci perfectum partum, jam receptum est, propter auctoritatem doctissimi viri Hippocratis. — *L.* 12, *ff. de statu hom.*

Le rapporteur du Tribunat, au corps législatif, (moniteur du 23 floréal), s'est beaucoup récrié sur la contradiction de ces deux lois que mille volumes de commentaires, dit-il, n'ont pu accorder. Quoique se fondant toutes deux sur l'avis d'Hippocrate, l'une d'elles décide, suivant le rapporteur, que l'enfant peut naître six mois et deux jours après sa conception, tandis que l'autre exige sept mois accomplis. Elles ont eu chacune leurs sectes, qui se sont propagées jusqu'à nous.

Nous croyons pouvoir établir qu'il n'y a aucune contradiction entre ces deux lois. La première décide qu'on naît dans un tems légitime, lorsqu'on naît au 182e. jour (et non pas à six mois et deux jours). La seconde n'exige pas *sept mois accomplis*; elle dit seulement qu'on naît viable au septième mois, *septimo mense*, ce qui est certes bien différent. Il ne s'agit donc plus que de savoir quand commence le 7e. mois. Or, si l'on veut se donner la peine d'additionner les jours de toutes les séries de 6 mois anciens (ce sont les mêmes du tems de Paul et d'Ulpien, rédacteurs des deux lois), on verra que les plus courtes, ou celles qui commencent en janvier, février, septembre et novembre, ont 181 jours complets. Donc l'enfant qui naissait au 182e. *jour*, naissait en même tems au *septième mois ;* donc les deux lois ci-dessus sont parfaitement d'accord.

Nous avons consulté beaucoup d'anciens interprètes des deux lois ci-dessus, et nous n'en avons trouvé aucun qui ait donné de la loi 12, une explication différente de la notre, que la jurisprudence la plus constante a d'ailleurs sanctionnée. V. entr'autres, Bartholle, Brunneman, Coras et Godefroi, ad D. L. 3, et Pothier, ad S-C, Tertyl, n.° 5.

Le premier auteur que nous ayons trouvé d'un avis opposé, est le rédacteur anonyme d'une lettre insérée dans les affiches de Dauphiné, du 2 mai 1777, sans doute d'après la gazette des tribunaux, et le second, le cit. Merlin, sup., sect. 2, § 1.

Ces deux auteurs se fondent absolument sur les mêmes motifs, c'est-à-dire, 1.° sur ce que Paul, auteur de la loi *septimo*, décide dans ses sentences, *ut aut septimo pleno, aut decimo mense partus maturior videatur ;* 2.° sur ce qu'il est prouvé qu'Hippocrate, dont les deux lois ci-dessus citent l'avis, exige les sept mois pleins.

1.° Les sentences de Paul ne peuvent nous servir à la rectification d'un texte. Ces sentences, ainsi que les fragmens de Caïus et d'Ulpien ont été mutilés (*deformata*) par Anien, qui nous les a transmis. (V. Jac. Godefroi, bibl. jur.), et Noodt a pensé que le passage ci-dessus entr'autres, était altéré, et qu'il fallait lire *aut septimo, aut pleno decimo mense.* — V. Pothier, sup.

2.° L'avis d'Hippocrate est d'une toute autre importance, puisque les deux lois citées s'en autorisent l'une et l'autre. Mais précisément Hippocrate s'est prononcé d'une manière textuelle pour le 7e. mois, dans son livre de *septimestri partu*, in pr. (v. Hippocrates, ed. de Foesius,

y

On peut tirer de ce principe, les conséquences suivantes :

1.º Pour que le mari soit le père d'un enfant conçu pendant son mariage, il faut qu'il y ait pu avoir entre lui et son épouse, une cohabitation dans l'intervalle qui a couru depuis le 300.ᵉ (11), jusqu'au 180.ᵉ

1696); il diffère très-peu de la loi 3, puisqu'il décide que l'enfant est parfait à 182 jours et quelque chose.

Il est vrai que beaucoup de critiques modernes pensent que le livre *de septimestri partu* n'appartient point à Hippocrate ; mais que leur opinion soit fondée ou non, c'est ce qui est très-indifférent dans cette question. Il suffit de savoir qu'on attribuait généralement cet ouvrage à Hippocrate, au tems où Antonin a donné le rescrit cité dans la loi 3, et où Paul et Ulpien ont rédigé les livres dont cette loi et la loi *septimo* ont été tirées. Or, c'est ce dont on ne peut douter, lorsque on voit que Galien, le plus habile et le plus savant médecin de l'empire, qui jouissait de la confiance de Marc-Aurèle et Lucius-Verus, successeurs d'Antonin, qui le premier a cherché à démêler les véritables écrits d'Hippocrate, qui enfin existait peut-être encore lorsqu'Ulpien et Paul étudiaient la jurisprudence, que Galien, dis-je, a lui-même commenté le traité *de septimestri partu*, et même le passage ci-dessus indiqué, passage qu'il rapporte littéralement et dont il confirme la décision en ces termes : « pleras inter medium terminum 190 et 200 dierum, gestasse fœ-
» tum reprehendi ; celeriùs aut tardiùs, paucas : ante centesimum et
» octogesimum secundum diem et 15 horas... nullas : ut septimestris
» fœtus editionis primus terminus esse dimidii anni tempus reperia-
» tur : quippe cum nulla citrà hoc omnes ultrà parere reperiantur ; *quod
» sanè tempus centesimo et octogesimo secundo post conceptum die et quin-
» decim horis reperiatur.* -- in ej. op. 4e. édit. des juntes, f. 340. -- V. aussi Goulin, encyclop. médecine, mots Galien, Hippocrate et Erodien ; -- v. encore Brendelius, instit. medec. legalis, et Meyerus in id, cap. 9, ad qu. 5-8 ; et Foderé, medec. legale, t. 1, § 319 et 334.

Au reste, nous l'avons dit, la jurisprudence a consacré l'interprétation que nous avons suivi. Le cit. Merlin, sup., cite des arrêts qui ont déclaré illégitimes des enfans de 2, 3, 4 et 5 mois, mais non pas du 7e. mois commencé. La gravidation la plus longue qu'on ait rejeté, est celle qu'il rappelle d'après Expilly, pl. 8 ; mais cette naissance avait eu lieu à *six mois justes*, et Expilly nous dit lui-même que si elle fut arrivée dans le 7e. mois, l'enfant aurait dû être déféré au mari. -- Ibid., nos. 1 et 34.

(11) DROIT ANCIEN. -- *Naissances tardives.* -- Post decem menses mortis natus non admittetur ad legitimam hæreditatem. -- L. 3, § 11, ff. *de suis et legit.* -- Si nous répétons l'opération indiquée en la note 10, sur toutes les séries de dix mois de l'ancien calendrier, nous trouverons que les plus courtes de ces séries ont 303 jours.

On voit par les observations précédentes, en quoi le droit actuel diffère en cette occasion du droit romain. Celui-ci exigeait un jour de plus pour la viabilité après la célébration, et accordait trois jours de plus après la dissolution du mariage.

Mais la jurisprudence française s'était montrée bien plus *généreuse* que

H

jour avant la naissance de cet enfant. Si le mari prouve qu'un éloignement ou un accident ont rendu la cohabitation *physiquement* impossible, il peut désavouer l'enfant (12). — *C-C*, *I*, 306.

2.º Le mari a la même faculté à l'égard de l'enfant né avant le 180.ᵉ jour du mariage, à moins qu'avant le mariage il n'ait connu la grossesse de la mère (13), ou qu'il n'ait assisté à l'acte de naissance, ou que l'enfant ne soit pas viable (14). — *C-C*, *I*, 308.

3.º Les héritiers du mari ont aussi ce droit à l'égard de l'enfant né 300 jours après la dissolution du mariage. — *C-C*, *I*, 309.

---

le droit romain, dans ce dernier cas. On cite plusieurs arrêts qui ont déclaré légitimes des enfans nés au 11e, au 12e. et même au 15e. mois. Il est vrai que les circonstances qui avaient accompagné la gravidation, et les bonnes mœurs de la mère avaient souvent influé sur ces décisions. -- V. le nouveau Denisart, cité par Foderé, §§ 326, 350, 352 ; Merlin, sup., § 3 ; code matrim., mot *naissances tardives*, et obs. du trib. de Paris, sur le proj. de code.

On trouve dans le code matrimonial une analyse raisonnée des mémoires que publièrent en 1764 et 1765, plusieurs médecins et chirurgiens, et entr'autres Lebas, Bouvard et Louis, sur la grande question des naissances tardives. Foderé, § 326-364, a discuté de nouveau cette question, et a rapporté le sentiment de plusieurs auteurs qui ont écrit après la publication du code matrimonial, tels qu'Antoine Petit. Ce médecin célèbre et Foderé sont aussi prononcés en faveur des naissances tardives que Bouvard et Louis leur sont opposés.

Au reste, les premiers projets de code étaient bien moins favorables à ces naissances que le code civil. Dans celui qui fut soumis à la convention, en l'an 3, l'enfant né après le 9e. mois était déclaré illégitime, et ce ne fut qu'à la suite d'une discussion très-vive, que l'on consentit à étendre ce terme à un demi-mois de plus, c'est-à-dire, à 286 jours (V. les séances des 16 et 19 frimaire), disposition qui fut ensuite insérée dans les projets de l'an 4, art. 110, et de l'an 8, tit. 7, art. 4.

(12) Ainsi, pour qu'un enfant né le 1er. thermidor ne puisse être désavoué, il faut que le mari ait pu cohabiter une fois avec sa femme, depuis le 1er. vendémiaire jusques au 1er. pluviôse. -- V. au reste, la note 8, page 111.

(13) DROIT ANCIEN. -- Idem. -- V. Merlin, sup., sect. 2, § 1.

(14) La viabilité est la possibilité de parcourir la carrière de la vie. -- Bigot-Préameneu, exposé des motifs.

Un nouveau né a les caractères de la viabilité, lorsque suivant Foderé, § 320, il pousse des cris proportionnés à sa force, lorsqu'il peut prendre la mamelle et se mouvoir librement. - Dans le projet soumis au conseil d'état, art. 3, on regardait comme viable l'enfant qui avait vécu dix jours. Cette disposition critiquée et maintenue à la séance du 29 fructidor an 10, n'a pas cependant été reproduite lors de la seconde rédaction, séance du 13 brumaire an 11.

L'adultère est la seconde circonstance légale où l'on peut attaquer la présomption *is est pater*, etc., pourvu toutefois 1.° que la naissance de l'enfant ait été cachée au mari (15), — *C-C*, *I*, 307 (16); — 2.° que l'adultère soit prouvé. — *Lahari et Duveyrier, sup.*

Il ne suffit pas au mari ou à ses héritiers, d'invoquer les deux circonstances précédentes, il faut encore qu'ils réclament dans un tems utile.

Le tems utile est fixé 1.° pour le mari à un mois s'il est au lieu de la naissance de l'enfant, à deux mois après son retour, s'il était absent, et également à deux mois après la découverte de la fraude, lorsque la naissance lui a été cachée. — *C-C I*, 310.

2.° Pour les héritiers, à deux mois après que l'enfant a pris ou réclamé la possession des biens du mari; si toutefois celui-ci était encore lors de sa mort, en tems utile de réclamation. — *C-C*, *I*, 311.

Au reste, le desaveu extrajudiciaire et du mari et des héritiers, est inutile s'il n'est suivi, dans le délai d'un mois, d'une action judiciaire contre un tuteur *ad hoc* (17), et en présence de la mère de l'enfant. — *C-C*, *I*, 312.

II et III. *Titre et possession d'état.* — Un enfant peut avoir un titre seulement, ou une possession d'état, ou l'un et l'autre réunis; ou enfin il n'a ni titre ni possession.

1.° Le titre, ou l'acte de naissance (18) inscrit sur le registre civil, est la première preuve de la filiation.

---

(15) DROIT ANCIEN. Dans ce cas même, un enfant né d'une femme adultère fut déclaré légitime, sur les conclusions de d'Aguesseau, le 15 juin 1693. — œuv., tome 2, pl. 23; C. matr. sup., et Merlin, sup., sect. 2, § 2.

(16) Cet article n'est point en contradiction avec l'art. 106, relatif à l'impossibilité physique; il ouvre seulement une action plus facile à exercer dans le cas d'adultère suivi de *recel*. — V. Lahari, sup.

(17) Le mari ou ses héritiers ont de droit, la faculté de faire nommer ce tuteur. — Cons. d'état, 29 fruct. an 10.

(18) Si le titre manque par omission, ou par perte de registre, on

A défaut de titre (19), la possession constante de l'état d'enfant légitime suffit. Cette possession résulte d'une réunion suffisante de faits établissant un rapport de filiation et de parenté entre un individu et la famille à laquelle il prétend appartenir, tels que d'avoir porté le nom du père, d'avoir été reconnu pour son fils dans la société ou dans la famille. — C-C, I, 313-315.

2.° L'accord du titre et de la possession, forme une présomption si forte de l'état d'un enfant qu'on ne peut le lui contester (20), (lors même qu'il ne représente pas l'acte de mariage de ses père et mère), et qu'il ne peut en réclamer un différent. — C-C, I, 316, 191.

3.° S'il n'y a ni titre ni possession, ou si le titre ne donne qu'un nom faux (21), ou n'indique que des père et mère inconnus (22), la filiation peut

---

peut en faire la preuve. — V. C-C , I , 46 ; et ci-devant, tit. 2 , ch. 1 ; Lahary , tribunat, 28 vent. an 11 ; obs. du trib. de Reims, sur le projet de code.

DROIT ANCIEN. — Idem. — V. Merlin, sup., sect. 3 ; et LL. 6, C. de fide instrum.; 9, C. de nupt.; et 2, C. de testib.

(19) *DROIT ANCIEN*. — C'est l'acte de célébration des mariages des père et mère du réclamant , que l'on regardait comme le premier titre de sa légitimité, mais que l'on pouvait être dispensé de produire lorsqu'on avait la possession d'état, et sur-tout lorsqu'on joignait à cette possession quelque acte énonciatif du mariage. — V. L. 14, C. de probation.; les autorités citées par Merlin, sup., sect. 1, § 2 ; jugement du trib. d'app. de Paris, du 29 messidor an 9, aux caus. célèbres, an 10, n.° 1 ; et jug. de celui d'Aix, du 29 niv. an 9, *ibid.*, n.° 10.

Mais si l'on n'avait pas ce titre, l'acte de naissance sans possession d'état , était insuffisant. — Jugem. du tribunal d'appel de Paris , ibid., an 11 , n.° 3.

Le chapitre actuel du code ne parle point de ce titre, mais l'art. 191, liv. I, que nous allons citer, montre qu'il doit être encore d'un très-grand poids pour la preuve de la légitimité.

A l'égard de l'acte de naissance , on le considérait comme la preuve la plus certaine et la plus irrécusable de la possession d'état. — Merlin, ibid.

(20) *DROIT ANCIEN*. — Idem. — V. Merlin, sup., sect. 3.

(21) *DROIT ANCIEN*. — Idem. — Surtout lorsque l'identité résultait de la possession d'état. — Jugem. du 5e. tribunal de Paris, du 16 avril 1792, gaz. des trib. — Arrêt du parl. de Grenoble, du 2 août 1782, rendu sur les conclusions de M. Savoie-de-Rollin (aujourd'hui tribun) plaidans MM. Farconnet et Duport. (aux aff. de Dauph.).

(22) *DROIT ANCIEN*. — Idem. — Jugem. du 6e. trib. de Paris, du 28 janvier 1793, gaz. des trib., — arrêt de Grenoble, sup. Dans cette cause , le nom du père n'était pas indiqué, mais réservé.

se prouver par témoins, pourvu toutefois qu'il y ait un commencement de preuve par écrit (23), ou des présomptions ou indices graves résultans de faits dès lors constans, et sauf la preuve contraire. — *V. C-C, I,* 317, 319.

L'enfant peut exercer en tout tems l'action en réclamation d'état; et ses héritiers, lorsqu'il l'a intentée, peuvent la suivre s'il ne s'en est pas désisté formellement, ou tacitement par une cessation de poursuites pendant trois années. Mais ils n'ont pas le droit de l'intenter eux-mêmes, à moins que l'enfant ne soit décédé avant l'âge de vingt-six ans. — *C-C, I,* 322-324.

Au reste, les tribunaux civils connaissent seuls de cette action, et leur décision doit précéder l'action criminelle en suppression d'état. — *C-C, I,* 320, 321.

Mais pour exercer une action d'état ou pour la contester, il faut y avoir un intérêt présent et actuel; celui qui n'a qu'un intérêt douteux et incertain, n'est point recevable, soit à la demande, soit à la défense de la légitimité. — *Arg. ex C-C, I,* 178, 181, 185; *v. aussi Merlin, sup., sect. 4, et le 1.er jugement cité, note* 19, *page* 116.

Il est plus difficile de décider quelle est celle de deux parties en contestation sur la légitimité, qui doit être chargée de faire une preuve à l'appui de sa cause. Le cit. Merlin, sect. 3, distingue le cas où l'enfant soutient sa légitimité pour être apte à des charges publiques, ou pour exclure le fisc d'une succession, de celui où il veut concourir avec

---

(23) *DROIT ANCIEN.* — Idem. — Arrêt cité par Serres, liv. 2, tit. 1, § 16; Merlin, sup., sect. 3. — Même arrêt de Grenoble.
Au reste, ce commencement de preuve sur lequel nous reviendrons au titre des preuves, résulte ici des titres de famille, registres et papiers domestiques des père et mère, actes publics et privés émanés d'un intéressé. — V. C-C, I, 318, 46. — V. aussi LL. 2 et 4, C. de testib.; et 29, in. pr. ff. de probat.

des parens, ou les exclure aussi d'une succession. Dans le premier cas, la présomption est en faveur de la légitimité (24); dans le second, elle est pour l'illégitimité. Mais cette distinction serait peu utile aujourd'hui que l'illégitimité ne rend pas incapable des charges, et qu'elle ne fait pas exclure l'enfant par le fisc. — *V. C-C , III*, 57.

Quoi qu'il en soit, la présomption est pour la légitimité, même dans le second cas, lorsque l'enfant est en possession de cet état. C'est alors à ses adversaires à prouver son illégitimité. — *V. LL.* 15, *C.*, *et* 14 *et* 15, *ff. de probat.; et Merlin, ibid.*

— En général, d'après la seconde de ces lois, c'est au demandeur à faire la preuve (25); la seule difficulté qui peut se présenter, consiste dans la détermination exacte de celui des deux plaideurs que l'on doit considérer comme demandeur.

Nous avons supposé, en exposant les règles relatives à l'exercice de l'action d'état, que l'individu dont l'état est querellé, existait encore. S'il est décédé, pourra-t-on intenter la même action?... Le code civil ne s'explique pas sur ce point.

D'après le droit romain, l'état d'un citoyen décédé en possession paisible et publique, ne pouvait être attaqué, 1.º d'une manière directe, mais seulement incidemment à une autre question. — *LL.* 6, 2, 7 *et* 8, *C. ne de statu defunct.*; 2, §. 2, 1 *et* 1; §. 1, *ff. eod.*; 13, *C. de liberali causâ*, 2.º lorsqu'il s'était écoulé cinq ans depuis le décès, à moins que la question ne tendît à faire accorder un état plus favorable au décédé (26). *LL.* 4, *in pr. et* §. 1; 1, §. 1 *et* 2, *ff. ne de statu*; 1 *et* 4, *C. eod.*

---

(24) Ce principe est fondé sur le cap. accedens, ext. de purgatione canonicâ.

(25) Ce principe a été admis dans la discussion de l'article. — Cons. d'état, 29 fructidor an 10.

(26) La prescription de cinq ans éteint-elle l'attaque incidente comme l'attaque directe de l'état? Le commissaire au tribunal de Paris, (V.

Bien plus, on ne pouvait élever la question d'état à un homme vivant, si sa décision devait nuire à l'état d'un homme décédé avant le même intervalle. — *L*. 1, §. 2, *ff*. *eod*.

Enfin, il n'était pas même permis d'attaquer l'état, avant l'expiration des cinq ans, si le décédé avait obtenu de son vivant, une première sentence favorable. — D. *L*. 1, §. 3.

Ces maximes avaient été confirmées par notre jurisprudence, suivant les arrêts rapportés par Henrys, tome 2, liv. 4, qu. 142; Dunod, part. 2, chap. 7; Serpillon, code crim., part. 3, tit. 22, art. 1, et suivant le cit. Merlin, sup., sect. 4, n.° 2 (27).

---

notes 19 et 27, p. 116, et ci-après) a soutenu que la prescription ne devait commencer que du jour où l'on est actionné, autrement il dépendrait du demandeur d'enlever son exception (c'est-à-dire, la demande incidente contre l'état) au défendeur, en n'exerçant son action qu'après cinq ans; cependant, Pothier, pand. ne de statu, sup. n.° 1, Talon, et Dunod, infrà, ont adopté des principes entièrement opposés.

(27) Cependant, lors du jugement cité note 19, le commissaire a prétendu que les lois précédentes étant relatives à l'état d'un homme libre, ne pouvaient s'appliquer aux questions où il s'agit simplement de légitimité. Cet avis pourrait être fondé sur la décision de la loi 5, C. sup. Nous voyons toutefois que dans la cause dont Henrys, sup., donne les plaidoyers, il était question d'illégitimité et non point de liberté; et l'avocat général Talon, dans ses conclusions, in pr., adopta entièrement les principes du droit romain, ci-devant exposés, principes que Dunod, sup., expose également. Enfin, lors de l'arrêt cité par Serpillon, sup., d'après Raviot, il n'était pas non plus question de liberté, mais du délit d'hérésie.

CHAPITRE II.

Des Enfans illégitimes ou naturels.

ON appelle enfans naturels ou batards, les enfans qui ne sont pas nés d'un mariage légitime. On en distingue trois espèces, les enfans naturels *simples*, les enfans adultérins et les enfans incestueux. Les premiers naissent de personnes qui peuvent se marier; les seconds, de personnes qui ne peuvent se marier, parce qu'elles sont déjà engagées dans les liens du mariage; les troisièmes, de personnes qui ne peuvent se marier (28), parce qu'elles sont parentes ou alliées dans un degré prohibé (29).

Il y avait dans la jurisprudence ancienne, deux difficultés importantes sur l'état des enfans adultérins, difficultés dont on ne trouve point de solution directe dans le code civil.

1.° A quelle époque les père et mère d'un enfant illégitime doivent-ils être libres de contracter mariage, pour qu'il ne soit pas considéré comme adultérin? est-ce au tems de sa conception, ou au tems de sa naissance? Les auteurs étaient très partagés sur ce point. Pirrhius, Rosselis, Saliceti, Perezius, Lapeyrère, Furgole, Pothier et le cit. Merlin, avaient embrassé le premier parti, et fondaient leur opinion sur des considérations très-puissantes. Mais l'avis opposé soutenu par Fachin, Sanchez, Covarruvias, Butrio, Carondas, Rousseau-Lacombe et Lebrun (30), a été adopté

---

(28) On considérait aussi comme incestueux, les enfans nés de personnes engagées dans les ordres sacrés, ou liées par des vœux solemnels de religion.

On sent que cette espèce d'incestueux ne peut plus être admise. L'inceste religieux est étranger à la loi civile. — Rapport de Duveyrier.

(29) V. ci-devant, tit. 5, ch. 2, art. 1, § 2, p. 72 et 73.

(30) V. Pothier, tr. du mariage, tome 2, nos. 414-417; Merlin, in repert., mot *légitimation*, § 5, sect. 2; et Lebrun, des success., liv. 1,

indirectement par la loi du 12 brumaire an 2, où l'on trouve ces expressions, lorsqu'elle fixe les droits des enfans adultérins : « les enfans dont le » père ou la mère était *lors de leur naissance*, en- » gagé dans les liens du mariage »…. — *D. L.* art. 13 (31).

2.° Les enfans illégitimes nés d'un homme et d'une femme mariés, ou d'une femme mariée et d'un homme libre, sont incontestablement adultérins. En était-il de même des enfans nés d'un homme marié et d'une femme libre, ou *ex conjugato et solutâ*? Il n'y avait pas moins de dissentions sur ce point. Plusieurs auteurs (32) partant du principe du droit romain (33), *adulterium in nuptâ committitur*, s'étaient prononcés pour la négative, et conformément à cet avis, le parlement de Grenoble avait jugé (34), qu'en

---

ch. 2, sect. 1, dist. 1, n° 8. — V. aussi LL. 10, in pr., et 11, in pr., C. de natur. lib.; nov. 12, c. 4, ⅴ. etenim; nov. 89, c. 8; gl. in cap. tanta vis, ext. qui filii sunt legitimi.

Il est sûr que l'avis des deux premiers de ces auteurs est plus conforme aux principes du droit canonique, mais il ne me paraît pas qu'ils aient détruit les conséquences que leurs adversaires ont tiré de la règle générale exposée dans la L. 11, et répétée dans la nov. 89, sup.

Une difficulté s'élève sur l'état des enfans naturels; Justinien la résout en 529, par la loi 10, sup.; une seconde difficulté du même genre s'élève bientôt après; il la résout en 533, par la loi 11, sup., et aussitôt il décide qu'il faudra dans toutes les questions relatives à l'état des enfans, partir de l'époque de leur naissance, à moins que leur intérêt n'exige qu'on s'attache à celle de leur conception.. Il importe peu que cette règle soit donnée à la suite d'une décision sur une question de légitimation. Elle paraît évidemment être établie dans l'objet de prévenir des difficultés sur l'état des enfans, et elle est générale et absolue. *Generaliter definimus..... ut simper in hujusmodi quæstionibus in quibus de statu liberorum est dubitatio....* Ce qui d'ailleurs, ne permet pas d'en douter, c'est que Justinien veut que l'on s'attache ici, à ce qui est le plus favorable à l'intérêt des enfans, et il suit cette maxime dans six décisions postérieures, relatives à l'état des enfans naturels, et rappelées dans les authentiques que précède la loi 11. Enfin, neuf ans après, il répète et confirme la règle générale précédente, dans la novelle 89.

(31) V. aussi le rapport du cit. Cambacérès, séance du 9 brumaire an 2.

(32) Entr'autres Faber, C. lib. 6, tit. 33, de legit. hæred., qui s'exprime ainsi, au sujet de l'union de l'homme marié avec une femme libre: « *adulterium quidem est, sed non accusabile nec punibile secundum leges temporales* ».

(33) L. 6, § 1, ff. ad L. Jul. de adult.

(34) Arrêt du 6 mai 1773, au rapport de M. de Barrin fils. — On citait aussi, à l'appui de cet avis, Gabriel Paleotus, de nothis et spuriis, cap. 42; jul. Clarus, ad L. 6, ff. sup.; Barry, lib. 6, c. 1, n.° 18; Alberic, verbo adulterium.

Dauphiné, un enfant né *ex conjugato et solutâ* succédait tout aussi bien qu'un enfant naturel simple (35). Mais la même loi du 12 brumaire a encore dérogé tacitement à ces principes, puisqu'elle considère comme adultérins, les enfans dont *le père ou la mère* était engagé dans le lien du mariage. — D. *art.* 13 (36). — Enfin, ils paraissent aussi contraires à l'esprit du titre 7 du code civil, puisque dans l'exposé des motifs de ce titre (37), on ne considère comme enfans naturels simples, que ceux qui sont nés *d'un commerce libre* (38).

Dans le droit *ancien*, la première preuve de la filiation des enfans naturels était la déclaration de grossesse de leur mère, à laquelle on ajoutait de la confiance d'après la maxime *creditur Virgini* (39); cependant le père désigné pouvait contester la vérité de la déclaration, en opposant soit de l'âge, soit de la conduite déréglée de la femme, comme celle-ci pouvait la soutenir en établissant ses liaisons et son commerce avec le père. Cette jurisprudence donnait à lieu à des procès scandaleux sur la recherche de la paternité (40).

---

(35) C'est donc par erreur que le rapporteur du tribunat, sup., a dit qu'en France on n'ajamais connu que deux classes d'enfans naturels. On voit que du moins dans notre province, on distinguait une espèce d'adultère simple, de l'adultère double.

(36) Mais elle ne les considère pas comme tels lorsqu'ils sont nés postérieurement à une demande en séparation de corps consacrée ensuite par un jugement. -- D. L. art. 13 ; jugem. cassat., 25 germ. an 6 et 25 nivôse an 9.

(37) V. aussi le rapport du tribun Duveyrier.

(38) C'étaient aussi les termes de la première rédaction de l'art. 329 du code.

(39) *Creditur virgini se ab aliquo cognitam, et ex eo esse prægnantem asserenti.* - Faber, C. de probation., def. 18,

(40) *DÉCLARATION DE GROSSESSE.* -- L'ordonnance de février 1556 exigea que les filles déclarassent leurs grossesses. Dans ces déclarations, elles indiquaient le père de l'enfant. Les tribunaux français ayant ensuite adopté la maxime de Faber (note 39), de simples déclarations suffirent long-tems pour faire condamner les pères qu'elles indiquaient, à payer les frais de couche des filles séduites ou supposées séduites, à leur donner des dommages considérables pour les indemniser

Droit nouveau. — La loi du 12 brumaire an 2 y fit une modification importante en décidant que les enfans naturels, dont les pères étaient *décédés*, seraient tenus de prouver leur possession d'état par des écrits publics ou privés de leur père, ou par une suite de soins qu'il leur aurait donnés sans interruption (41), à titre de paternité (42); et par là même, les déclarations de grossesse devenant inutiles, furent tacitement abrogées (43). — *V. D. L. art.* 8.

La même loi renvoya au code civil, le réglement des droits des enfans naturels, dont les père et mère seraient encore vivans lors de la publication de ce code. — *D. L. art.* 10. Mais ce code dont on avait adopté toutes les dispositions, ayant été ajourné presqu'aussitôt (44), l'état des enfans dont les pères sont décédés depuis la loi du 12 brumaire jusques à la publication (45) du titre que nous analy-

---

de la perte de leur honneur, à se charger enfin des enfans qu'elles mettaient au jour. On pressent les abus qui durent naître d'une pareille jurisprudence. Les tribunaux y apportèrent diverses modifications dans le siècle dernier. Suivant qu'une fille était mineure ou majeure, plus jeune ou plus âgée que le séducteur, distinguée jusques-là par une conduite sage ou connue par des mœurs déréglées, suivant enfin que le père indiqué était libre ou marié, ou surtout engagé dans les ordres sacrés, on ajoutait plus ou moins de confiance à l'assertion de la fille, et dans les circonstances qui lui étaient défavorables, on ne lui adjugeait guères que ses frais de couche; on admettait aussi le père à prouver l'inconduite de la femme, et celle-ci, à prouver les fréquentations qu'il avait eues avec elles. C'est pour éviter le scandale attaché à ces sortes d'enquêtes, qu'on s'est déterminé depuis la révolution, à défendre la recherche de la paternité. – V. Serres, liv. 4, tit. 18, § 4; Serpillon, code crim., in f., note 16. – Le parlement de Grenoble a rendu plusieurs arrêts récens, à-peu-près dans le sens de la dernière jurisprudence. – V. arrêts des 18 février 1774, 14 février 1775, 9 juillet 1776, 20 mars 1777, 23 juin 1778 et 16 janvier 1783, aux aff. de Dauphiné.

(41) La moindre interruption dans la possession d'état la rendait insuffisante. — Jugem. cassat., 8 nivôse an 5.

Un *posthume*, faute d'écrits publics ou privés, ne pouvait établir cette possession. — Jugem. cassat., 16 nivôse an 5.

(42) Et non par bienfaisance, - Jugem. cassat. 13 germ. an 5.

(43) Idem, lettre du Ministre, citée note 37, page 34; – Il résultait en effet, de la loi du 12 brumaire, que l'action en déclaration de paternité, était abolie, excepté dans les cas prévus par cette loi, art. 1, 8 et 10. – Jugem. cassat., 19 vendémiaire an 7 et 3 vent. an 11; arg. ex L. 4 pluviôse an 2.

(44) V. le rapport du cit. Merlin, ministre de la justice, à la tête du message du 12 ventôse an 5.

(45) La promulgation est du 12 germinal an 11.

sons, est resté indécis. Les Tribunaux se sont partagés sur les espèces de preuves que les enfans naturels doivent fournir, dans ce cas, pour leur possession d'état; les uns demandant une reconnaissance authentique devant un officier public, reconnaissance que semblait exiger l'article 11 de la même loi; les autres se contentant des faits indiqués ci-dessus par l'article 8.

Ce qui contribua à accroitre l'incertitude, c'est que les deux sections du corps législatif (46) furent aussi divisées sur ce point. Enfin, le tribunal de cassation qui d'abord, s'était prononcé pour l'aveu authentique (47), reconnut que la loi était muette (48), et qu'il fallait attendre une nouvelle décision du législateur (49).

DROIT TRANSITOIRE. — Cette décision vient d'être donnée par la loi du 12 floréal an 11. L'état et les droits des enfans naturels dont on vient de parler, sont réglés de la manière prescrite par le code, (v. ci-après), excepté 1.° que les conventions faites (50), et les jugemens passés en force de chose jugée (51), à ce sujet, sont maintenus; 2.° que les dispositions entre-vifs ou testamentaires doivent être exécutées en les réduisant ou en y suppléant toute-

---

(46) Le conseil des cinq cents avait adopté le second système, dans une résolution du 16 floréal an 6, mais elle fut rejetée par les anciens, le 12 thermidor. Les anciens rejetèrent aussi le lendemain une seconde résolution du même jour, où l'on décidait que les reconnaissances déterminées par des poursuites judiciaires suffisaient pour établir la paternité. — Idem, jug. de cassat., 13 vend. et 5 therm. an 5.

(47) Jugemens des 19 et 24 vend. an 7; et 4 pluviôse an 8.

(48) Le cit. Duport-Lavillette et l'auteur de ce cours avaient établi, au commencement de l'an 9, ce silence de la loi, dans un mémoire à consulter, dont une copie fut adressée dans la suite, au conseiller d'état qui est aujourd'hui grand-juge ministre de la justice.

(49) Jugemens des 4 nivôse et 7 fructidor an 10; 24 frimaire, 4 pluv., 14 prair., 12 et 13 fruct. an 11.

(50) La présence de plusieurs des cohéritiers, aux actes d'où l'on peut induire une convention sur les droits de l'enfant naturel, ne lie point le cohéritier absent. — Jugem. du trib. civ. de la Seine, 25 prair. an 11; Lebrun, an 11, n.° 9; jurisp. du code, tome 1, p. 9.

(51) Idem, jugement de cassat. du 26 prairial an 11.

fois, si elles sont trop fortes ou trop faibles, relativement à ce que le code accorde aux enfans naturels (52).

DROIT ACTUEL. L'état d'un enfant naturel doit être constaté par la reconnaissance de ses parens; mais les enfans adultérins et incestueux ne peuvent être reconnus, ni légitimés, ni admis à rechercher la paternité ou maternité (53). — *C-C, I,* 329, 325, 336.

La reconnaissance se fait dans l'acte de naissance, (ci-devant tit. 2, page 40), ou dans un autre acte authentique; elle n'a d'effet qu'à l'égard du père, s'il n'y a pas indication ou aveu de la mère; et elle peut, ainsi que la réclamation de l'enfant, être contestée par tout intéressé. — *C-C, I,* 62, 328, 330, 333.

Si elle est faite pendant le mariage, au profit d'un enfant qu'un des époux a eu avant cette union, elle ne nuit ni à l'autre époux ni aux enfans nés du mariage; elle n'a d'effet qu'après la dissolution de ce mariage et lorsqu'il n'en reste pas d'enfans. — *C-C, I,* 331.

L'effet principal de la reconnaissance, est le droit, non de succéder comme enfant légitime, mais de prendre une portion dans les biens des père et mère (54). — *V. C-C, I,* 332, et *III*, 46-56 (55).

---

(52) V. ci-après les titres des successions et des donations, et C-C, III, 46-56, 210-220.
(53) A l'égard de cette recherche, voyez ci-devant, pag. 110.
(54) A l'égard de cette portion, v. le titre des successions, ci-après.
(55) Elle assujétit encore à des obligations réciproques de soins; secours, etc.; les parens et l'enfant reconnu, et celui-ci, à des obligations de respect, d'obéissance, etc. — V. les titres 5 et 9.

CHAPITRE III.

Des Enfans légitimés.

DROIT ANCIEN. — Les enfans nés d'une union illégitime, pouvaient devenir légitimes de trois manières : par la bonne foi de leur père ou mère, par le mariage subséquent de ceux-ci, par un rescrit du Prince (56).

Nous avons déjà parlé du premier de ces modes (57); à l'égard du dernier, il ne donnait pas aux légitimés tous les droits des enfans légitimes, surtout quant à la successibilité, qu'ils n'obtenaient en général, que lorsque les autres successibles avaient consenti à la légitimation. — *V. nov.* 74, *c.* 2, *in pr.*; *nov.* 89, *c.* 9, §. 1; *et les autorités citées par Serres, de nupt.,* §. 13, *et par Merlin, in répert., mot légitimation,* §. 6, *sect.* 3.

Le deuxième mode, ou le mariage subséquent donnait au contraire, par le seul fait et sans aucune formalité, tous les droits d'enfans légitimes, aux légitimés (58), pourvu qu'il eût été contracté valablement, et qu'il fût susceptible de produire des effets civils (59). Bien plus, on décidait même qu'un mariage

---

(56) Il y avait deux autres modes de légitimation dans le dernier droit romain, l'oblation à la curie, et le testament confirmé par le prince. — V. Jnst. de nupt., §.13; nov. 89, cap. 2, in pr., et cap. 10.

Pour les règles de détail, relatives à la légitimation, V. Pothier, sup., tom. 3; et sur-tout Merlin, in répert., h. v.
(57) Ci-devant, tit. 5, in f., p. 87.
(58) Jnst. sup.; nov. 89, c. 8, in pr.; Serres, d. §. 13, in f. - Cependant les légitimes avaient le droit d'aînesse, au préjudice des légitimés nés avant eux, suivant Serres, ibid., et Merlin, sup., §. 5, sect. 3.
(59) V. ci-devant, app. au titre 5, p. 88, 89.

intermédiaire ou contracté avant celui-là, depuis la naissance de l'enfant, n'empêchait pas la légitimation (60).

DROIT ACTUEL. On n'admet plus que la légitimation par mariage subséquent, et elle a les mêmes effets, sans égard à l'époque où le mariage a été contracté (61), et à l'existence ou au décès (62) des enfans, pourvu que les père et mère reconnaissent ces enfans avant ou lors de la célébration. — *V. C-C, I,* 325-327.

---

(60) V. au reste, Merlin, sup., sect. 2.
(61) Exposé des motifs du cons. d'état Bigot-Préameneu; rapport du tribun Duveyrier, sup.
(62) Dans ce cas, elle profite à leurs descendans. — D. art. 327.

TITRE VIII.

De l'adoption et de la tutelle officieuse.

Droit romain. L'adoption était une institution par laquelle un citoyen en faisait entrer un autre dans sa famille. Elle se nommait *adrogation* lorsque l'adopté était *sui juris*. Elle était une imitation de la paternité naturelle, et en conséquence l'adoptant devait être plus âgé que l'adopté. Elle se fesait de l'autorité des magistrats ou en vertu d'un rescrit du prince, et elle donnait en général à l'adopté tous les droits d'un enfant naturel et légitime (1).

Pratiquée quelquefois dans les premiers siècles de la monarchie (2), l'adoption avait cessé depuis très-long-tems d'être en usage en France (3), lorsque les assemblées nationales manisfestèrent à plusieurs reprises l'intention de la rétablir (4).

Cette intention a été réalisée par le code civil, mais ce n'est point l'adoption des Romains qu'on a cherché à faire revivre, quoique on en ait adopté plusieurs règles (5); c'est celle des Prussiens qu'on

---

(1) V. le titre de adoptionibus des instituts (les élèves expliqueront ainsi que les lois citées ci-après). V. aussi les mêmes rubr. au ff. et au C., et Prost de Royer, mots *adoption* et *affiliation*.

(2) Pasquier, recherches, liv. 4, ch. 1, in pr.

(3) Les administrateurs des hôpitaux de l'hôtel-dieu et de la charité de Lyon avaient cependant le droit (confirmé par lett. pat. de 1672 et de 1729), d'adopter les enfans de 7 à 14 ans, orphelins ou abandonnés ; ils étaient alors considérés comme leurs pères de famille, et ils leur succédaient en concours avec les frères et sœurs, et à l'exclusion des autres collatéraux. - V. Serres, h. t., et Prost. de Royer, mot *adoption*, n.º 24.

(4) LL. 18 janv. 1792 ; 25 janvier, 7 mars et 4 juin 1793 ; constit. de 1793, art. 4. LL. 13 prair. an 2, art. 13 ; 16 frimaire an 3 et 21 pluviôse an 7 ; arrêté du 19 floréal an 8. -- Cependant on n'avait point parlé de l'adoption dans le projet de code de l'an 8 ; mais plusieurs tribunaux, entr'autres ceux de Cassation et de Paris, ont réclamé le maintien de cette institution. -- V. obs. des trib., sur le projet de code.

(5) Nous les indiquerons dans les notes, ainsi que celles qui diffèrent des règles du code.

a imitée, et en même-tems perfectionnée (6). On a voulu créer une institution de pure bienfaisance, et en conséquence « on a séparé de l'adoption tout » ce qui avait trait à la puissance du père adoptif ». *Garry, disc. au corps législ.*, 2 *germ. an* 11.

Le même motif a inspiré l'idée de la tutelle officieuse, seconde institution, également de pure bienfaisance, qui conduit à l'adoption.

Droit transitoire. Avant d'exposer les règles actuelles de cette institution, il faut remarquer que plusieurs adoptions avaient été faites depuis le 18 janvier 1792, sur la foi des lois qui en annonçaient l'*organisation*. Ces adoptions, lorsqu'elles ont eu lieu par acte authentique (7), ont été maintenues et assimilées pour leurs effets non réglés par actes définitifs (8), aux adoptions postérieures au code civil, à moins, 1.° que l'adoptant n'ait déclaré, six mois après la publication (9) du titre 8 de ce code, qu'il n'avait pas eu l'intention de conférer à l'adopté les droits d'enfant légitime, et dans ce cas l'adopté n'obtient que le tiers de ces droits ; 2.° que l'adopté n'ait renoncé ou ne renonce (10) à l'adoption, trois mois après la même époque, ou après sa majorité (11). — *V. L.* 15 *germ. an* 11.

---

(6) Exposé des motifs, par le cons. d'état Berlier. — V. le code Frédéric, part. 1, liv. 1, tit. 9, art. 1, § 10-14. Mais ce code diffère très-peu du droit romain.

(7) Tel qu'une délibération d'un corps municipal. — Jugem. du trib. civ. de la Seine, du 22 prairial an 11 ; jurisp du code, t. 1, p. 17-26.

(8) Tels qu'acte ou contrat authentique, disposition entre-vifs ou à cause de mort (dans les limites de la portion dont on pouvait disposer), transaction, jugement passé en force de chose jugée. — D. L. 15 germ. art. 3. — V. aussi le jugement cité dans la note précédente.

(9) La promulgation est du 12 germinal an 11.
(10) V. ci-devant, tit. 2, p. 40.
(11) V. ci-après, note 26, page 132.

CHAPITRE PREMIER.

De l'adoption.

On peut définir l'adoption nouvelle, une espèce de paternité (12) accordée à une personne âgée sur une personne plus jeune, en reconnaissance des bienfaits de l'une ou de l'autre, et pour dédommager la première de ce qu'elle n'a pas des enfans (13). — *V. C-C*, I, 337, 339, 340.

On distingue quatre espèces d'adoptions : l'adoption ordinaire, l'adoption après décès, l'adoption pour services, l'adoption testamentaire. Nous allons indiquer, 1.° les conditions et les formes de ces espèces d'adoptions ; 2.° les effets qu'elles produisent.

I. L'adoption *ordinaire* se fait par une personne de l'un ou de l'autre sexe (14), âgée de plus de cinquante ans (15), en faveur d'une autre personne plus jeune (16) de quinze ans au moins, et à qui pendant sa minorité et pendant six années, elle a fourni des secours et des soins non interrompus. — *C-C*, I, 337, 339, 340.

---

(12) Le cons. d'état Berlier se sert du terme *quasi-paternité*.

(13) Ce fut aussi pour avoir des enfans qui pussent conserver les dieux et le culte attachés aux maisons de chaque famille, que les romains imaginèrent d'abord l'adoption. — V. Heineccius, lib. 1, tit. 11. — Mais ils abusèrent dans la suite de cette institution bienfaisante. - V. le mémoire cité précédemment, note 1, in f., p. 90. — Prost de Royer, sup., n.° 10, critique, mais sans fondement, l'origine qu'Heineccius attribue à l'adrogation.

(14) *DROIT ROMAIN.* — Pour pouvoir adopter, les femmes avaient besoin de la permission de l'empereur. — Jnst. de adopt., § 10 ; L. 5, C. eod.

(15) *DROIT ROMAIN.* — L'adrogateur devait avoir 60 ans, à moins que l'adrogation ne fût fondée sur de justes causes. - L. 15, § 2, ff. de adopt. — V. ci-après, note 20. — *Droit prussien.* — Idem. C. Fréd., §. 10, n.° 2.

(16) *DROIT ROMAIN.* Plus jeune de 18 ans. — Jnst. sup., § 4, L. 40, ff. eod. — *Droit prussien.* — Idem. Code Fréd., sup.

Les enfans naturels ne pouvaient être adoptés, d'après le dernier droit romain. — Nov. 74, c. 3. — *Droit prussien.* Idem. Code Fréd., §. 11.

Les parties s'adressent au juge de paix de l'adoptant, et passent un acte de leur consentement, après que l'adopté a obtenu celui de ses père et mère, ou qu'il a requis leur conseil, suivant qu'il est mineur ou majeur de vingt-cinq ans (17). On demande ensuite une homologation de l'acte au tribunal civil et successivement au tribunal d'appel, qui accorde cette homologation (18), si les conditions de la loi ont été remplies et si l'adoptant jouit d'une bonne réputation (18 *bis*). Enfin, en vertu de ce jugement, délibéré à la chambre du conseil et ensuite prononcé à l'audience et affiché, l'adoption doit être inscrite (19) au moins dans les trois mois suivans. — *C-C*, *I*, 348-353, 362 (20).

L'adoption *après décès* diffère de la précédente; 1.° en ce qu'après la transmission aux tribunaux, de l'acte passé devant le juge de paix, l'instruction se continue et l'adoption peut-être admise malgré le décès intermédiaire; 2.° en ce que l'héritier de l'adoptant peut la contester (21), mais par de simples

---

(17) *Droit romain.* — Il fallait aussi que les parties fussent présentes, et qu'elles (et leur père) donnassent leur consentement. — LL. 25, § 1, 24, 5, 8, 6, ff. eod.; et ult. ff. de his qui sui vel al

(18) Le pouvoir confié en cette occasion, aux tribunaux, est purement discrétionnaire. — Rapport du tribun Garry, corps législat., 2 germinal an 11.

Droit romain. — L'adrogation ne se permettait qu'en connaissance de cause; on examinait si elle était utile à l'état ou n'était point nuisible à la famille de l'adrogé. — V. D. L. 15, § 2 et 3; et L. 17 in pr. et § 1-4, eod.

Au reste, l'adoption étant une imitation de la nature, elle n'était pas permise aux impuissans incurables. - V. Just., § 9, eod; L. 2, § 1, et L. 2, § 40, ff. eod. — *Droit prussien.* Idem. Code Fréd., § 10, n.° 2.

(18 *bis*) *Droit prussien.* Idem. Code Fréd., sup.

(19) V ci-devant, tit. 2; ch. 2, § 4, p. 40.

(20) V. dans la jurisp. du C-C., tit. 1, p. 24, 25, un jugement où sont énoncées toutes les formalités relatives à l'adoption.

(21) Tandisque aucun individu n'a le droit d'intervenir dans les autres espèce d'adoption, suivant Garry, sup. — Cependant on avait dit dans la discussion (art. 8), que les enfans légitimes pourraient s'opposer à ce que l'adoption fut consommée. — Cons. d'état, 18 frimaire an 11. — C'est même dans cet objet qu'on exigeait que l'adoption se fît au domicile de l'adoptant.

mémoires remis au commissaire du Gouvernement. — *C-C*, *I*, 354.

L'adoption *pour services* (22), c'est-à-dire faite par l'adoptant en reconnaissance de ce qu'on lui a sauvé la vie dans un combat, ou en le retirant des flammes ou des flots, est sujette aux mêmes règles, excepté qu'il n'est pas besoin de secours fournis par l'adoptant, et qu'il suffit qu'il ait la simple majorité. — *C-C*, *I*, 339.

L'adoption *testamentaire* peut être faite en faveur du pupille officieux par son tuteur, après cinq ans d'administration et lorsqu'il craint de décéder (23). — *C-C*, *I*, 360.

Les adoptions de toute espèce ne peuvent être faites que par une seule personne (24), qui n'a point de descendans légitimes (25). Celles des trois premières espèces ne peuvent en outre avoir lieu qu'en faveur d'un majeur, et avec l'agrément du conjoint de l'adoptant. — *C-C*, *I*, 337, 339, 360, 340, 338 (**26**).

---

(22) Cette espèce d'adoption n'est qu'une exception dans le système général de l'adoption. — Berlier, sup.

(23) *DROIT ROMAIN*. Il y avait aussi une espèce d'adoption testamentaire par laquelle on transférait le nom et l'hérédité, mais non pas les droits de la famille, si elle n'était pas confirmée. — V. Pothier, pand. ad tit. sup. n.° 34.

(24) Deux époux peuvent cependant adopter la même personne. — D. art. 338.

Le tribunat avait aussi proposé que l'adoptant fut ou eut été marié, mais cela n'a pas été admis. — Cons. d'état, 5 vent. an 11.

(25) *Droit prussien*. — Idem. Code Fréd., sup.

Seconde adoption. Une première adoption ayant procuré à l'adoptant un descendant légitime, peut-il en faire ensuite une seconde ? Le tribunal d'appel de Bourges a jugé l'affirmative en frimaire an 12, contre les conclusions du commissaire du Gouvernement; jurisp. du code, tit. 1, p. 177.

(26) *DROIT ROMAIN*. — L'adoption où l'on n'avait pas observé les formes prescrites, pouvait, en connaissance de cause, être confirmée par le prince. — LL. 38 et 39, ff. eod. — Mais il n'était pas permis d'adopter une seconde fois, l'enfant qu'on avait émancipé. — L. 37, § 1, eod. — Tandisque l'on permet aujourd'hui, d'adopter de nouveau les enfans adoptés avant le code. — L. 15 germ. an 11, art. 6.

II. Les *effets de l'adoption* sont relatifs à la personne, à la successibilité, et à la succession de l'adopté.

1.° Quand à la personne, quoique l'adopté reste dans sa famille naturelle (27) et y conserve tous ses droits, il joint à son nom de famille celui de l'adoptant (28); il est tenu de lui fournir des alimens (29), et il ne peut se marier avec lui ou avec ses proches (30). — *C-C*, *I*, 341-343.

2.° L'adopté succède à l'adoptant (non à ses parens), comme un enfant légitime (31). — *C-C*, *I*, 344.

3.° Au décès de l'adopté, sans postérité, l'adoptant ou ses descendans reprennent en nature les biens que l'adoptant lui avait donnés, à la charge toutefois de contribuer aux dettes et sans préjudice des droits des tiers. L'adoptant a le même droit (mais non pas ses descendans), lorsque les enfans de l'adopté décédent après celui-ci, également sans postérité. Les autres biens de l'adopté appartiennent à ses parens. — *C-C*, *I*, 345, 346 (32).

---

(27) *DROIT ROMAIN*. Il en était de même pour l'adoption (à moins que l'adoptant ne fut un ascendant); mais non pas pour l'adrogation. - Jnst., sup., § 2 et 11; L. pen. C. eod.
(28) *DROIT ROMAIN*. — Idem, V. ci-devant, tome 1, p. 51.
(29) V. ci-devant, tit. 5, ch. 4, art. 2, p. 84.
(30) V. ci-devant, tit. 5, ch. 2, art. 1, § 2, p. 73.
(31) *DROIT ROMAIN*. — Idem. — V. toutefois, D. L. pen., C. sup.
(32) Le code ne nous indique point comment l'adoption peut être dissoute. A Rome, elle était détruite par l'émancipation, mais il fallait que l'émancipation fut fondée sur de justes causes. — V. LL. 13, 14 et 31, ff. eod. — *Droit prussien*. Idem. Cod. Fréd., sup., n.° 6.

CHAPITRE II.

De la Tutelle officieuse.

La tutelle ordinaire est un devoir imposé par la loi, ou en vertu de la loi, à un majeur (le tuteur), d'administrer la personne et les biens d'un particulier qui, à cause de la faiblesse de son âge (le pupille) ou de quelque infirmité (le furieux ou imbécille) est hors d'état de veiller à cette administration. — V. ci-après, le titre 10.

La tutelle officieuse est une faculté accordée par une convention (33), en vertu de la loi, à une personne d'un âge avancé, d'exercer la tutelle d'un pupille, sous la condition de l'élever et de le mettre en état de gagner sa vie. — *V. C-C, I*, 355, 358, 359, 361, 363.

Ainsi la tutelle officieuse ressemble à la tutelle ordinaire, en ce que les tuteur et pupille officieux ont les droits et sont tenus des obligations des tuteur et pupille ordinaires (34), mais elle en diffère, en ce que sur-tout le tuteur est assujetti à des obligations plus considérables; et tel est sans doute le motif pour lequel, en créant cette institution précieuse, la loi l'a assujettie à des règles particulières, quand à ses conditions, à ses formes, à ses effets.

I. *Conditions et formes.* Être au moins quinquagénaire et n'avoir point de descendans légitimes, obtenir le consentement de son conjoint et celui des père et mère, ou conseil de famille, ou administrateurs de l'hospice, ou officiers-municipaux

---

(33) Ainsi la tutelle officieuse est un *contrat*, tandis que la tutelle ordinaire n'est qu'un *quasi-contrat*. — V. notre traité des obligations.

Au reste, dit le conseiller d'état Berlier, sup., c'est un contrat renfermé dans le strict objet des secours qu'on promet au mineur.

(34) V. ci-après, tit. 10, ch. 4.

du pupille ou enfant âgé de moins de quinze ans, et faire constater les consentemens, ainsi que la demande de la tutelle devant le juge de paix : telles sont les qualités que doit avoir, ou les conditions ou formes que doit remplir le tuteur officieux. — *C-C*, *I*, 355-358.

II. Les *effets* de la tutelle officieuse sont ordinaires ou contingens.

1.° Administrer la personne et les biens du pupille, sans employer ses revenus à son éducation, et lui rendre compte de l'administration des biens; le nourrir, l'élever, le mettre en état de gagner sa vie; et si l'on n'a pas atteint ce but, lui donner, à sa majorité, une indemnité convenable, par exemple, à défaut de stipulation, des secours propres à lui procurer un métier; enfin, si l'on décède avant cette époque, lui donner des moyens de subsister (35) jusques là: voilà les obligations ordinaires du tuteur, dont la dernière s'étend à ses héritiers, et les effets ordinaires de la tutelle officieuse. — *C-C*, *I*, 359, 364, 358, 363, 361.

2.° L'adoption testamentaire du pupille pendant sa minorité, ou l'adoption ordinaire du même individu trois mois après sa majorité (36), sont les effets contingens de la tutelle officieuse. Le tuteur qui a fait l'adoption est affranchi des indemnités et secours indiqués ci-dessus. — *C-C*, *I*, 360, 362, 363.

---

(35) L'expression de la loi est générale; cependant il a été dit dans la discussion (art. 5), que si la famille de l'adopté pouvait l'élever, il ne lui était rien dû. - Cons. d'état, 18 frimaire an 11.

(36) V. ci-devant, chap. 1, pages 130 et 131.

TITRE IX.

De la puissance paternelle (1).

Le pouvoir des père et mère sur leurs enfans dérive du droit naturel et est déterminé par le droit civil.

Par le droit naturel les père et mère ont une autorité sur leurs enfans tant que dure leur éducation et jusques à ce qu'ils aient été mis en état de pourvoir eux-mêmes à leurs besoins. Passé cette époque, la reconnaissance assure aux parens le respect et les soins des enfans : il importe à ceux-ci d'accorder aux auteurs de leurs jours ce qu'ils voudront dans la suite obtenir eux-mêmes de leurs propres enfans.

Le droit civil, en déterminant les caractères du pouvoir paternel, lui a donné plus ou moins d'étendue, suivant que les législateurs l'ont jugé utile à la société. Chez les peuples, tels que celui de Rome, dont le gouvernement était, dans le principe, démocratique-patriarchal, et où par conséquent les chefs de famille avaient une grande part à l'exercice de la souveraineté (V. tom. 1, pag. 39), les lois durent accorder aux pères un très-grand pouvoir sur leurs enfans.

Lorsque l'organisation sociale a changé, ce pouvoir a dû aussi éprouver des modifications. Chez les peuples modernes, par exemple, où l'industrie est, pour ainsi-dire, l'ame du corps social, on a dû faire cesser ou du moins limiter la dépendance des enfans, à l'époque où elle pouvait nuire au développement de leur industrie.

---

(1) Pour les règles de détail du droit ancien, V. Merlin, in répert., mot *puissance paternelle*.

Les élèves expliqueront avec ce titre, les titres 9 et 12 du liv. 1 des instituts, et le princ., et les deux premiers §§ du tit. 9 du liv. 2, ainsi que les lois romaines citées ci-après.

C'est cependant ce qui n'a point eu lieu dans nos provinces méridionales de la France. Les règles du droit romain, relatives à la puissance paternelle, y ont presque toutes été suivies constamment jusques à la révolution française (2). On y a fait alors deux changemens importans quand à l'exercice du droit de correction du père et quand à la durée de sa puissance, mais la nature de cette puissance est restée la même.

On a adopté d'autres principes dans le code civil. On a cherché à restreindre la puissance paternelle dans les limites que lui assignent le droit naturel modifié par le droit social actuel. C'est ce qu'on verra dans les chapitres suivans, où nous examinerons comment se forme et se dissout la puissance paternelle, et quels en sont les effets. Nous rappellerons auparavant la définition qu'on donne de cette puissance, dans l'exposé des motifs du titre 9 du code civil. « La puissance paternelle est un droit » fondé sur la nature et confirmé par la loi, qui » donne au père et à la mère pendant un tems li- » mité et sous certaines conditions, la surveillance » de la personne, l'administration et la jouissance » des biens de leurs enfans (3) ». — *Disc. du cons. d'état Réal, corps législ.*, 23 vent. an 11.

---

(2) Merlin, sup., sect. 1., cite aussi 40 à 50 coutumes où l'on avait retenu l'usage de la puissance paternelle, usage admis généralement en France jusques environ au 15.e siècle. Le président Bouhier, (obs. sur la coutume de Bourgogne, ch. 2), soutient même que ce droit avait été restreint plutôt qu'aboli, dans les coutumes où il n'en est point question.

(3) Nous préférerions la définition du projet de code, avec les rectifications du tribunal d'appel de Paris. « La puissance paternelle est un » droit fondé sur la nature et *affermi* par la loi qui donne au père et à la » mère, le *gouvernement de la personne* et l'administration des biens des » enfans mineurs et non émancipés. — Obs. des trib., sur le projet de l'an 8, tit. 8, art. 1.

CHAPITRE PREMIER.

De la formation et de la dissolution de la puissance paternelle.

I. *Formation*. — DROIT ANCIEN. — La puissance paternelle appartenait aux citoyens chefs de famille (4) seulement; elle se formait par le mariage et par l'adoption, et en conséquence le père avait sous sa puissance ses enfans légitimes, légitimés et adoptés, de tout sexe, ainsi que les descendans de ses fils (5), nés ou même conçus avant l'émancipation de ceux-ci. — *Inst. de patr. pot., in pr. et §. 3; de nupt., §. 13; de adopt., in pr.; LL. 3, 4 et 5, ff. de his qui sui vel al.; 196, §. 1, ff. verb. sign.; 11, ff. de statu homin.; 10 et 11, C. natural. lib.*

Celui qui jouissait ou qui était affranchi de la puissance paternelle, se nommait père de famille (6); celui qui y était soumis, se nommait fils de famille.

DROIT ACTUEL. La puissance paternelle appartient au père et, à son défaut, à la mère (7). Elle se forme par le mariage, et par la reconnaissance des enfans naturels (8), mais elle ne s'étend point aux

---

(4) Les enfans des filles étaient sous la puissance de leurs pères, c'est-à-dire, des maris de celles-ci. -- D. L. 196.

(5) Ce mot n'avait pas dans les lois, la même acception que dans le langage vulgaire. L'on pouvait en effet être *père de famille*, même au moment de la naissance, et à plus forte raison, sans avoir des enfans. On pouvait aussi être *fils de famille*, quoique on fut père, et très-âgé.

(6) Non comme chef de famille, mais comme père seulement.

(7) L'art. 367 dispose que le père seul exerce cette autorité *pendant le mariage*. Mais si le père est interdit ou absent pendant le mariage, cette autorité doit passer à la mère. -- Voyez C-C., I, 141, 149; et cons. d'état, 8 vendémiaire an 11.

(8) Nous avons déjà fait observer que le code attribuait la puissance paternelle au père, *durant le mariage*. Cette expression semble, au premier apperçu, restreindre la puissance paternelle aux pères et mères *mariés*. Cependant il paraît évident, 1.° qu'on a voulu l'accorder aux pères et mères des enfans reconnus, puisqu'on leur donne dans presque toutes les occasions, les droits qui y semblent attachés. -- V. C-C, I, 152, 153, 199, 377; et cons. d'état, 8 vendém. an 11. -- 2.° qu'on n'a pas voulu l'enlever, dans tous les cas, aux pères et mères divorcés, du-moins quant aux effets qu'elle produit sur la personne des enfans. -- V. ci-devant, tit. 6, ch. 3, p. 105; et C-C., I, 378.

petits enfans et autres descendans. — *V. C-C, I,* 365-367.

II. *Dissolution.* Nous parlerons séparément des modes et des effets de la dissolution de la puissance paternelle.

Modes. — DROIT ANCIEN. — La puissance paternelle se dissout, 1.° par la mort naturelle (9) ou civile, par la déportation (10) et l'esclavage (11) du père de famille ; 2.° par la mort naturelle ou civile, par l'érection en dignité (12), l'adoption et l'émancipation du fils de famille. — *Inst. quib. mod. jus pat.*, *in pr.*, *et* §. 1, 3-6 *et* 8 ; *fragm. d'Ulpien, tit.* 10, §. 1-3 ; *L.* 7, *ff. qui sui vel al.* ; 3, *C. de emancip.* ; 1 *et* 2, §. 2, *ff. de adoption.*

On nommait, en général, émancipation, toute espèce d'affranchissement de la puissance paternelle. On en distinguait deux espèces, l'émancipation expresse et l'émancipation tacite. La première, qu'on nommait aussi simplement *émancipation*, était faite par le père en présence du juge (13) : la seconde résultait de deux faits principaux, le mariage du

---

(9) Excepté à l'égard des petits enfans, dont le père est sous la puissance de leur ayeul à la mort de celui-ci, parce qu'alors ils passent sous la puissance de leur père. — Jnst. eod. in pr.

(10) Mais non pas par la simple relégation. — Jnst. eod., § 2.

(11) Sauf le droit de retour (*postliminium*), en vertu duquel le père reprend sa puissance comme s'il ne l'avait jamais perdue. — Jnst. eod., § 5, et Serres, ibid. - V. L. 19, in pr. et § 4 et 7, ff. de captiv. et postlim.

(12) Les dignités qui émancipaient furent d'abord le patriciat, et successivement l'épiscopat et toutes les dignités qui affranchissaient du décurionat. Mais cette émancipation n'empêchait pas les enfans de l'émancipé, de retourner sous sa puissance, à la mort de leur ayeul. - Jnst. eod. § 12 ; nov. 81 ; Pothier, pandect. de adopt, n.° 49 et 50.

Parmi nous, les auteurs pensaient que les grandes dignités du clergé de la robe et de l'épée devaient affranchir de la puissance paternelle ; mais la jurisprudence était assez incertaine à cet égard. — Serres, sup.; Merlin, sup., sect. 5, § 3.

(13) Dans quelques pays elle pouvait être faite devant un notaire. — V. Serres, sup. § 6 ; Merlin, sup., sect. 5, § 1 ; - En Dauphiné, il fallait que ce fut devant le juge, suivant les notes manuscrites (sur les instituts) de M. de Beaumont, conseiller au parlement, et de M. Froment, professeur de droit, à Grenoble.

fils de famille, et son habitation séparée et volontaire pendant dix ans avec le consentemeut du père, pourvu que le fils eût agi dans ce tems comme père de famille. — *V. L.* 1, *C. de pat. pot.; Serres, sup. tit.* 12, *in pr.; Merlin, sup. sect.* 5, §. 2 *et* 4; *Laforêt, in répert., mot émancipat.* — Mais cette espèce d'émancipation n'était point admise dans notre province (14).

Le père de famille pouvait quelquefois être forcé d'émanciper son fils, lors, par exemple, qu'il avait accepté un legs fait sous cette condition, ou qu'il avait promis l'émancipation dans un contrat de mariage. — *L.* 92, ℣. *arbitror, ff. de condit. et demonst.; Basset, tom.* 2, *liv.* 4, *tit.* 12, *ch.* 5 (15).

DROIT NOUVEAU ET ACTUEL. — La puissance paternelle cesse à la majorité du fils de famille, c'est-à-dire, lorsqu'il a vingt-un ans (16). — *LL.* 28 *août* (17) *et* 20 *sept.* 1792, *tit.* 4, *sect.* 4, *art.* 2; — *C-C, I,* 366, 382, 482.

DROIT ACTUEL. La puissance paternelle se dissout aussi (18) par l'émancipation (*C-C, I,* 366), qu'on divise également en *expresse* et en *tacite*.

Le mineur peut être émancipé *expressément*, à l'âge de quinze ans par son père, et à défaut de père par sa mère, et à dix-huit ans par le conseil de famille, lorsque ce conseil l'en juge capable (19). Il suffit pour cela d'une simple déclaration faite, dans

---

(14) Mêmes notes manuscrites.
(15) V. les mêmes notes manuscrites. — V. aussi L. 12, C. episcop. aud.; L, 5, si quis à parente manum.; L. 32, ff. de adopt.; inst. quib. mod. jus, § ult.
(16) Il faut remarquer que les régles du titre actuel du code, à l'exception de celle que contient l'art. 1er. (ci-après, ch. 2, § 1, page 143), ne concernent que l'énfant qui est en minorité. -- Réal, sup.
(17) Publiée dans notre département, le 27 juillet 1793.
(18) Cette émancipation n'est point la même que celle du droit romain, comme la puissance paternelle actuelle différe aussi de la puissance paternelle du droit romain. — V. disc. du cons. d'état Berlier, sur le tit. 10, corps législat., 25 vent. an 11. — L'émancipation est un *stage* pour la jeunesse, quant à la gestion des biens. - Idem. — Enfin, dit le tribun Leroy, l'émancipation nouvelle est un état moyen entre la minorité et la majorité. — Corps législ., 5 germ. an 11.
(19) L'assemblée du conseil peut être requise par le tuteur, ou même

le premier cas, devant la justice de paix, et dans le second, par le juge de paix, comme président du conseil de famille. — *C-C*, *I*, 471-473. — Mais cette émancipation peut être révoquée de la même manière, lorsque les tribunaux ont réduit des obligations excessives contractées par le mineur émancipé (20). — *C-C*, *I*, 479, 480.

L'émancipation *tacite* résulte, de plein droit, du mariage du mineur (21). — *C-C*, *I*, 470.

Effets de la dissolution. — DROIT ANCIEN. — Dès l'instant où la puissance paternelle était dissoute, le fils de famille devenait père de famille, et acquérait tous les droits attachés à cette qualité (22) — *Inst. sup.*, *in pr.*; *LL.* 12, 13, 14 et 28, *ff. de adoptionib.*

DROIT ACTUEL. L'émancipation ne donne au mineur que le droit d'administrer ses biens, et celui d'être réputé majeur (23), pour les faits relatifs à son commerce. Il ne peut, 1.° emprunter sans l'autorisation du conseil de famille, homologuée en justice ; 2.° aliéner sans observer les formes exigées des mineurs; 3.° recevoir le compte de tutelle, ester en jugement, accepter une donation, et exiger et quittancer un capital mobilier, sans l'assistance de son curateur. Enfin, ses obligations excessives (24) sont susceptibles d'être réduites. — *V. C-C*, *I*, 475-478, 481, 474; *et III*, 225.

---

par un ou plusieurs parens du 4e. degré ou en-deçà. — C-C, I, 473.
Mais on ne peut forcer le père ou la mère à l'émancipation. - Berlier, ibidem.

(20) Dans ce cas, le mineur rentre en tutelle jusqu'à sa majorité.

(21) La mort du père de famille, ni l'érection en dignité du fils ne produisent pas d'émancipation tacite. Pour le 1er. cas, V. C-C, I, 471, 472. — A l'égard du 2e., la décision était inutile, puisque on ne peut remplir de fonctions publiques qu'à la majorité. — Constit., an 3, art. 3, 11 ; et an 8, art. 2, 7. — Mais la mort civile doit dissoudre la puissance paternelle. - V. ci-devant, tit. 2, note 3, page 23, et ajoutez y que le tribunal de cassation demandait qu'une condamnation infamante ou afflictive, eut le même effet. — Obs. trib. sur le tit. 8, art. 1 du proj.

(22) Mais l'administration des biens était attachée à l'âge et non pas à cette qualité. — V. ci-après, tit. 10.

(23) DROIT ANCIEN. — Idem. — Ord. de 1673, tit. 1, art. 6, et Jousse, in id. — Le trib. de Lyon trouvait ce droit nuisible au commerce.

(24 Celles, par exemple, qu'il contracterait en achetant ce qui se-

CHAPITRE II.

Des effets de la puissance paternelle.

LA puissance paternelle produit des effets différends quant à la personne, et quant aux biens du fils de famille ou mineur.

§. Ier *Des effets sur la personne.*

ON peut distinguer cinq effets principaux de la puissance paternelle, par rapport à la personne du fils : droit de correction et exercice d'actions attribué au père ; responsabilité des délits et des dettes dont il est tenu ; incapacité du fils (25).

I. *Droit de correction.* — DROIT ANCIEN. Dans les premiers tems de Rome, les pères avaient le droit de tuer, et de vendre jusques à trois fois leurs enfans. Sous l'empire, on ne leur permit que de les faire condamner par le juge à des peines qu'ils indiquaient eux-mêmes (26). *L.* 3, *C. de pat. potest.* — La jurisprudence française ancienne leur donnait aussi le droit de faire enfermer leurs enfans, en suivant la même marche. — *V. réglem. du conseil, du* 20 *avril* 1684; *Expilly, chap.* 43 ; *Basset, tom.* 2, *liv.* 4, *tit.* 10, *ch.* 6; *Desessarts, répert., mot* correction ; *Merlin, sup., sect.* 3, §. 1.

---

rait utile à son entretien et à l'administration de ses biens. — Berlier, sup., et cons. d'état, 6 brum. an 11.

Au reste, dans le projet de code, on considérait comme obligation excessive, celle qui surpassait le revenu d'une année, du mineur ; mais comme un tiers ne connaît guères l'étendue des revenus du mineur, on s'est décidé à adopter une règle plus générale. — V. cons. d'état, ibid.

(25) Il y a un 6e. effet. Le fils ne peut contracter mariage sans le consentement de son père. — V. ci-devant, tit. 5, p. 67; et cons. d'état, 8 vend. an 11.

Quant à l'éducation et aux alimens du fils, v. D tit., p. 84.

(26) V. LL. 5, ff. ad L. Pomp. ; 2, ff. ad L. Corn. de sic. ; 10, C. de pat. pot. ; 1 et 2, C. de patr. qui fil. suos.

Le droit de châtiment que les lois (D. L. 3.) accordent aux pères sur leurs enfans, doit être également restreint dans de justes bornes; s'ils en abusaient, les tribunaux pourraient les réprimer. — *V. Desessarts* et *Merlin*, sup., et cod. *Frédéric*, sup., art. 2, § 18 et 19.

DROIT NOUVEAU. Les ascendans ou tuteur étaient autorisés à traduire l'enfant ou pupille dont ils avaient justement à se plaindre, devant un tribunal de famille, qui pouvait, sauf la révision du président du tribunal civil, les condamner jusques à une année de réclusion (27). — *L. 24 août* 1790, *tit.* 10, *art.* 15-17.

DROIT ACTUEL. 1.° L'enfant *à tout âge* doit honneur et respect à ses père et mère (28), et il ne peut quitter sans permission la maison paternelle, jusqu'à dix-huit ans, excepté pour s'enrôler (29). — C-C, I, 365, 368.

2.° Le père qui a des sujets de mécontentemens très-graves contre un enfant âgé de moins de seize ans commencés, peut le faire détenir pendant un mois au plus, au moyen d'un ordre que doit lui accorder le président du tribunal civil. — C-C, I, 369, 370, 377.

Si l'enfant mineur et non émancipé a seize ans au plus (30), ou s'il a des biens personnels, ou si son père est décédé (31) ou remarié, la détention doit être requise, et elle peut être refusée ou restreinte par le même juge après conférence avec le commissaire;

---

(27) La loi du 9 ventôse an 4 ayant supprimé en général les tribunaux de famille, il paraît que depuis cette époque, jusques au code civil, les père ont dû se pourvoir suivant l'ancienne jurisprudence.

(28) Cette règle n'est au fond qu'un précepte, mais un précepte qui peut servir de point d'appui aux juges, en beaucoup d'occasions. — V. cons. d'état, 8 vendém. an 11, et le disc. d'Albisson, corps législ., 3 germ. an 11.

(29) DROIT ANCIEN. — Les règlemens militaires exigeaient le consentement du père. — V. cons. d'état, 8 vend. an 11.

(30) La détention peut alors s'étendre à 6 mois. — D. art. 371.

(31) La veuve non remariée doit en outre agir avec le concours des deux plus proches parens paternels. — C-C, I, 375.

et sauf le recours (32) par mémoire, de l'enfant détenu, aux commissaire et président d'appel. — *C-C, I*, 371, 374, 376. — Au reste, tout cela se passe sans formalité judiciaire; le père est seulement soumis à payer les frais, et à fournir des alimens à son fils, dont il peut aussi abréger la détention, quand il le veut, sauf à faire punir sa récidive, en suivant la même marche (33). — *C-C, I*, 372, 373.

II. *Responsabilité des délits.* — DROIT ANCIEN. — La jurisprudence est très-incertaine au sujet de la nature et de l'étendue de la responsabilité du père quant aux délits de ses enfans mineurs. Plusieurs auteurs pensaient qu'elle n'était pas admise pour les délits des enfans pubères, mais bien pour ceux des enfans impubères. Merlin, sup., sect. 3, §. 2, après avoir discuté les principes des lois romaines (34), dont les auteurs et les juges s'écartent trop souvent, établit la règle générale suivante : les pères ne sont point responsables civilement des délits de leurs enfans, de tout âge, à moins, 1.° qu'ils ne prennent la défense de leurs fils accusés; 2.° que ceux-ci n'aient causé un dommage en remplissant des fonctions dont les pères les ont chargés; 3.° que les pères ne les aient point empêché autant qu'ils le pouvaient, de commettre les délits; 4.° que quelque loi ne les en ait rendu responsables (35). — *V. aussi Serres, liv.* 4, *tit.* 1, §. 18.

Le code civil ne contient point de décision sur

---

(32) Cette espèce de pourvoi ne suspend pas l'ordre d'arrestation et l'instruction s'en fait en secret, comme dans les autres cas. — Rapport de Vézin, tribunat, 1 germinal an 11.

(33) Pour le droit de correction du tuteur, v. ci-après, tit. 10, ch. 4.

(34) V. entr'autres, inst., § 7; LL. 33, 34 et 35, ff. de noxalib. action.; 1, § 7, ff. de his qui effuder.; 58, ff. reg. jur.; 3, § 11, ff. de peculio; 57, ff. de judiciis.

(35) Ainsi, par exemple, la loi du 30 avril 1790, art. 6, et le code rural, tit. 2, art. 7, déclarent les père et mère civilement responsables des délits de chasse, ou ruraux, de leurs enfans mineurs de 20 ans.

cette

cette matière. Il en sera sans doute question dans le code correctionnel ou dans le code criminel.

III. *Exercice des actions.* Le fils de famille ne pouvait ester en jugement sans le consentement de son père (36), lorsque il était question de ses biens adventices (non de son pécule). S'il était question d'autre chose, il pouvait, sans ce consentement, se défendre contre une action; mais ce consentement lui était nécessaire pour agir lui-même, excepté en matière criminelle ou de réintégrande, de dépôt et de prêt à usage. — *V. LL.* 39 *et* 9, *ff. de obligat. et act.*; *Den. Godefroi, ad L.* 8, *in pr. C. de his quæ ut indign.*; *et ad L.* 5, §. 5, *ff. eod.*; *Merlin, sup., sect.* 3, §. 4.

Le père, au contraire, pouvait exercer les actions personnelles de son fils, dont il était le tuteur naturel et légitime administrateur. Il pouvait même transiger sur les droits douteux, partager les biens échus, etc. — *V. L.* 1, *in pr., C. de bon. matern.*; *L.* 12, *C. de transact.*; *Merlin, sup.,* §. 3, *in f.,* et *sect.* 4, *in f.* — *V. aussi Basset, tom.* 2, *pag.* 230.

IV et V. *Responsabilité des dettes; incapacité du fils.* — Ceci concerne tout-à-la-fois la personne et les biens du fils de famille; nous en parlerons au §. 2.

---

(36) Le parlement de Grenoble a cependant décidé le 8 mai 1750, que le fils de famille majeur pouvait ester sans ce consentement. Dans les notes manuscrites de M. de Beaumont (il était un des juges) où l'on rapporte cet arrêt, on ajoute que tous les autres tribunaux de notre province jugent le contraire, conformément aux principes du droit et à la loi 8, *in pr.,* ⊽ *necessitate, C. de bon. q. lib.* — V. toutefois, Chorier, sur Guy-Pape, liv. 5, sect. 1, art. 2 et 3.

§. II. *Des effets sur les biens.*

DROIT ANCIEN. La puissance paternelle produisait jadis de très-grands effets par rapport aux biens du fils de famille. On peut diviser ces effets en deux classes, dont la première comprend ceux qui sont relatifs aux facultés accordées au père et aux prohibitions et incapacités prononcées contre le fils de famille; et la seconde, ceux qui sont relatifs aux droits du père sur les biens du fils de famille, ainsi qu'aux obligations dont il est tenu; nous allons en indiquer rapidement les principaux.

I. *Facultés et prohibitions.* En règle générale il ne peut y avoir aucune obligation civile entre le père et le fils de famille. — *Inst. de inutil. stipulat.*, §. 6 ; *L.* 4, *ff. de judiciis*; *L.* 16, *ff. de furtis*; *L.* 7, *ff. de obligat. et action.*; *Merlin, sup.*, sect. 3, §. 4.

Le père pouvait, 1.° substituer à ses enfans pupilles (37). — *Inst. liv.* 2, *tit.* 16, *in pr.*; 2.° révoquer la donation faite (38) à son fils de famille (celui-ci avait la même faculté). — *Arg. ex L.* 25, ⩣. *sin vero*, *C. de donat. int. v. et ux.*; ordonnance de 1731, art. 46; *Furgole, in id.*; *Merlin, sup.*

Le fils de famille ne pouvait donner à cause de mort (39), et s'obliger pour prêt d'argent, ou cautionner, sans le consentement de son père, et il ne pouvait tester, même avec ce consentement, à moins qu'il ne s'agit de son pécule (40). — *V. LL.* 7, §§. 4, 5 et 6, *ff. de donation.*; 8, §. 5, ⩣. *filiis*,

---

(37) V. ci-après le titre des substitutions.

(38) Il y avait certains cas où elle était irrévocable ; si, par exemple, elle était faite en contrat de mariage, etc. - V. Merlin et Furgole, sup.

(39) Voyez sur plusieurs questions relatives aux donations du fils de famille, Merlin, sup. in f. — V. aussi Chorier, sur Gui-Pape, liv. 3, sect. 1, art. 2.

(40) Filii familias in castrense peculio vice patrum familiarum funguntur. - L. 2, ff. de S-C. Macedon.

C. de bonis quæ lib.; 1, *in pr.*; 3, §. 3; *et* 7, *in pr.*, *ff. de S-C. Maced.* — *Expilly*, ch. 229; *Furgole, des donat.*; quest. 21 et 22; *Merlin, sup.*

Enfin le fils ne peut contracter mariage sans le même consentement. — *V. ci-devant*, tit. 5, p. 67.

DROIT ACTUEL. Le mineur de seize ans ne peut disposer, excepté en contrat de mariage, en faveur de son conjoint et avec le consentement de ses parens. — *V. C-C, III*, 193, 384. — Parvenu à l'âge de seize ans, il peut disposer à cause de mort de la moitié des biens dont un majeur a le droit de disposer. — *C-C, III*, 194.

II. *Biens.* — Le fils de famille pouvait avoir quatre espèces de biens, le pécule castrense, le pécule quasi-castrense, les biens adventices et les biens profectices.

1.° et 2.° Le *pécule castrense* était tout ce que le fils de famille acquérait à l'armée ou qui lui était donné à l'occasion de la profession militaire. Le *pécule quasi-castrense* comprenait les biens acquis dans les arts libéraux, les fonctions publiques et sacerdotales, et celles du barreau (41). Ces pécules appartenaient en propriété et usufruit au fils de famille, qui, à leur égard, était considéré comme père de famille. — *LL.* 1, *C. et* 3 *et* 11, *ff. de castr. pecul*; 5, *C. famil. ercis.*; 2, *ff. de S-C. Macedon.*; 4, §. 1; 10 *et* 12, *ff. de castr. pecul.* — *L.* 1 *et ult.*, *C. de cast. omn. palat.*; 8, *de advoc. div. judicum*; 34, *C. de episc. et cler.*; 37, *C. de inoff. testam.*; *L.* 6, *C. de cast. pecul. mil.*; et *Merlin, sup.*, sect. 4, *in pr.*

---

(41) Même celles de procureur *ad lites*, suivant un arrêt rapporté par Basset, t. 1, liv. 2, tit. 11, ch. 4. - V. toutefois Merlin, sup.

3.° Les biens *profectices* étaient les biens qui venaient du père, ou avaient été acquis par le moyen des biens du père. Celui-ci en avait la propriété et l'usufruit (42). — *Inst. lib.* 2, *tit.* 9, §. 1 ; *Arg. ex L.* 6, *in pr.*, ⱴ. *si quis*, *C. de bon. q. lib.*

4.° Les biens *adventices* étaient les autres biens du fils de famille, tels que des legs à lui faits, des successions échues, des lots gagnés, des trésors trouvés, etc. Il en avait la propriété et le père l'usufruit, à moins que cet usufruit n'eût été prohibé au père, ou qu'il ne s'agît de la succession d'un frère du fils, à laquelle le père devait prendre part (43). — *D. L.* 6, *in pr.; nov.* 117, *c.* 1, *in pr.; nov.* 118, *c.* 2, ⱴ. *si vero; arrêts cités par Basset, tom.* 2, *liv.* 4, *tit.* 10, *ch.* 5.

Le père conservait cet usufruit tant qu'il n'avait pas émancipé son fils, et même après la mort du fils, et un second mariage ne l'en privait pas. — *LL.* 1, *in pr., et ult. C. de bon. mat.; L.* 6, *in pr.,* ⱴ. *si quis, C. de bon. q. lib.; L.* 7, §. 1, ⱴ. *sin vero, C. ad S-C. Tertyll.; nov.* 22, *c.* 34; *jugem. du trib. de cassat. du* 17 *vend an* 5. — On présumait toutefois qu'il s'en était départi, lorsque, en sa présence, la fille était constituée en dot ses biens adventices. — *Arrêt du parl. de Grenoble, du* 12 *juillet* 1751, *aux notes de M. de Beaumont.*

Au reste, pendant que le père jouissait de ces biens, la prescription ne courait pas contre le fils de famille.

---

(42) A l'égard des biens profectices acquis par le fils dans le commerce, (Serres lib. 2, § 1), et Schneidwin (lib. 4, tit. 6, de act. peculio p. 306), disent qu'il faudrait en donner une portion au fils. Cependant, M. de Beaumont, sup., rapporte un arrêt du parlement de Grenoble, arrêt où il était juge, par lequel on a considéré ces biens comme purement profectices. — V. toutefois Merlin, sup.

Biens acquis par le fils. - S'il y a du doute, doit-on présumer ces biens acquis avec les deniers du père, et par conséquent *profectices?* ou acquis avec les deniers du fils, et par conséquent *adventices?* Merlin, sup., sect. 4, est d'avis qu'on doit embrasser le premier parti, à moins que les circonstances ne montrent que le fils a pu acquérir; si, par exemple, il était riche, ou faisait un commerce séparé. — V. Expilly, ch. 233.

(43) V. ci-après, le titre des successions.

— *Arrêt cité par Basset, tom. 2, liv. 2, tit. 29, ch. 13; Serres, liv. 1, tit. 9, in pr.*

Il était juste qu'en accordant au père de famille des droits aussi considérables sur les biens de son fils, les lois l'assujettissent à quelques obligations : telle était la responsabilité dont elles le chargeaient, des dettes contractées et de la dot reçue par son fils.

1.º Le père était incontestablement tenu des dettes contractées de son aveu, par son fils. — *L. 1, ff. quòd jussu.* — Et s'il avait consenti expressément ou tacitement à ce que son fils se chargeât d'une administration publique, on le considérait comme garant de cette administration. — *L. 1, C. de decurion.; L. 7, §. 3, ff. eod.; L. 20, §. 6, ff. famil. ercisc.; Basset, tom. 2, liv. 4, pag. 231; Merlin, sect. 3, §. 3.* — Enfin, sa simple présence au contrat de mariage de son fils suffisait pour rendre le pere responsable de la dot reçue par le fils. — *L. 52, §. transgrediamur 12, ff. soluto matrim.; Basset, t. 1, liv. 4, tit. 6, ch. 3; jugem. du trib. d'appel de Grenoble, du 15 pluvióse an 11* (44).

2.º A l'égard des dettes contractées par le fils sans l'aveu du père, ce dernier en était tenu dans les trois circonstances suivantes :

En premier et en second lieu, lorsqu'il avait laissé à son fils l'administration du pécule profectice et lorsque les obligations du fils avaient tourné au profit du père, le père était tenu des dettes, mais seulement à concurrence du pécule, ou de ce qu'il avait profité

---

(44) Lors de ce jugement rendu, sur les conclusions du cit. Revol, substitut du commissaire, et les plaidoiries des cit. Roibet et Michal, cette question a été parfaitement discutée. Le cit. Michal pensait, ainsi que le cit. Merlin, sup., que le § *transgrediamur* n'avait pas été bien interprété par la jurisprudence ; mais le cit. Revol établit que cette jurisprudence était si constante, qu'on ne pouvait y déroger.

Pour les questions accessoires à la responsabilité de la dot, v. id. Merlin, sup.

des obligations. — *LL.* 44, 45 *et* 46, *ff. de peculio; LL.* 1, *in pr.*, 12 *et* 19, *v. atquin*, *ff. de in rem verso; Merlin, sup.*

En troisième lieu, lorsque les dettes du fils avaient été occasionnées par ses besoins, par ceux auxquels son père devait pourvoir (V. ci-devant, titre. 5, p. 84), le père en était aussi tenu. — *L.* 20, *in pr., eod.; Basset,—tom.* 2, *pag.* 231; *Expilly, pl.* 17; *Merlin, sup.*

Droit actuel. Pendant le mariage, le père, et après le mariage, le survivant des époux, ou celui contre lequel on n'a pas fait prononcer le divorce, ou la mère non remariée, a la jouissance des biens des enfans mineurs de dix-huit ans ou non émancipés, à moins, 1.° que ces biens n'aient été acquis par un travail et une industrie séparés; 2.° qu'ils n'aient été donnés avec prohibition d'usufruit; 3.° qu'ils ne proviennent d'une succession dont le père a été exclu pour indignité. — *C-C*, I, 378, 380, 381, *et III*, 20.

Cette jouissance l'assujettit aux obligations des usufruitiers (45), et en outre à payer les arrérages et intérêts des capitaux, et les frais de nourriture, entretien, éducation, maladie et funérailles des enfans. — *C-C*, *I*, 379.

---

(45) Telles que celles de jouir en bon père de famille, de faire les réparations d'entretien, de payer les charges annuelles imposées sur l'héritage. - V. *C-C*, II, 598, 601. - Mais il n'est pas tenu, comme les autres usufruitiers, de donner caution pour sa jouissance. -- V. *Serres*, liv. 1, tit. 9, in pr.; *C-C*, II, 594. -- V. au reste, ci-après, le titre de l'usufruit.

TITRE X.

De la Tutelle (1).

La tutelle, avons-nous déjà dit (2), est en général un devoir imposé par la loi, ou en vertu de la loi, à un majeur (le tuteur), d'administrer la personne et les biens d'un particulier (le pupille, mineur, furieux ou imbécille), qui, à cause de la faiblesse de son âge (3) ou de quelque infirmité, est hors d'état de veiller à cette administration (4).

Cette institution précieuse, adoptée dans l'antiquité la plus reculée, éprouva quelques modifications à Rome (5). On y distingua les particuliers d'un âge très-tendre et les femmes, de ceux qui étaient parvenus à leur puberté, et de ceux qui, parvenus à la majorité, étaient atteints de quelque infirmité considérable, telle que la démence ou l'imbécillité. Les premiers furent assujettis à la tutelle, et les seconds à un pouvoir particulier qu'on nomma curatelle, et qui, du moins par rapport (6) aux mi-

---

(1) Pour les règles de détail du droit ancien, v. Merlin, in repert., mot *tutelle*; Despeisses, t. 1, part. 1, tit. 16; et sur-tout Jean-Antoine Ferrière, traité des tutelles (1766, in-4.°).
Outre les lois citées dans le courant de ce titre, les élèves expliqueront les titres 13 à 16, et 17 à 26 du livre 1er. des instituts.

(2) Ci-devant, tit. 8, ch. 2, page 134.

(3) On pourrait même ajouter, à cause de la faiblesse de *son sexe*, parce que les femmes ont très-long-tems été en tutelle chez les romains. — V. Heineccius, lib. 1, tit. 13, et Pothier, pand. app. ad lib. 27.

(4) Le Tribunal d'appel de Grenoble avait proposé (obs. sur l'art. 5, tit. 9 du projet de code), une définition plus précise : « La tutelle est » l'autorité attribuée à certaines personnes pour *défendre* ceux qui, par » la faiblesse de leur âge ou de leurs organes, ne peuvent gérer leurs » affaires ». Il faut cependant remarquer que le mot *défendre* n'a pas une signification aussi étendue que le mot *defendere* dont il est la traduction (v. inst. de tutel., § 1 et 2). Celui-ci exprimait non-seulement la protection, mais encore l'administration, tant de la personne que des biens, objets divers qu'embrassent les fonctions du tuteur.

(5) V. Heineccius, sup., et tit. 23.

(6) La curatelle des interdits pour démence, etc., avait les mêmes effets que la tutelle, et elle avait été établie par la loi des 12 tables, tandis que la curatelle des mineurs ne fut créée que long-tems après

neurs proprement dits, avait moins d'étendue que la tutelle (7).

Ainsi la tutelle fut restreinte par les lois romaines aux pupilles ou garçons âgés de moins de quatorze ans et filles âgées de moins de douze ans, et aux femmes à tout âge; et bientôt, par un usage insensible (8), aux seuls pupilles. La curatelle concerna les enfans âgés de quatorze ou douze à vingt-cinq ans, et les insensés, imbécilles ou prodigues (9).

Ces principes des lois romaines reçus dans nos pays, ne le furent point dans la plupart des provinces de droit coutumier; l'on n'y admit que la tutelle, et l'on y rangea le pupille et le mineur dans la même classe, celle de la minorité (10).

Les rédacteurs du code civil ont préféré ce dernier système (11); mais les lois romaines offraient dans les détails, des dispositions si sages, qu'ils en ont adopté un très-grand nombre (12). Aussi dans beaucoup de points de notre analyse du code, nous suffira-t-il de rappeler en note les dispositions, soit conformes, soit différentes du droit romain.

Le code civil ne distingue donc, quant à l'âge, que deux sortes de personnes, les mineurs et les majeurs. La minorité embrasse toutes les personnes âgées de moins de 21 ans (13); la majorité toutes celles

---

(vers l'an 497 de Rome), par la loi Lætoria. — V. Heineccius, d. tit. 23, nos. 8 et 9.

(7) V. ci-après, l'appendix, n.º 9.

(8) Il paraît que la tutelle des femmes tomba en désuétude entre les règnes de Constantin et de Justinien. — Heineccius, sup.

(9) V. notre tome 1, pages 192-194.

(10) *DROIT ROMAIN*. On comprend souvent, dans les lois romaines, le pupille sous le nom de *mineur*, suivant la remarque de CUJAS, paratit. in ff. de reb. eor. qu. sub tut.; v. aussi Ferrière, part. 4, sect. 12, nos. 577, 578.

Il en est de même dans le droit français. — V. l'ordonnance de 1731, art. 7; et Ferrière, sup., nos. 579, 580.

(11) Le code désigne cependant sous le nom de *pupille*, l'enfant soumis à la tutelle officieuse. — V. C-C, I, 359-364. — et il emploie même une fois cette expression pour l'enfant soumis à la tutelle ordinaire. — V. C-C, I, 444.

(12) Entr'autres, la plupart de celles qui sont relatives aux excuses, à la destitution, et à l'administration (ci-après, ch. 2, 3 et 4). — Exposé du cons. d'état Berlier, corps législ., 25 ventôse an 11.

(13) La majorité a été fixée à cet âge par la loi du 20 sept. 1792, tit.

qui sont plus âgées. — *V. C-C*, *I*, 382, 482. — Les premières, à moins qu'elles n'aient été émancipées (14), sont administrées par des tuteurs. — *V. C-C*, *I*, 384. — Il en est de même de celles qui sont interdites pour démence ou imbécillité. — *V. C-C*, *I*, 499-503.

Nous exposerons les règles relatives à la tutelle dans quatre chapitres, où nous expliquerons quelles sont, 1.° les diverses espèces de tutelles et leurs modes; 2.° les personnes qui peuvent être appelées à la tutelle; 3.° celles qui peuvent s'en excuser; 4.° les fonctions et obligations des tuteurs.... Nous traiterons dans un appendix, des administrateurs, dont les fonctions approchent de celles des tuteurs (15).

RÈGLE GÉNÉRALE. — Il faut dire auparavant que la tutelle est, 1.° une charge publique et de famille (16), dont, à l'exception de la mère, et du tuteur de dernière volonté, non éligible, personne ne peut s'affranchir sans motifs légitimes (17); 2.° une charge personnelle, qui ne se transmet pas par conséquent aux héritiers du tuteur. — *V. inst. de excusat.*, *in pr.*, ✳. *nam et; Ferrière*, p. 3, *sect.* 1, n.ᵒˢ 7-10; *C C*, *I*, 388, 391, 395, 413; — 3.° une charge essentiellement gratuite (18). — *L*. 58, *in pr.*, ✳. *quia*, *ff. de admin. et peric. tut.*

4, sect. 1, art. 2.

(14) V. ci-devant, tit. 9, ch. 1, pages 139, 140.

(15) Le 1.er chapitre du tit. 10 du code, est relatif à la minorité; il n'en contient que la définition, que nous venons d'exposer. Le 3.e est relatif à *l'émancipation* dont nous avons traité dans le titre précédent.

(16) V. l'exposé du cons. d'état Berlier, corps législ. 25 vent. an 11; le rapport du cit. Huguet, tribunat, 3 germinal an 11; et le disc. du cit. Leroy, corps législ., 5 germinal an 11.

Cependant, ce serait improprement qu'on rangerait aujourd'hui la tutelle dans les charges publiques, puisqu'il n'y a de fonctions publiques que celles qui sont établies par la constitution; et dans le droit ancien même, si la tutelle était considérée comme une charge publique; ce n'était pas, parce qu'on la regardait comme une dignité, mais parce qu'on ne pouvait refuser de l'accepter. — Ferrière, part. 3, sect. 1, nos. 2 et 3.

(17) Suivant la maxime *tutor invitus fit*. V. L. 1, ff. de adm. et peric. - V. ci-après, ch. 3, page 163.

(18) Cela n'empêche pas cependant que l'on n'adjuge une indemnité

CHAPITRE PREMIER.

Des diverses espèces de Tutelles et de leurs modes.

DE toutes les espèces de tutelles établies par le droit romain (19), on n'en avait admis que deux dans nos pays, la tutelle légitime et la tutelle dative (20), dont la dernière n'avait lieu qu'à défaut de la première. Le code civil a joint à ces deux espèces de tutelle, la tutelle de dernière volonté, et il a apporté diverses modifications dans les modes et l'ordre de toutes les autres.

D'après ses dispositions, la première tutelle qui doit avoir lieu est la tutelle légitime des père et mère; à son défaut, la tutelle de dernière volonté, et successivement la tutelle légitime des ascendans et la tutelle dative. On peut diviser ces tutelles en deux classes, les tutelles légitimes et les tutelles de choix (21).

---

au tuteur, lorsqu'il est très-pauvre, ou lorsqu'il est obligé de négliger ses affaires pour gérer celles du pupille, ainsi que l'établit Ferrière, part. 3, sect. 4, nos. 129-146.

(19) Voyez en l'énumération, tome 1, sup.; et table n.° 2.

(20) Si un père nommait un tuteur dans son testament, cette nomination devait être confirmée par le juge (v. les auteurs cités par Merlin, sup., part. 2, sect. 1; et par Ferrière, p. 1, sect. 2, n.° 25); ainsi, la tutelle était même dans ce cas, plutôt dative que testamentaire, suivant la remarque de CUJAS, observ. lib. 7, c. 7.

Un arrêt du parlement de Paris, du 20 juin 1781, cité par le cit. Merlin, sup., a confirmé une nomination testamentaire de tuteur, faite par un étranger; mais il avait institué les pupilles.

Au reste, pour les règles de la tutelle testamentaire, v. Despeisses, sup., sect. 3.

(21) Nous appelons ici tutelle *légitime*, conformément aux principes du droit romain, la tutelle déférée directement par la loi, c'est-à-dire, dans le droit actuel, la tutelle des père et mère, et celle des ascendans. Nous nommons tutelle de *choix* celle qui est déférée par le choix des père et mère, ou de la famille.

Article Premier.

Des Tutelles légitimes.

Droit ancien. La première espèce de tutelle légitime était celle du père de famille (22), soit père, soit ayeul ou bisayeul paternel du pupille. On lui donnait le nom d'*administration*. Non seulement elle passait avant les autres tutelles, mais elle les excluait même (23).

La seconde espèce de tutelle légitime était celle du père *simple* sur ses enfans impubères émancipés. C'était une imitation de la tutelle des parens des romains. — V. inst. quib. mod. jus, §. ult.; et de legit. parent. tut.; L. 3, §. 10, ff. de legit. tutor.; Ferrière, p. 1, sect. 3, n.ᵒˢ 39-46.

La troisième espèce de tutelle légitime, qui suppléait aux précédentes, était la tutelle de la mère (24), et à son défaut, de l'ayeule (25); mais, 1.° cette espèce de tutelle n'était pas forcée comme la précédente; 2.° elle ne passait qu'après la tutelle testamentaire, et la mère pouvait l'abdiquer en le déclarant expressément (26); 3.° enfin, la mère en était privée lorsqu'elle se remariait ou menait une vie impudique. — V. auth. matri et aviæ, C. quando mul. tut. off.; L. 1, C. ubi pupill. ed.; Chorier sur Guy-Pape, liv. 5, sect. 1, art. 5; Ferrière, part. 1, sect. 3, n.ᵒˢ 47, 48, 74-109.

---

(22) V. ci-devant, tit. 9, note 5, p. 138.
(23) V. Merlin, in repert., mots puissance *paternelle* et *tutelle*.
(24) La mère était même préférée à l'ayeul paternel, lorsqu'il n'était pas père de famille de ses petits fils. -- Ferrière, sup., n.° 86.
Elle était aussi tutrice légitime de ses enfans naturels. -- Auth. ad hæc, in f., C. quando mul. tut.; Cujas, ad h. t.; in f.; Ferrière, n.° 94.
(25) Les autres femmes ne pouvaient être tutrices. -- L. 1, C. eod.; Auth. matri et aviæ, in f., eod; nov. 118, c. 5, ⚹. mulieribus.
D'après le *droit actuel*, il n'y a que la mère du mineur et l'épouse de l'interdit, qui puissent être tutrices. -- V. C-C, I, 384, 399, 501.
(26) Mais elle était tenue d'agir comme tutrice, jusques à ce qu'elle eût fait nommer un autre tuteur. -- Ferrière, sup., n.° 100. -- Arrêt du parlement de Grenoble, du 5 février 1782, plaidans MM. Mounier (Préfet actuel de l'Ile-et-Vilaine), et Blanc; aff. de Dauphiné.

Le DROIT ACTUEL, ainsi que nous l'avons dit, admet deux espèces de tutelles légitimes, celles des père et mère et celle des ascendans, dont la seconde ne passe toutefois qu'après la tutelle de dernière volonté (27).

§. Ier *De la Tutelle des Père et Mère.*

PENDANT le mariage, le père (28), et après le mariage (29), le survivant des époux a l'administration ou tutelle des enfans. — *V. C-C*, I, 383, 384, 387.

Il faut observer à l'égard de la mère (30),

1.° Qu'elle est libre de refuser la tutelle, mais qu'elle est tenue, dans ce cas, d'administrer jusques à ce qu'elle ait fait nommer un tuteur (31). — *C-C*, I, 388.

2.° Que son autorité peut être modifiée par le père, qui a le droit de nommer par acte entre-vifs ou à cause de mort, ou devant le juge de paix, un conseil sans lequel sa veuve ne peut faire tous les actes, ou certains actes de la tutelle. — *C-C*, I, 385, 386.

3.° Que lorsqu'elle se remarie, elle est tenue, sous peine de perdre la tutelle et d'assujettir son second mari à sa responsabilité (32), de convoquer

---

(27) Il en admet même une troisième espèce, celle du mari par rapport à la femme interdite. — C-C, I, 500. — V. ci-après, tit. 11.

(28) Si le père est absent, on établit une tutelle provisoire. — V. ci-devant, tit. 4, ch. 1, p. 57, et ci-après, l'appendix n.° 4.

(29) Excepté lorsque le mariage a été dissous par le divorce. — V. ci-devant, tit. 6, ch. 3, p. 105, et C-C, I, 296, 261, 297.

(30) Pour la tutelle du posthume, v. ci-après l'appendix n.° 9.

(31) C'est la même règle que dans l'ancien droit. V. note 26, page 155.

(32) DROIT ANCIEN. — Lorsque la mère se remariait sans rendre compte de la tutelle, les biens de son second mari étaient tacitement et subsidiairement obligés et hypothéqués à raison de la tutelle. — L. 2, ✝. sed ne, C. quando mul. tut. ; Ferrière, p. 1, sect. 3, nos. 116-119; Basset; t. 2, liv. 4, tit. 15, ch. 2, in f.

La mère, dans ce cas, était aussi privée de la succession de son fils décédé impubère. — L. 2, § 46, ff. ad S-C. Tertyl.; L. 2, ff. qui pet. tut.; Ferrière, sup. — Mais cela n'en privait point son propre père, ayeul maternel du pupille. — Arrêt du parlement de Grenoble, du 21 juin 1743, aux notes de M. de Beaumont.

le conseil de famille; et que si ce conseil juge à propos de la maintenir tutrice (33), il doit lui donner pour cotuteur le second mari. — *V. C-C, I*, 389, 390; *et ci-après, l'appendix, n.°* 1.

Au reste, le père ou la mère, tuteurs de leurs enfans, ne sont pas assujettis à des obligations aussi multipliées que les autres tuteurs. 1.° Ils peuvent se dispenser de vendre les meubles du mineur, s'ils veulent les rendre en nature, ou seulement leur valeur (34), lorsqu'ils ne peuvent les représenter; et de donner des états de situation annuels de leur gestion. 2.° Il n'est pas besoin que le conseil de famille fixe d'avance la dépense annuelle, soit du mineur, soit de la gestion. — *V. C-C, I*, 447, 464, 448.

§. II. *De la Tutelle des ascendans.*

S'IL n'y a ni tutelle de père et mère, ni tutelle de dernière volonté, la tutelle est déférée aux ascendans les plus proches, et en cas d'égalité de degré, aux ascendans paternels du mineur ou de son père, et à leur défaut, à celui des ascendans maternels égaux en degré, que le conseil de famille choisit (35). — *V. C-C, I*, 396-398.

Ainsi la tutelle est déférée, 1.° à l'ayeul paternel du mineur; 2.° à son ayeul maternel; 3.° à son bisayeul, ayeul paternel de son père; 4.° à son bisayeul, ayeul maternel de son père; 5.° à celui de ses deux bisayeuls maternels que désigne le conseil de famille.

---

(33) Si le conseil ne la maintient point, et s'il existe des ascendans, il paraît qu'alors la tutelle doit leur être déférée. — V. C-C, I, 396-398, et le § suivant.

DROIT ANCIEN. — Les parens ne pouvaient pas maintenir tutrice la mère remariée. — Faber, C. quando mul. tut., def. 2, in pr.; Ferrière, sup., nos. 105-109.

(34) D'après estimation faite par un expert nommé par le subrogé tuteur et assermenté devant le juge de paix. — D. art. 447.

(35) Ainsi, l'ayeule n'est plus tutrice légitime (v. ci-devant, p. 155); mais elle peut encore être tutrice dative. — Conseil d'état, 22 vendém. an 11.

Article II.

Des Tutelles de choix.

Il y a deux espèces de tutelles de choix, celle qui est déférée par le survivant des père ou mère dans un acte de dernière volonté, et celle qui est déférée par le conseil de famille. On peut les désigner sous les noms de tutelle de *dernière volonté*, et de tutelle *dative*.

§. I.er *De la Tutelle de dernière volonté.*

Le survivant des père ou mère peut choisir un tuteur à ses enfans par un acte de dernière volonté, ou par une déclaration faite devant le juge de paix ou des notaires (36), et ce tuteur a l'administration, par préférence aux ascendans. — *C-C*, *I*, 391, 392, 386, 896.

Mais cette faculté n'appartient point à la mère remariée, si elle n'a pas été maintenue dans la tutelle des enfans du premier lit, et son choix, lorsqu'elle a été maintenue, doit être ratifié par le conseil de famille. — *C-C*, *I*, 393, 389, 394.

§. II. *De la Tutelle dative.*

Droit ancien. A défaut de la tutelle légitime, la tutelle dative avait lieu. Les parens, sur la convocation de l'un d'eux, se réunissaient (37) devant le juge (38) seigneurial (39), et lui proposaient un

---

(36) *Droit ancien.* — V. ci-devant, note 20, page 154.

(37) Leur nombre n'était pas fixé par le droit. Ferrière, p. 1, sect. 4, n.º 138, pense qu'à Toulouse il en fallait au moins six ; dans le Lyonnais on en réunissait douze. -- Obs. du tr. de Lyon, sur l'art. 31 du projet. -- Despeisses, sup., sect. 3, n.º 3, en exige de 8 à 12.

(38) *Droit nouveau.* -- L'assemblée se tenait devant le juge de paix. -- V. L. 24 août 1790, tit. 3, art. 11.

(39) Par l'édit de Crémieux, (1536), art. 6, le juge royal seul nommait les tuteurs des nobles ; mais cet édit n'était pas reçu en Dauphiné. — V. Expilly, ch. 46, et notes MSS de M. de Beaumont.

tuteur, qu'il nommait (40). — *V. Ferrière, part.* 1, *sect.* 4; *Merlin, sup., part.* 2, *sect.* 3, §. 2.

DROIT ACTUEL. A défaut des trois tutelles dont on a parlé, c'est la tutelle dative qui a lieu, et qui est déférée par le conseil de famille assemblé à la requête d'un parent, ou de tout intéressé, et même du juge de paix (41). — *V. C-C, I*, 399, 400.

Ce conseil est composé, 1.º du juge de paix qui le préside, et a même voix prépondérante en cas de partage (*V. l'exposé des motifs*); 2.º de tous les frères et beaux-frères germains du mineur, de ses ascendans excusés de la tutelle, et des veuves (42) de ses ascendans. Si les frères et beaux-frères ne sont pas au nombre de six, les autres parens sont appelés pour compléter le conseil. — *V. C-C, I*, 410, 402.

S'il n'y a point de frères, on appelle, suivant la proximité du degré, six parens ou alliés (43), dont trois paternels et trois maternels, et à leur défaut des amis (44), demeurant dans le lieu, ou à deux myriamètres du lieu où s'ouvre la tutelle, et même

---

(40) Suivant Boutaric, Boniface, Papon et Ferrière (qui cite ces auteurs), *sup.*, n.º 141, le juge n'était pas tenu de suivre et confirmer le choix des parens.

(41) Dans le projet soumis au Conseil d'état, on soumettait à une responsabilité les parens les plus voisins qui ne provoquaient pas l'assemblée. Mais cela n'a pas été admis, non plus que la proposition de charger l'officier civil de prévenir le juge de paix, de la mort du père du mineur. — Cons. d'état, 22 vendém. an 11; obs. du trib. de Rennes, sur l'art. 23 du projet.

Le *droit ancien*, au contraire, obligeait, sous diverses peines (telles que privation de succession), les parens, à faire nommer un tuteur. — V. Despeisses, *sup.*, sect. 2.

Lieu où le tuteur est nommé. Cet objet et autres semblables doivent être réglés dans une loi organique. — V. cons. d'état, 18 frimaire an 11.

(42) DROIT ANCIEN. On tenait que les femmes ne pouvaient faire partie de ces sortes d'assemblées. — V. Merlin, *in répert., mot tutelle*, 2e. partie, sect. 3, § 3; Ferrière, part. 2, sect. 2, n.º 43; et sur-tout Despeisses, *sup.*, sect. 4, n.º 33.

Si l'on en excepte les ascendantes, le *droit actuel* exclut aussi les femmes. — C-C, I, 436.

(43) A égalité de degré, les parens sont préférés aux alliés. — D. art. 401.

(44) DROIT ANCIEN. — C'était les *voisins* qu'on appelait. — Ferrière, part. 3, sect. 1, nos. 12-16. — Cons. d'ét., 22 vendem. an 11.

plus loin, si cela est nécessaire. — *V. C-C*, *I*, 401, 403, 404.

Au reste, les mineurs autres que le père ou la mère, les interdits, les femmes (excepté la mère et les ascendantes), ceux qui ont un procès important avec le mineur, les condamnés à une peine afflictive ou infamante (45), et les tuteurs exclus ou destitués, ne peuvent être membres du conseil de famille. — *C-C*, *I*, 436, 439.

Les personnes convoquées doivent comparaître en personne ou envoyer un mandataire spécial dans le délai et le lieu fixés par le juge de paix et indiqués par la citation, et il faut au moins que les trois quarts des convoqués soient présens pour que le conseil puisse délibérer. — *V. C-C*, *I*, 405-409.

Outre la nomination des tuteurs *datifs*, le conseil de famille est encore chargé de celle des cotuteurs, protuteurs, tuteurs *ad hoc*, tuteurs provisoires, subrogés-tuteurs et curateurs (46); de la confirmation de celle qu'a fait la mère remariée (47), et du maintien de la même personne dans ses fonctions, s'il le juge à propos (48).

DROIT ANCIEN. — *Responsabilité des parens.* — D'après le droit romain, les parens étaient en général responsables de la gestion du tuteur qu'ils avaient élu. — *L.* 4, §. *ult.*, *in f.*, *ff. de fidejussor. et nom.* — Mais la jurisprudence les affranchissait de cette responsabilité lorsqu'il n'y avait eu ni dol, ni fraude, ni négligence dans leur choix, et lorsque le tuteur était *apparemment* solvable au tems de sa nomination (49). — *Basset, tom.* 2, *liv.* 4, *tit.* 14, *ch.* 6; *Ferrière, part.* 4, *sect.* 12, *n.*os 581-593.

---

(45) La loi prononce indirectement leur incapacité, puisqu'elle déclare qu'ils sont exclus de droit de la tutelle. — C-C, I, 137.
(46) Voyez ci-après l'appendix.
(47) V. ci-devant, § 1, page 158.
(48) V. ci-devant, art. 1, § 1, pages 156, 157.
(49) Au reste, cette responsabilité, même avec les restrictions ci-des-

Droit actuel. On n'a point admis cette responsabilité. On l'a considérée tout-à-la-fois comme injuste à l'égard des parens, et comme peu utile pour le mineur. — *Observ. des trib. et sur-tout de celui de Paris, sur le projet; conseil d'état,* 29 vendém. an 11 ; *Berlier, sup.*

CHAPITRE II.

Des Particuliers qui peuvent être appelés à la tutelle.

En général, tout individu est apte à la tutelle, lorsqu'il n'est pas dans les cas d'incapacité ou de destitution indiqués par les lois. Il faut donc distinguer ici les particuliers qui ne peuvent être nommés tuteurs, de ceux qui peuvent l'être, mais qui sont dans le cas d'être privés de cette place.

I. Les particuliers qui ne peuvent être tuteurs sont (50) les mineurs (51), autres que les père et mère; les femmes, excepté la mère et les ascendantes (52); ceux qui ont avec le mineur un procès relatif à une grande partie de ses biens (53); les

---

sus, avait fait tomber en France l'usage de faire prêter aux tuteurs, la caution exigée par les instituts de Satis'lat. - V. Serres, in id.; Chorier, sur Gui-pape, liv. 5, sect. 1, art. 4; arrêt du parlement de Grenoble, du 12 décembre 1749, au rapport de M. de Beaumont.
Le même arrêt a décidé, conformément à la jurisprudence rapportée par Basset, tome 2, pag. 256, que le juge n'était plus tenu de l'insolvabilité du tuteur, à moins qu'il n'y eût eu du dol de sa part, ou qu'il n'eût déféré la tutelle sans prendre l'avis des parens.

(50) On a vu que la plupart de ces personnes ne peuvent être membres du conseil de famille; ci-devant, art. 2, § 2, page 160.
Droit ancien. — A l'égard des individus qui ne pouvaient être tuteurs, v. Despeisses, sup., sect. 4.
(51) *Droit ancien.* — Idem. — Sous la seule exception de la mère âgée de moins de 17 ans, et nommée tutrice par testament. — V. L. ult., in pr. C de legit. tut.; inst. de excusat. § 13; Ferrière, part. 2, sect. 2, nos. 53-66.
(52) V. ci-devant, note 25, page 155, et Ferrière, part. 2, sect. 2.
(53) *Droit ancien.* - Ces personnes pouvaient seulement s'excuser de la tutelle. — V. inst. de excusat., § 4; L. 21, in pr. ff. de excusat.; Vinnius, in d. § 4; Ferrière, part. 3, sect. 5, nos. 214-217.

condamnés à une peine afflictive ou infamante (54), ceux qui ont une inconduite notoire, ou dont la gestion montre l'incapacité ou l'infidélité (55). — *C-C*, *I*, 436-439.

II. Les tuteurs en exercice (56) qu'on reconnaît être dans un des trois derniers cas (57), et les tuteurs légitimes ou de dernière volonté qui gèrent frauduleusement avant d'avoir provoqué la nomination d'un subrogé tuteur, doivent être destitués. — *C-C*, *I*, 437-439, 415.

La destitution du tuteur est prononcée avec motifs par le conseil de famille, le tuteur entendu ou appelé, sauf l'homologation du tribunal civil et l'appel au tribunal supérieur, si le tuteur réclame contre l'arrêté (58) de la famille. — V. *C-C*, *I*, 441, 442.

Le conseil de famille est convoqué dans ce cas à la diligence du subrogé-tuteur (59), ou par le juge de paix, soit d'office, soit à la réquisition de proches parens ou alliés, et ceux-ci peuvent intervenir dans l'instance de destitution, que poursuit aussi le subrogé-tuteur. — *C-C*, *I*, 440, 442, 443.

---

(54) DROIT ANCIEN. — Idem. — V. L. licet 4, C. in quib. cas. tut. vel cur. ; CUJAS, paratit. in d. tit. ; Ferrière ; part. 1, sect. 1, nos. 10-21.

(55) DROIT ANCIEN. — Ils devaient être destitués comme suspects. (Il en était de même de ceux qui refusaient des alimens au pupille). — V. inst. de suspect. tut., § 8 et 12 ; L. 3, § 5, in pr., et L. 8, ff. eod. ; Ferrière, p. 4, sect. 1, nos. 27 et 28. — Mais ils n'étaient pas incapables d'être nommés tuteurs ; l'on tenait même que les prodigues, déclarés tels par jugement, étaient seuls frappés de cette incapacité. — V. Ferrière, part. 2, sect. 2, nos. 93-100.

Il faut y ajouter aussi ceux qui avaient fait faillite. — Réglement des tutelles, du parlement de Normandie (1673) ; obs. du trib. de Paris, sur l'art. 34 du projet.

(56) Sans en excepter les tuteurs légitimes ou testamentaires. — Exposé du cons. d'état Berlier, corps législ., 25 vent. an 11.

(57) DROIT ANCIEN. — V. la note 55. — On considérait aussi comme suspect et destituable, 1.° le tuteur qui avait omis de faire inventaire. — L, ult., § 1, C. arbitr. tut. ; Ferrière, part. 4, sect. 1, n.° 27 et suivans ; Basset, t. 2, liv. 4, tit. 14, ch. 3. — Mais le père de famille était affranchi de cette formalité. - Ferrière, nos. 54 et suiv.

2.° Le tuteur qui abusait de sa pupille (il était même alors puni rigoureusement), ou qui ne veillait pas à ce qu'elle se conduisît avec sagesse. — V. Ferrière, part. 4, sect. 4, nos. 213-220 ; jugement du trib. d'appel de Paris, du 26 thermid. an 9 ; causes célèb. an 10, n.° 1.

(58) S'il y adhère, on nomme un nouveau tuteur qui entre aussitôt en fonctions. — D. art. 442.

(59) Tandis que le tuteur ne peut provoquer la destitution du subrogé tuteur. — C-C, I, 420, et ci-après, l'appendix, n.° 5, page 178.

CHAPITRE III.

De ceux qui peuvent s'excuser de la tutelle.

DÈS que la tutelle est une charge publique et de famille (60) qu'on est forcé d'exercer, les lois ont dû déterminer les circonstances où l'on pourrait se dispenser de l'accepter. — *V. Huguet, sup.*

I. *Espèces d'excuses.* — 1.º Et d'abord, par cela seul que la tutelle est une charge publique, il est évident que son exercice doit être incompatible, 1. avec celui des fonctions publiques supérieures, elles laissent trop peu de loisir aux fonctionnaires; 2. avec celui des fonctions publiques inférieures, qui exigent résidence, lorsque la gestion de la tutelle nécessiterait un déplacement considérable. Par conséquent, les consuls, les sénateurs, législateurs, tribuns, ministres, conseillers d'état, membres du tribunal de cassation, commissaires de la comptabilité, préfets (61), militaires en activité (62) et employés à l'extérieur (63), sont dispensés de la tutelle, même de celle qui s'ouvre dans leur rési-

---

(60) V. ci-devant, note 16, page 153.
DROIT ANCIEN. Pour les excuses de la tutelle, v. Despeisses, sup., sect. 4. — Il faut aussi remarquer que le tuteur légitime ne pouvait s'excuser, suivant la doctrine de Cujas, ad tit. C. excus., tut., in f.; et de Ferrière, p. 1, sect. 3, n.º 40-46.

(61) Ferrière, part. 3, sect. 1, 2 et 3, indique dix-huit espèces de charges ou fonctions qui jadis excusaient de la tutelle. — V. aussi Merlin, sup., part. 4, sect. 1, § 2, 4 et 5. — Mais en Normandie, on n'admettait pas légèrement les exemptions. — Obs. du trib. de Paris, sur l'art. 46 du projet.

(62) *DROIT ANCIEN.* Un militaire ne pouvait, même lorsque il le voulait, être tuteur. - Inst. de excusat.; § 14; L. 4, C. qui dare tutor. vel cur; Ferrière, part. 3, sect. 2, nos. 71-73.

(63) Comme il ne serait pas juste qu'une mission d'une courte durée affranchît de la tutelle, l'excuse n'est admise qu'après la décision du gouvernement. V. C.C, 1, 123; obs. du trib. de Paris, sur l'art. 46 du projet; et cons. d'état, 29 vendémiaire an 11.
DROIT ANCIEN — Ces employés pouvaient s'excuser des tutelles mêmes auxquelles ils étaient appelés dans l'année de leur retour. — Inst., sup., § 2; L. 10, in pr., ff. eod.; et L. 2, C. si tut. vel cur. reipub.; Ferrière, part. 3, sect. 3, nos. 82-84.

dence ; et les autres fonctionnaires, de celle qui s'ouvre hors de leur département, à moins que les uns et les autres ne l'aient acceptée après leur entrée en fonctions ; et à la charge par eux de faire nommer un nouveau tuteur, lorsqu'ils sont appelés à ces fonctions après la tutelle. — *V. C-C*, *1*, 421-425 ; *et constit.*, art. 39, 15, 31, 27, 54, 52.

Au reste, à l'expiration de leurs fonctions, ils peuvent, s'ils le demandent, ou si le nouveau tuteur réclame sa décharge, être réappelés à la tutelle (64). — *D.* art. 425.

2.° Dès que la tutelle est aussi une charge de famille, les étrangers à la famille du mineur en sont dispensés, lorsqu'il se trouve dans un lieu très-rapproché (à quatre myriamètres), des parens ou alliés aptes à la tutelle (65). — *C-C*, *I*, 426.

3.° L'exercice de la tutelle exige du tems et de l'activité. Il est donc de l'intérêt du mineur que le tuteur ne soit pas absorbé par d'autres soins, ou empêché ou détourné par la vieillesse ou quelque infirmité. Par ce motif, on a dispensé de la tutelle le vieillard âgé de soixante-cinq ans (66), l'homme atteint d'une infirmité grave (67) ou chargé de deux tutelles, celui même qui n'est chargé que d'une tutelle (68), s'il est en même tems époux et père, et si la nouvelle tutelle ne concerne pas ses enfans ;

---

(64) *DROIT ANCIEN*. Même décision pour l'absent. — Instit. eod. ; d. L. 10, § 2; Ferrière, sup.

(65) *DROIT ANCIEN*. — On exemptait même dans ce cas, un parent habitant d'un lieu un peu éloigné, lorsque il se trouvait d'autres parens au lieu de la résidence et des biens du pupille. — Basset, tome 2, liv. 4, tit. 14, ch. 4; Ferrière, part. 3, sect. 5, nos. 225-227.

(66) *DROIT ANCIEN*. - Il fallait 70 ans accomplis. — Jnst. de excusat., § 13, in pr. ; L. unic. C. qui ætate se exc. ; Ferrière, sup., sect. 4, nos. 98-109.

(67) *DROIT ANCIEN*. — Idem. — Si l'infirmité était continuelle, telle que la cécité, la goutte (lorsqu'elle ôtait tout-à-fait l'usage des pieds) la démence et la surdité. — L. unic. C. qui morbo se exc. ; L. 40, in pr., ff. de excusat. ; Ferrière, sup., nos. 110-124 ; et part. 2, sect. 2, n.° 89.

(68) *DROIT ANCIEN*. — Il fallait trois tutelles, ou une tutelle très-considérable. — Jnst. de excusat., § 5 ; L. 2, § 9 ; L. 3 ; L. 17, in pr., ff. eod. ; L. unic. v. finito, C. qui num. tutel. ; L. 31, § 4, in pr., ff. sup. ; Ferrière, part. 3, sect. 4, nos. 147-165.

le père de cinq enfans légitimes (69), vivans ou morts, pourvu qu'ils aient péri aux armées (70), ou qu'ils aient laissé eux-mêmes des enfans (71). — *C-C*, *I*, 427-430 (72).

Cependant la survenance d'enfans pendant la tutelle n'est pas un motif d'excuse, tandis que si l'on est atteint d'une infirmité (73), ou si l'on parvient à l'âge de soixante-dix ans depuis la nomination (74), on peut se faire décharger. — *C-C*, *I*, 431, 428, 427.

II. *Proposition des excuses.* C'est au conseil de famille que le tuteur nommé doit proposer ses excuses, sauf, en cas de rejet, à se pourvoir devant les tribunaux, où il peut faire condamner les parens aux dépens, s'il obtient gain de cause (75), mais pendant l'instance il est tenu d'administrer provisoirement. — *C-C*, *I*, 432, 434, 435.

Il doit proposer ses excuses sur-le-champ s'il est

---

(69) *DROIT ANCIEN.* - Idem. - L. 1, C. qui numero lib.; inst. sup , in pr.; Basset, t. 2, liv. 4, tit. 14, ch. 2; Ferrière, sup., nos. 166-177.
(70) *DROIT ANCIEN.* — Il fallait qu'ils eussent péri sur le champ de bataille. QUI PRO REPUBLICA CECIDERUNT IN PERPETUUM PER GLORIAM VIVERE INTELLIGUNTUR. - Jnst. sup., in pr., ♦. et constat. - V. aussi L. 18, ff. eod.; Vinnius, in inst. sup.; Ferrière, sup, nos. 181-183.
DROIT NOUVEAU. — Il fallait qu'ils fussent morts en combattant, ou par suite de leurs blessures. — L. 6 vendém. an 8.
DROIT ACTUEL. — La nature de leur mort est indifférente. - Cons. d'état, 29 vendém. an 11.
(71) *DROIT ANCIEN.* — Les petits enfans issus de la fille ne comptaient que pour leur ayeul paternel. — Inst. sup.; ♦. item nepotes; Vinnius, in id. — Domat, part. 1, liv. 2, tit. 1, sect. 7, n.° 12, pense qu'ils devaient compter pour l'ayeul maternel, lorsqu'ils étaient à sa charge (V. aussi Ferrière, sup., n.° 179). — Le trib. de Toulouse l'avait proposé pour toute espèce d'ayeul — Obs. sur l'art. 52 du projet.
(72) Il faut remarquer que deux excuses imparfaites ne peuvent en former une valable. — L. 15, §. 11, ff. eod; Ferrière, sup., n.° 191.
(73) *DROIT ANCIEN.* — Idem. L. 40, ff. de excusat.; Ferrière, sup., n.° 120; arrêt du parl. de Paris, du 11 mars 1780 (aff. de Dauph.).
(74) *DROIT ANCIEN.* — Non. — V. L. 2, in pr., ff. eod; Domat, sup., n.° 25; Ferrière, n.° 103-105.
(75) *DROIT ANCIEN.* — Il devait aussi déduire ses excuses devant le premier juge. - Jusques-là, il ne pouvait appeler de sa nomination. - L. 1, §. 1, ff. quando appell. sit; Expilly, pl. 5. — Arrêt du parl. de Grenoble, du 22 nov. 1749, aux notes de M. de Beaumont. — Mais Cujas et Ferrière, se fondant sur la loi 18, C. de excusat. tut., étaient d'un avis contraire. — V. Ferrière, p. 3, sect. 6, nos. 243-251.

présent à la délibération, et s'il est absent (76), convoquer le conseil trois jours après la notification de sa nomination, et un jour de plus par trois myriamètres de distance de son domicile au lieu d'ouverture de la tutelle. — *C-C*, *I*, 432, 433.

CHAPITRE IV.

Des fonctions du Tuteur.

LES fonctions que doit remplir un tuteur sont relatives à l'administration de la tutelle et au compte qu'il est tenu de rendre de cette administration. — *Inst. de attil. tut.*, §. 6 et 7; *L.* 1, §. 3, *in pr.*, *ff. de tutelæ et ration.*; *C-C*, *I*, 463.

ARTICLE PREMIER.

De l'administration du Tuteur.

L'ADMINISTRATION du tuteur concerne la personne ou les biens du mineur, qu'il représente dans tous les actes civils (77). — *Inst. qui testam. tut.*, §. 4; *Vinnius*, *in id.*; *L.* 12, §. 3, *in pr.*, *ff. de adm. tut.*; *C-C*, *I*, 359, 444. — Elle commence au jour de la nomination si le tuteur était présent, sinon au jour où la nomination lui est notifiée. — *C-C*, *I*, 412.

---

(76) DROIT ANCIEN. — Celui qui n'avait pas été appelé légalement à l'assemblée de famille, pouvait par cela seul s'excuser d'accepter la tutelle. — V. Ferrière, part. 1, sect. 4, nos. 132-137. — Cette règle avait été insérée dans le projet de code, mais elle a été rejetée lors de la discussion. — V. cons. d'état, 29 vend. an 11, discuss. sur l'art. 29.

(77) *Tutor domini loco habetur.* — L. 56, §. 4, *in pr.*, ff. de furtis. — V. sur le vrai sens de cette maxime, Ferrière, part. 4, sect. 7, nos. 334-339.

§. I.ᵉʳ *De l'administration de la personne du mineur.*

L'ADMINISTRATION de la personne du mineur est relative à sa demeure et à son éducation, à sa conduite et aux alimens qu'on lui doit fournir. Le code civil se borne à établir pour principe général que le tuteur prend soin de la personne du mineur. — *C-C*, *I*, 444. — Mais ce principe paraît susceptible de diverses modifications.

I. *Demeure et éducation.* Le mineur doit demeurer et être élevé auprès de son père et ensuite de sa mère, quand même ils ne seraient pas ses tuteurs (78). — *V. C-C*, *I*, 365-368, 299. — Cette règle reçoit elle-même deux modifications, 1.° lorsque le père ou la mère sont divorcés, on peut leur ôter l'administration de leurs enfans mineurs, mais ils conservent toujours la surveillance de leur éducation (79). — *V. C-C*, *I*, 296, 297.

2.° Lorsque la mère se remariait, les lois romaines la privaient de la même administration. — *L.* 1, *C. ubi pupil. educ.*; nov. 22, *C.* 38; *v. ci-devant ch.* 1, *art.* 1. — Quoique les seconds mariages ne soient pas aussi défavorables aujourd'hui, il semble cependant que cette règle doit être maintenue, puisqu'ils entraînent en général la privation de la tutelle, de l'usufruit des biens du mineur, etc. — *V. C-C*, *I*, 389, 380, 375.

---

(78) *DROIT ANCIEN.* — On admettait aussi cette exception à la règle générale qui attache l'éducation à la tutelle (CUJAS , observ. , lib. 6 , cap. 29). Plusieurs arrêts avaient même dérogé sur ce point à la loi (L. 1 , C. ubi pup. educ.) qui ôte l'éducation à la mère remariée. Mais la jurisprudence la plus saine laissait au juge la faculté de lui conserver ou retirer cette éducation , suivant les circonstances. — V. Ferrière, part. 1 , sect. 3 , nos 53-69. — Bien plus, l'ayeul, père de famille et tuteur, lui était préféré pour la même éducation. — Ferrière, ibid., nos. 86-93.

Pour le *domicile* du mineur, v. ci-devant, tit. 3, p. 49.

(79) V. ci-devant, tit. 6, ch. 3, p. 105.

Si le père est décédé, on doit, en général, observer ce qu'il a prescrit pour l'éducation et l'entretien de ses enfans, éducation qui doit aussi, en général, être en raison de leur fortune. Chargé, cependant, de veiller aux intérêts des pupilles, le juge peut, en connaissance de cause et en consultant la famille, adopter d'autres mesures, lorsqu'elles lui paraissent plus favorables à la sûreté, aux mœurs et à l'instruction du pupille. — *V. LL.* 6, §. 5, *ff. de carbon. edic.*; 1 et 5, *ff.* et 2, *C. ubi pupill. educ.*

II. *Conduite.* Le tuteur est un second père. Il répond des fautes du mineur lorsqu'elles blessent l'ordre public. (*V. L.* 6 oct. 1791, *tit.* 2, *art.* 7). Il faut donc que le mineur lui obeisse et puisse être réprimé lorsqu'il commet quelques écarts graves; c'est pourquoi la loi accorde dans ce cas, au tuteur, le droit de le faire détenir en usant de la voie de réquisition, et avec l'autorisation du conseil de famille (80). — *C-C*, I, 462.

III. *Alimens.* — DROIT ANCIEN. Le juge doit également veiller à ce qu'on fournisse au mineur des alimens (81) proportionnés à sa condition et à ses revenus, en tâchant néanmoins de ne pas les employer en entier à cet objet (82), et en fixant les alimens dans des bornes raisonnables lorsque le mineur est fort riche. Au reste, s'ils sont insuffisans, le tuteur n'est pas obligé d'y suppléer de son propre bien. — *V. LL.* 3, *in pr.* et §. 1-5, *eod*; 1, *C. de alim. pup.*; 47, §. 1, *ff. de adm. et peric.*; 3, §. 6, *ff. ubi pup.*

---

(80) V. L. 24 août 1790, tit. 10, art. 15-17; C-C, I, 370, 371; et ci-devant, tit. 9, ch. 2, §. 1, pages 143 et 144.
Mariage du tuteur. — V. ci-devant, tit. 5, ch. 2, p. 72.
(81) V. ci-devant, au tit. 5, ch. 4, art. 2, p. 84, ce qu'on entend par alimens.
(82) Mais le tuteur sera excusable de les avoir même excédé si c'est pour des frais, 1.º d'une maladie grave, 2.º d'une éducation proportionnée à la naissance du pupille. — V. Expilly, pl. 18, n.º 8; et Fer-

DROIT ACTUEL. C'est le conseil de famille qui détermine la depense annuelle du mineur (83). — C-C, I, 448. — Mais pour les objets qu'on n'a pas prévu, le tuteur est autorisé à faire toute dépense utile. — V. L. 2, C. de alim. pup.; et C-C, I, 465.

§. II. *De l'Administration des biens du Mineur.*

LES lois ont établi beaucoup de règles pour l'administration des biens du mineur: on peut les réduire à quatre principales.

I.re RÈGLE. Le tuteur doit administrer en *bon père de famille*, sinon, il répond des dommages-intérêts qui résultent d'une mauvaise gestion. — C - C, I, 444.

Administrer en bon père de famille, c'est gérer avec le même soin, la même activité qu'un particulier doit employer dans ses affaires propres; — L. 33, in pr.; et L. 10, ff. de admin. et peric.; L. 1, ff. de tutelæ et rat.; — et l'on entend par les *dommages-intérêts* dont répond un tuteur, tout ce que le mineur a perdu, et tout ce qu'il n'a pas gagné par la faute (84) du tuteur. — L. 7, C. arbit. tut.

II.e RÈGLE. Le tuteur doit avoir l'avis ou l'autorisation du conseil de famille, pour les actes les plus importans de son administration, savoir: la prise à ferme des biens du mineur; la désignation de ceux de ses meubles qu'il faut vendre (85); la

---

rière, p. 4, sect. 3, nos. 190-201. Le tribunal de cassation voulait que même dans ce cas, la dépense ne pût excéder les revenus. — Obs. des tribunaux, sur l'art. 72, tit. 9 du projet.

(83) Excepté dans les tutelles des père et mère. — D. a t. 448. - V. ci-devant, ch. 1, art. 1, § 1, p. 157.

(84) Par la faute même *légère*, dit la loi.

(85) DROIT ANCIEN. — Le tuteur devait faire vendre, de l'autorité

fixation, par apperçu, de la dépense annuelle (86) qu'exige l'entretien du mineur et l'administration de ses biens; l'emploi d'agens secondaires salariés (gérans sous sa responsabilité, *C-C*, *I*, 448); la détermination de l'excédant de la recette, qu'il faut employer; l'emprunt, l'aliénation et l'hypothéque des biens (87); la désignation de ceux qu'il faut aliéner et des conditions de l'aliénation; l'acceptation et répudiation d'une succession (88); l'acceptation d'une donation (89); l'introduction d'une instance ou l'acquiescement à une demande pour droits immobiliers du mineur; la provocation à un partage; la transaction. — *V. C-C*, *I*, 444, 446, 448 - 452, 455 - 459, 461; *et III*, 225 (90).

Indépendamment de cette autorisation, le tuteur est assujetti pour plusieurs de ces actes, à diverses formalités.

1.° La vente se fait publiquement et aux enchères (91), en présence du subrogé tuteur; celle des meubles a lieu, en outre, devant un officier public et après des affiches ou publications, et celle des immeubles, ainsi que la licitation provoquée par un co-propriétaire, ont lieu devant un juge civil, ou un notaire commis pour cet objet, après trois affiches apposées pendant trois dimanches con-

---

du juge, les meubles *périssables*. — Ordon. d'Orléans, art. 102; Ferrière, p. 4, sect. 2, nos. 124-133.

(86) Excepté dans la tutelle des père et mère. — V. ch. 1, § 1, p. 157.

(87) DROIT NOUVEAU. — V. L. 11 brumaire an 7, art. 10 et 24, et ci-après, notre titre des hypothèques.

(88) Mais une succession d'abord répudiée peut, si elle n'a été acceptée par personne autre, être ensuite acceptée (en l'état où elle se trouve), soit par le tuteur, soit par le mineur devenu majeur. — V. C-C, I, 456.

(89) V. ci-après, appendix, n.° 9, note 13, page 181.

(90) DROIT NOUVEAU. *Rente foncière*. L'avis des parens est tout-à-la fois nécessaire et suffisant pour la liquidation du rachat des rentes foncières dues au mineur. Cette liquidation doit se faire par articles séparés, au taux prescrit par les lois, et à la charge du remploi. — V. LL. 9 mai 1790, art. 7 et 20; 19 nov. 1790, art. 1; 29 déc. 1790, tit 1, art. 4 et 11, et tit. 3, art. 13; 9 oct. 1791, art. 5.

(91) Le tuteur peut y enchérir, suivant Ferrière, p. 4, sect. 2, nos. 127-129.

sécutifs et visées par les maires des lieux. Cette dernière vente, de même que l'emprunt pour le mineur et l'hypothèque des ses biens (92), ne doit être autorisée par le conseil que lorsqu'elle est très-avantageuse, ou lorsqu'un compte sommaire présenté par le tuteur établit qu'elle est indispensable; et il faut ensuite l'homologation du tribunal civil (93). — *V. C-C, I,* 446, 451-454.

2.º L'emploi de l'excédant de revenu indiqué par le conseil, doit être fait dans six mois; passé ce délai le tuteur en doit les intérêts; et il doit même ceux de la somme la plus modique non employée, s'il n'a pas fait déterminer l'excédant par le conseil. (94). — *C-C, I,* 449, 450.

3.º L'acceptation de succession ne se fait que que sous bénéfice d'inventaire (95). — *C-C , I ,* 455.

---

(92) La licitation dont on vient de parler n'a pas besoin de ces dernières formes. -- D art. 454.

(93) *DROIT ANCIEN.* Les règles pour la *vente* des immeubles étaient à-peu-près les mêmes. C'était le juge qui l'autorisait en connaissance de cause, et dans deux cas seulement, lorsque le pupille était rigoureusement poursuivi par ses créanciers, ou lorsqu'il payait des intérêts très-chers. -- V. sur tous ces points Ferrière, p. 4, sect. 8 et 9, in pr. -- V. aussi Basset, t. 2, liv. 4, tit. 13.

Rescision de la vente. L'observation des formalités prescrites n'empêchait pas la rescision de la vente, en cas de lésion; mais c'était alors le mineur qui devait prouver la lésion. -- L. 11, C. de præd. et al. reb.; Ferrière, ibid., n.º 390. -- V. aussi Expilly, ch. 150; Basset, t. 1, liv. 4, tit. 12, ch. 6.

Mais il ne pouvait intenter cette action que dans les dix ans après sa majorité. - Basset, t. 2, liv. 6, tit. 1, ch. 3. -- V. aussi Expilly, ch. 216. -- Ordon. de Villers-Cotterets, art. 134, et d'Abbeville, art. 224.

(94) *DROIT ANCIEN.* Le tuteur devait aussi employer les deniers pupillaires, en rentes ou achat d'héritages. -- D. ordon. d'Orléans, art. 102. -- Mais il pouvait conserver quelque argent pour les affaires urgentes. -- L'emploi des sommes trouvées au commencement de la tutelle, devait être fait dans six mois, et celui des sommes reçues pendant l'administration, dans deux mois. -- V. Ferrière, p. 4, sect. 2, nos. 159-189.

Mais si le tuteur ne trouvait pas d'emploi solide, il n'était pas tenu de l'intérêt. -- L. 12, § 4, ff. de adm. et peric.; L. 102, in pr. ɣ. item pupillaris, ff. de solut. et liberat.; Ferrière, sup., nos. 163-170. -- Le tribunal de Bourges avait proposé d'ajouter au code cette disposition équitable. -- Obs. du trib., sur l'art. 94. -- Hua, sur l'art. 449, sup., pense que dans ce cas, le tuteur pourrait être dispensé de payer l'intérêt, s'il avait établi au conseil de famille, l'impossibilité de trouver un bon emploi.

(95) V. ci-après, le traité des successions.

4.º Le partage doit être précédé d'une estimation, et résulter d'une division de lots faites par des experts assermentés, et nommés par le tribunal civil de la succession. Ces lots sont ensuite tirés au sort devant un juge civil, ou un notaire commis à ce sujet, autrement le partage n'a pas le même effet que s'il avait lieu entre majeurs, et il n'est considéré que comme provisionnel. — *C-C*, *I*, 460; *et III*, 128-130 (96).

5.º La transaction doit être approuvée par trois jurisconsultes désignés par le commissaire civil, et homologuée par le tribunal civil sur les conclusions du même commissaire (97). — *C-C*, *I*, 461.

III.ᵉ RÈGLE. Le tuteur peut faire, sans l'autorisation du conseil de famille, les actes de simple administration (*v. C-C*, *I*, 465, *in f.*), tels que les suivans :

1.º La levée des scellés et l'inventaire des biens du mineur... il doit s'occcuper du premier de ces actes, dans les dix jours qui suivent la notification de sa nomination, et de l'autre, immédiatement après le premier (98). — *C-C*, *I*, 445.

2.º La licitation qu'a provoquée un co-propriétaire par indivis du mineur, pourvu qu'elle ait lieu comme les ventes des immeubles et en y admettant les étrangers (99). — *C-C*, *I*, 454, *et ci-devant, page* 170.

___

(96) V. le même traité.

(97) *DROIT ANCIEN*. Le tuteur, même le père administrateur, ne pouvait relâcher dans une transaction, une partie de la créance du pupille, à moins que la prudence ne l'exigeât. - V. Ferrière, part. 4, sect. 7.

(98) *DROIT ANCIEN*. Le tuteur pouvait, en cas d'omission d'inventaire, 1.º être destitué (v. note 57, p. 162) ; 2.º être assujéti à un serment en *plaid* (v. ci-après, le titre du serment) au profit du pupille. — V. Ferrière, p. 4, sect. 1.

(99) *DROIT TRANSITOIRE*. On n'est pas obligé de terminer suivant ces formes, une licitation commencée avec les formes anciennes, lors, du moins que les opérations en sont très-avancées. - V. divers jugemens dans la jurisprudence du code civil, tome 1, p. 5, 39 et 97-108. — Il s'agissait dans plusieurs de ces jugemens, de savoir à quels actes de la procédure la présence du subrogé tuteur était nécessaire.

3.° La défense judiciaire à une demande en partage dirigée contre le mineur (100). — *C-C*, *I*, 459.

IV.ᵉ RÈGLE. Le tuteur ne peut, même avec l'autorisation du conseil de famille, acheter les biens du mineur (101), ou se faire céder des droits ou créances contre lui (102) : et s'il est créancier propre du mineur, il doit, à peine de déchéance, le déclarer dans l'inventaire (103), et l'officier public qui préside à cet acte doit lui en faire l'interpellation. — *V. C-C, I*, 444, 545.

---

(100) Il semble, vu le silence du code à ce sujet, que le tuteur peut aussi défendre à toute autre espèce d'action, sans autorisation. -- V. C-C, I, 458. -- Cela est d'ailleurs conforme au *droit ancien*, qui lui donne l'exercice des actions pupillaires. -- V. L. 22, in pr., ff. de admin. et per; *CUJAS*, in C. de adm. tut. ; Chorier sur Gui-pape, liv. 5, sect. 1, art. 2 ; Ferrière, part. 4, sect. 5, in pr.
Mais il ne doit pas 1.° soutenir un procès sans prendre l'avis de la famille (V. D., art. 458), ou celui de gens de lois éclairés, autrement il s'expose à en supporter les dépens, si l'on trouve le procès mauvais. -- V. L. 9, § 6, *v*. denique, ff. de adm. et peric.; Ferrière, ibid., nos. 254-257 ; Basset, t. 1, liv. 2, tit. 31, ch. 8. -- 2.° passer un compromis par lequel il renonce aux degrés de juridiction assurés au mineur. -- Jugement de cassation, 8 vent. an 3. -- 3.° Continuer une instance après que le mineur a atteint sa majorité ou a été émancipé. -- Jugem. cassat. 23 fructidor an 3.
(101) *DROIT ANCIEN*. -- Il le pouvait, si la vente était faite avec les solemnités requises, suivant la L. 5, C. de contract. empt. ; *CUJAS*, in d. tit. in f. ; et Ferrière, p. 4, sect. 8, nos. 412-415. -- Mais s'il avait enchéri comme tuteur, l'achat était censé fait pour le pupille. -- Basset, tome 2, liv. 7, tit. 8, ch. 2; Chorier, sur Gui-Pape, liv. 5. sect. 6, art. 17.
Libéralités. Quand est-ce que le tuteur peut en recevoir du mineur ? V. C-C, III, 197, et ci-après, le titre des donations et testamens.
(102) *DROIT ANCIEN*. La cession tournait au profit du pupille, sans indemnité pour le tuteur, à moins qu'il ne fût ascendant. -- Nov. 72, C. 5, in pr., et § 1, *v*. tunc enim; *CUJAS*, ad d. nov. in pr. ; Ferrière, p. 4, sect. 11. -- C'est aussi ce que proposait le tribunal d'Orléans, sauf toutefois le remboursement du tuteur. -- Obs. des tr., sur l'art. 65 du projet.
(103) *DROIT ANCIEN*. Idem. nov. 72, c. 4, et Chorier, sur Gui-Pape, liv. 5, sect. 1, art. 4... mais plusieurs auteurs tenaient que le tuteur testamentaire ou ascendant, ou frère, ou oncle du pupille, n'était pas assujéti à la déclaration. -*CUJAS*, ad d. nov.; Ferrière, p. 4, sect. 5, nos. 200-204.

Article II.

Des Comptes de la Tutelle.

En général tout administrateur, et par conséquent un tuteur (104) doit compte de sa gestion. — *Cujas, in lib. 3, ad edict. Pauli, ad L. 9, de edendo; jnst. de attil. tut.*, §. 7; *L. 1. §. 3, in pr., ff. de tutelæ et rat.; ordon. de 1667, tit. 29, art. 1.er; C-C, I*, 463, 364, 383, 474.

Il y a deux espèces de comptes de la tutelle, les états de situation ou comptes momentanés, et les comptes définitifs. Le tuteur peut être soumis par le conseil de famille à remettre chaque année au subrogé tuteur, un état de situation de sa gestion. Il rend à la fin de la tutelle (105), le compte définitif, soit au mineur devenu majeur, soit au mineur émancipé, assisté d'un curateur. — *C C, I*, 464, 465, 474.

Les comptes momentanés ou états de situation sont rédigés sans frais et sans formalités judiciaires. — *D. art.* 464.

Le compte définitif est divisé en trois chapitres dont le premier contient la recette qui a dû être faite, le second, la dépense qui a été faite, et le troisième, la reprise, ou la recette qui n'a pu être faite. On détaille dans chacun les divers objets dont ils sont composés, et l'on produit à l'appui de tous, leurs pièces justificatives (106). — *V. ordon. de* 1667, *sup.; Jousse in id.; et Ferrière, part.* 4, *sect.* 15. — Le compte et les pièces sont

---

(104) Il faut en excepter le père, par rapport aux fruits dont il a la jouissance. — V. C.C, I, 383, 378, et ci-devant, tit. 9, ch. 2, p. 160.

(105) *Droit ancien*. Ce n'était qu'a cette époque, que le tuteur rendait compte. — L. 4, ff. de tut. et rat.; Cujas ad L. 18, eod.; Ferrière, p. 4, sect. 14, nos. 729-731.

Au reste, le compte doit se rendre au lieu où le tuteur a géré, quoique il n'y ait pas son domicile. — Expilly, arrêt 1^r.

(106) *Droit ancien*. Idem. V. Ferrière, sup., n.° 780. — Ce qui comprend même le voyage que fait le tuteur pour le jugement du compte. — V. D. ordon. art. 18.

remis à l'*oyant-compte*, ou mineur, sous son récépissé, et ce n'est que dix jours au moins après, que le tuteur peut traiter avec lui. — *C-C*, I, 466. — Au reste, les frais du compte sont à la charge du mineur (107), mais le tuteur en fait l'avance. — *C-C*, I, 465.

Si les parties ne s'accordent pas (108), le compte est discuté et jugé comme toute affaire civile. — *C-C*, I, 467. — Lorsqu'il a été notifié, le mineur produit ses *débats*, le tuteur y répond par des soutennemens, et le mineur réplique par des *contredits*. Dans ces divers mémoires on discute les articles du compte, et on les alloue ou rejette, d'après les motifs qu'on expose et que le juge apprécie. — *V. D. ordon. et Jousse.* — Ces discussions doivent avoir lieu dans les dix ans qui suivent la majorité du mineur, parcequ'à l'expiration de ce terme, les actions du mineur, contre le tuteur, à raison de la tutelle, sont prescrites (109). — *C-C*, I, 469.

On indique dans le dernier article du compte la somme à laquelle se monte la recette, et celle à laquelle arrivent la dépense et la reprise réunies. Si la première somme excède la seconde, le tuteur est reliquataire, et il doit, de plein droit, les intérêts du reliquat, à compter de la clôture du compte (110). — *D. ordon*, art. 7 ; *C-C*, I, 468.

---

(107) L'art. 465 décide que l'on alloue les dépenses suffisamment justifiées, et l'art. 466 que l'on remet les pièces justificatives. Ces dispositions excluent-elles de l'allocation les menues dépenses qu'on ne peut justifier par pièces, telles que des étrennes, des frais de voyage ? Cela ne serait pas juste. -- V. les obs. du trib. de Paris, sur l'art. 96 du projet.

(108) *DROIT ANCIEN*. -- Notre jurisprudence (elle dérogeait sur ce point au *droit romain*. V. L. 5, C. de transact.), permettait au mineur de revenir contre la transaction faite en majorité, sur le compte ; *non visis nec dispunctis rationibus*, pendant trente ans. -- Basset, tome 2, liv. 6, tit. 1, ch. 3 ; Chorier, sur Guy-Pape, liv. 5, sect. 5, art. 16 ; arrêt du 14 mars 1782, aux notes de M. Froment. -- Et cela était aussi reçu à Dijon et à Toulouse. -- Ferrière, p. 4, sect. 17, nos. 813, 814.

(109) Les actions du tuteur doivent prescrire dans le même tems, quoique le code ne le décide point, suivant Hua ; ad d. art. 469.

DROIT ANCIEN. L'action en reddition de compte ne se prescrivait que par trente ans. -- L. 5, C. quib. non obj. longi temp. ; L. 8, C. arb. tut. -- Basset, t. 2, liv. 4, tit. 15, ch. 3 ; Ferrière, liv. 4, sect. 16, où il interprète l'ordon. de 1667, tit. 29, art. 1.

(110) *DROIT ANCIEN.* Idem. -- Mais si le tuteur avait retardé mal-à-propos la reddition, on faisait courir les intérêts depuis la fin de la tutelle. -- Ferrière, p. 4, sect. 19, n.° 972.

— Si la seconde somme excède la première, le tuteur est en avance, mais le mineur ne doit les intérêts de l'avance, qu'à dater de la sommation de payer, que le tuteur lui fait après la même clôture. — *D. art.* 468.

CHAPITRE V.

De la fin de la Tutelle.

La tutelle finit dans plusieurs circonstances :

1.° Lorsque le mineur est émancipé. — *V. C-C*, *I*, 474, 384, 465.

2.° Lorsqu'il a atteint sa majorité (111). — *V. C-C*, 383, 465.

3.° Lorsqu'il passe en tutelle officieuse (112). — *V. C-C, I*, 3-9.

4.° Lorsque le tuteur décède (113), ou lorsqu'il est exclus ou destitué, ou lorsque ses excuses sont admises (114). — *V. C-C, I*, 399, 413, 442, 434, 435, 415.

5.° Lorsque le tuteur, après dix années, renonce à la tutelle, si c'est celle d'un interdit. — *V. C-C, I*; 502 (115).

---

(111) *Droit ancien*. Lorsqu'il avait atteint sa puberté (v. toutefois, ci-devant, page 152). — Jnst. quib. mod. tut., in pr.; L. 4, in pr.; ff. de tut. et rat.

(112) *Droit ancien*. — V. la note 115, ci-après.

(113) *Droit ancien*. — Idem. — Jnst. eod., § 3 ; D. L. 4; L. 16, § 1, ff. de tutel.

(114) *Droit ancien*. — Idem. — Jnst. eod., § ult.

(115) *Droit ancien*. — La tutelle finissait encore par le grand et le moyen changement d'état du tuteur, et par le petit changement d'état du pupille. — V. Jnst. eod., § 4, et Vinnius, in id.

Au reste, sur les divers cas où finissaient la tutelle et la curatelle, v. Despeisses, sup., sect. 6.

Appendix

Appendix au Titre X.

Des Administrateurs dont les fonctions ont des rapports avec celles des Tuteurs.

Les administrateurs dont les fonctions ont des rapports avec celles des tuteurs, sont les cotuteur, protuteur, tuteur *ad hoc*, tuteur provisoire, subrogé tuteur, tuteur honoraire, conseiller de tutelle, agens du tuteur, et curateur.

I. Le *cotuteur* est un tuteur associé à la gestion d'un tuteur en titre. On nomme un cotuteur à la mère remariée qu'on maintient dans la tutelle. Ce cotuteur qui est le second mari, est solidairement responsable de la gestion postérieure au mariage. (1). — C-C, *I*, 390. — V. ci-devant, page 156.

II. Le *protuteur* (2) est un tuteur nommé, non pour l'administration de la personne du mineur, mais pour la gestion spéciale de ceux de ses biens qui sont situés dans les colonies (3). Il est indépendant du tuteur, et par conséquent, il n'est pas responsable de la gestion de celui-ci. — C-C, *I*, 411. — Il doit observer les règles que nous avons exposées au chapitre 4, art. 1, §. 2, et art. 2, pages 169-176.

---

(1) *DROIT ANCIEN.* — Quoique en règle générale on ne dût nommer qu'un tuteur pour une tutelle, si l'on en avait nommé plusieurs, on les appelait alors *cotuteurs*. — V. L. 3, § 4 et 6, ff. de adm. et peric.; Ferrière, part. 4, sect. 18, n.º 935. — Pour leur responsabilité, v. id., nos. 936-959.

(2) *DROIT ANCIEN.* — On appelait *protuteur*, le particulier qui, sans avoir été créé tuteur, s'était immiscé dans l'administration tutélaire. On pouvait, en tout tems, lui demander compte de sa gestion. — V. Ferrière, part. 4, sect. 4, n.º 231; sect. 14, n.º 732; sect. 21, n.º 1174.

(3) *DROIT ANCIEN.* — Par une dérogation à la règle dont en la note 4 ci-après, un mineur qui possédait des biens en France et dans les colonies, pouvait avoir deux tuteurs indépendans. — V. l'art. 1 des dé-

III. Le tuteur *ad hoc* est un tuteur qu'on nomme pour diriger le mineur dans une affaire particulière (4); tel est, 1.º celui dont l'enfant naturel, mineur et orphelin, ou non reconnu, doit obtenir le consentement pour se marier. — *C-C*, *I*, 153. — *V. tit.* 5, *cnap.* 1, *p.* 68 *et* 69. — 2.º Celui qui doit défendre à l'action en désaveu intentée contre un enfant. — *V- C-C*, *I*, 312, *et ci-devant, tit.* 7, *chap.* 1, *p.* 115.

IV. Le tuteur *provisoire* est nommé pour administrer les enfans dont le père est absent. — *V. C-C*, *I*, 141-143; *et ci-devant, tit.* 4, *chap.* 1, *p.* 57.

V. Les cotuteur, protuteur, tuteur *ad hoc* et tuteur provisoire, ne sont nommés que dans les circonstances précédentes, tandis que dans toutes les tutelles il doit y avoir un *subrogé tuteur* (5). — *C-C*, *I*, 414.

Le subrogé tuteur est choisi par le conseil de famille, parmi les parens de la ligne opposée à celle du tuteur, à moins que celui-ci ne soit frère germain. Le conseil, dont le tuteur est exclus dans ce cas, fait cette nomination aussitôt après celle du tuteur, s'il s'agit d'une tutelle dative, et, s'il s'agit des autres tutelles, sur la requisition du tuteur, et même de tout intéressé, ou sur la convocation faite d'office par le juge de paix. — *V. C-C*, *I*, 416,

---

clarat. des 15 déc. 1721 et 21 février 1743, qui fixent la manière d'élire ces tuteurs ; et Ferrière, p. 4, sect. 18, n.º 938.

(4) DROIT *ANCIEN*. — Cette espèce de tuteur n'était point connue dans les pays de droit écrit, d'après les principes dont en la loi 12, ff. de testam. tut., au § 17, inst. de excusat., et au § 5, (*tutorem habenti tutor dari non potest*), inst. de curator... Mais on y admettait des curateurs ad hoc. D. § 5; Ferrière, pact. 4, in f.; Serres, in eumd. § 5. — Pour les exceptions à cette régle, v. Vinnius, in d., §.

(5) Ses fonctions sont assez analogues à celles des curateurs des pays coutumiers. — Berlier, sup.; Leroy, corps législ, 5 germ. an 11.

Suivant Serres, on nommait aussi jadis des subrogés tuteurs dans ces pays. — V. id., liv. 1, tit. 21, § 3, et tit. 23, § 5.

417, 415. — Il y a toutefois un subrogé tuteur qui acquiert cette qualité de plein droit; c'est le curateur au ventre. — *V. C-C, I,* 337, *et ci-après n.°* 9.

Le subrogé tuteur peut s'excuser, ou être exclus, ou destitué dans les mêmes cas que le tuteur (6), excepté que celui-ci ne peut ni provoquer la destitution, ni voter dans le conseil qui s'en occupe. — *C-C*, 420.

Le subrogé tuteur est chargé principalement d'agir pour le mineur, quand ses intérêts sont opposés à ceux du tuteur (7). Il a encore une espèce de surveillance sur toutes les opérations où l'on peut craindre quelque infidélité de la part de celui-ci. Ainsi il passe, avec l'autorisation du conseil, les baux au tuteur, il assiste à l'inventaire des biens, à l'estimation et à la vente des meubles et des immeubles du mineur (8), et il reçoit les états de situation du tuteur. — *V. C-C, I,* 414, 444-447, 453, 464. — Ses fonctions cessent à la même époque que celles du tuteur (9). — *C-C, I*, 419.

VI. Lorsqu'une tutelle très-considérable intéressait une famille illustre, on nommait aussi jadis, surtout dans les pays coutumiers, un tuteur *honoraire* et un tuteur *onéraire*. Le premier, qu'on choisissait parmi des personnes de haut rang, n'était ordinairement chargé que d'une espèce de protection, ou tout au plus d'une surveillance (10). Le second avait au contraire le fardeau de l'administration, et on lui donnoit des appointemens. — *V. L.* 3, §. 2, *ff. de admin. et peric*; *Serres, de curat.* §. 5.

_____

(6) V. ci-devant, ch. 2, pages 161, 162.
(7) Les subrogés tuteurs des pays coutumiers avaient aussi cette fonction, et ils étaient encore chargés d'assister à l'inventaire. — Serres, sup.
(8) V. ci-devant, ch. 4, art. 1, § 2, page 170.
(9) Ou du moins dans les trois premiers cas indiqués ci-devant, ch. 5, page 176. Mais dans le quatrième cas (mort, destitution ou admission d'excuses du tuteur), il ne paraît pas que les fonctions du subrogé tuteur doivent également cesser, puisqu'il est chargé de provoquer la nomination d'un nouveau tuteur. — V. C-C, I, 118. — *Ità.*, Hua in id.
(10) Dans ce dernier cas, il était sujet à une responsabilité. — V. D.

VII. Les conseillers ou plutôt les *conseils* de tutelle, étaient ordinairement des jurisconsultes dont les parens chargeaient le tuteur de prendre les avis, dans les affaires importantes de son administration. Ils n'étaient tenus d'aucune responsabilité, à raison de ces avis. — *V. Ferrière, part.* 4, *sect.* 18, *n.*os 965-967 ; *nouveau Denisart, mot* conseil nommé par justice, §. 1.er ; *obs. du trib. de Rennes sur l'art.* 86 *du projet.*

Droit actuel. On exige l'avis de semblables conseils, lorsqu'il s'agit d'une transaction. — *V. ci-devant, chap.* 4, *art.* 1, §. 2, *page* 172.

VIII. Le tuteur pouvait, avec la permission du juge, s'aider dans l'administration de la tutelle, d'*agens* secondaires de la gestion desquels il répondait. — *Inst. de curat.*, §. *ult.* ; *L.* 13, §. 1, *ff. de tutel.* ; *L.* 24, *in pr.*, *ff. de adm. et peric.*

Droit actuel. V. ci-devant, ch. 4, art. 1, §. 2, page 170.

IX. *Curateurs*. — *Droit ancien.* 1.° Nous avons dit qu'on distinguait jadis, la minorité de la pupillarité. Les pupilles étaient administrés par des tuteurs, et les mineurs protégés par des curateurs (11).

Il faut remarquer à ce sujet que le mineur n'était point forcé de recevoir un curateur, excepté lorsqu'il s'agissait de plaider (12) ou d'accepter une

---

(11) L'on ne pouvait donc nommer des curateurs aux pupilles, même 1.° lorsqu'ils avaient des frères ou sœurs mineurs. -- Jugem. de cassat. du 3 fructidor an 6. -- 2.° lorsqu'ils devenaient insensés ou imbécilles. -- L. 8, in pr. et § 1, ff. de tutel. ; Despeisses, sup., sect. 6, n.° 14.

(12) Lorsqu'il plaide sans l'assistance d'un curateur, le jugement est nul, parce que le mineur est censé n'avoir pas été défendu valablement. -- V. L. 3, C. qui legit. pers. standi ; jugem. de cassat. du 26 vendémiaire an 7. -- Il en est de même si le ministère public n'a pas été entendu, à moins que le jugement n'ait été favorable au mineur. -- L. 4 germinal an 2, art. 5; jugement cassat., 23 messidor an 2; v. aussi jugement, 13 pluviôse an 2; et sur-tout Merlin, recueil alphab., mot *curateur*.

On nommait ce curateur, *curateur aux causes*, et celui qui assistait le mineur dans tous les actes où il en avait besoin, *curateur formel*. Celui-

donation (13). Pour les autres actes, il pouvait les passer soit avec l'assistance du curateur qu'il s'était nommé lui-même (14), soit sans cette assistance, car elle n'empêchait pas que le mineur ne fût restitué s'il avait été lésé (15); seulement il y avait présomption de lésion lorsqu'il n'avait pas été assisté par un curateur, tandis que s'il en avait été assisté, il était lui-même obligé de prouver la lésion. — *V. Jnst. de curat.*, §. 2; *Vinnius et Serres, in id.; ordon. de* 1667, *tit.* 35, *art.* 35; *Jousse, in id.; Despeisses, sup., sect.* 2, *n.°* 2; *Ferrière, part.* 4, *sect.* 12, *n.°* 1176; *et sect.* 23, *n.°* 1214.

2.° Il y avait des personnes soit existantes réellement, soit existantes par fiction, qu'on assimilait aux pupilles et auxquelles néanmoins on ne donnait que des curateurs. Tels étaient les interdits pour démence, imbécillité ou prodigalité, les pupilles dont les tuteurs ne pouvaient gérer (16), les absens (17), l'enfant conçu, les hoiries vacantes (18),

---

ci devait être nommé par le juge de paix, l'autre pouvait l'être par tou tribunal devant qui le mineur plaidait. — L. 24 août 1790, tit. 3, art. 11; jugement de cassat., 11 frimaire an 9; Merlin, ibid.

(13) Telle est du moins la doctrine de Furgole, sur l'ordon. de 1731, art. 7; — Pothier (tr. des obligat., part. 1, ch. 1, n.° 52), est d'un avis contraire, avis qu'a embrassé le trib. d'appel de Paris (obs. sur l'art. 77 du projet). Cependant sa réfutation n'est guères rigoureuse; il n'a surtout point répondu à l'argument tiré de l'assimilation que l'ordonnance fait des mineurs, aux interdits (de toute espèce).

(14) Les parens n'étaient pas obligés de lui en nommer un. - Expilly, ch. 230; Basset, tome 2, liv. 4, tit 14, ch. 7.

(15) *Restitution.* — Le mineur est restitué contre ce qu'il a fait en minorité, lorsque il a été lézé. — V. tit. ff. de minorib. — Cette règle ne s'applique pas seulement aux ventes, elle est générale. Un arrêt du parlement de Grenoble, du 12 août 1777 (aff. de Dauph.), plaidans MM. Lemaître et Perrotin, a admis la restitution contre un bail à ferme.

Mais il faut que le mineur se pourvoie dans les dix ans après sa majorité. — Ordon. de 1539, art. 134; jugem. de cassat., des 2 nivôse an 5, 8 fructidor an 6 et 23 floréal an 9. - À moins qu'il n'ait traité avec un administrateur encore comptable, car alors il a 30 ans. — V. ord. de 1667, tit. 29, art. 1; ci-devant, note 109, p. 175; jugement de cassat., du 3 messidor an 4; et Ferrière, p. 4, sect. 16.

(16) Soit parce qu'ils avaient un procès avec le pupille, soit parce qu'ils avaient été excusés pour un certain tems, etc. — V. Jnst. de aust. tut., § 3, et de curat. § 5; Vinnius et Serres, in id.; Ferrière, p. 2, sect. 2, n.° 90.

(17) *En Savoie*, l'on donnait pour curateur à l'absent, son plus proche héritier, et on déférait à ce curateur la possession provisoire des biens dont nous avons parlé ci-devant, tit. 4, ch. 2, art. 2, §.1, p. 60. — V. Faber, de curat. fur., def. 1.

(18) Il y avait un curateur, en titre d'office, pour cet objet.

les biens cédés par un débiteur. — *L.* 1, *C. curat. fur.*; 3 *et* 8, *ff. eod.*; 48, *ff. de adm. tut.; jnst. de curat.*, §. 3 *et* 4; *Vinnius et Serres, in id.*; *Basset, t.* 2, *liv.* 4, *tit.* 14, *ch.* 5 *et* 10; *et sur-tout Despeisses, t* 1, *sup.*, *sect.* 1.

Ces curateurs n'étaient pas seulement obligés comme les précédens, de prêter leur assistance et leur protection, ils étaient encore tenus, en général (19), de toutes les obligations des tuteurs, et ils étaient nommés comme eux par les parens. — *V. Serres, sup.; et Poth., pand., de curat. fur.; Ferrière, part.* 2, *sect.* 2, *n.ᵒˢ* 85, 86; *Basset, d. chap.* 10; *Chorier sup., liv.* 5, *sect.* 1, *art.* 6.

DROIT ACTUEL. Le code civil distingue trois espèces de curateurs.

1.° Le curateur au *ventre*, ou curateur à l'enfant conçu. On n'en expose point les droits et les engagemens, mais il paraît qu'ils sont les mêmes que dans l'ancienne législation, c'est-à-dire qu'ils consistent principalement dans la surveillance des biens pour empêcher qu'ils ne dépérissent, et dans celle de la mère pour empêcher une supposition d'enfant. Au reste, ce curateur devient, de plein droit, subrogé tuteur de l'enfant, à sa naissance. — *V. C-C*, *I*, 387; *L.* 48, *ff. de adm. et peric.; Tronchet, cons. d'état*, 22 *vend. an* 11.

2.° Le curateur du *mineur émancipé*. Ce curateur assiste le mineur lorsque le tuteur lui rend son compte, lorsqu'il este en jugement pour une action immobilière, lorsqu'il reçoit quittance et emploie un capital mobilier, lorsqu'il accepte une donation. — *C-C*, *I*, 474, 476, *et III*, 225.

3.° Le curateur du *sourd-muet*, qui ne sait pas écrire. Ce curateur est chargé d'accepter la donation faite au sourd-muet. — *C-C*, *III*, 226.

Au reste, tous ces curateurs sont nommés comme les tuteurs datifs. — *V. C-C*, *I*, 387, 474, *et III*, 226.

---

(19) Excepté les curateurs *ad hoc*, nommés au pupille. V. la note 16.

TITRE XI.

De la majorité, de l'interdiction et du conseil judiciaire (1).

CHAPITRE PREMIER.

De la majorité.

Le mot *majorité* désigne proprement l'état de celui qui a dépassé un certain âge ; ainsi l'on dit un majeur de vingt-un, de vingt-cinq, de trente ans (2); mais on s'en sert spécialement pour désigner l'etat de celui qui a atteint l'âge où il est censé capable de faire certains actes, de remplir certaines professions. On en distingue deux classes principales, la majorité politique, et la majorité civile.

La majorité politique, dont cette qualification indique le caractère, se sous-divise en plusieurs espèces, ou bien est fixée à plusieurs âges. Ainsi, à vingt-un ans on est majeur pour exercer ses droits politiques, pour voter, par exemple, dans les assemblées cantonales et les collèges électoraux; à vingt-deux ans on est majeur pour remplir les places de substituts des commissaires aux tribunaux civils ; à vingt-cinq ans, pour celles de tribuns, juges civils et greffiers; à trente ans, pour celles de législateurs et juges d'appels ; à quarante ans, pour celles de sénateurs. — *Constit. art.* 2, 27, 31 *et* 15; *S.-C.*, 16 *therm. an* 10; *L.* 16 *vent. an* 11.

La majorité civile est celle où l'on est censé capable d'exercer tous les droits civils (3). Elle était

---

(1) Les élèves expliqueront avec ce titre, les lois qui y sont citées.
(2) Tout comme on dit un mineur de 21, de 18, etc. ans. — V. note 10 du tit. 10; page 152.
(3) Le *Droit romain* nomme cet âge, l'âge de la vigueur et de la sagesse, et il le fait commencer, en matière de restitution, au premier

autrefois fixée à vingt-cinq ans, elle l'est aujourd'hui à vingt-un ans, excepté lorsqu'il s'agit du mariage, contrat pour lequel le code l'a reculée, du moins à l'égard des hommes, jusques à vingt-cinq ans (4). — *Inst. lib.* 1, *tit.* 23, *in pr.*; *L.* 20 *sept.* 1792, *tit.* 4, *sect.* 1, *art.* 1 ; *L.* 31 *janv.* 1793 ; *L.* 6 *flor. an* 2 ; *C-C, I,* 482, 148, 151.

Nous disons que le majeur est, 1.º censé capable *d'exercer* les droits civils, et non pas capable des *effets* civils. Cette dernière capacité existe à tout âge, tant qu'on n'a pas encouru la mort civile (5). Ainsi à tout âge on peut recevoir et aliéner (6) avec les autorisations et en observant les formalités prescrites, et c'est en cela que consiste principalement la capacité des droits civils. Mais l'exercice de ces mêmes droits, indépendamment de toute autorisation, n'appartient qu'aux personnes que la loi présume assez raisonnables pour en user d'une manière judicieuse : tels sont les majeurs. — *V. la note* 3, *pag.* 183.

Nous disons, en second lieu, que le majeur est *censé* capable, et non pas capable d'exercer les droits civils. C'est qu'il arrive quelquefois qu'il est réellement incapable de cet exercice, et alors la présomption cesse devant le fait. Ainsi le majeur, tel que l'insensé, le furieux, l'imbécille, qu'une infirmité physique ou intellectuelle prive tout-à-fait du juge-

---

moment du premier jour de la 26e. année. — V. LL. 15, § 6, ff. ad L. Jul. de adult.; ult., C. de testam. mil.; ult. *. non solum , C. de temporib. in integr. ; 3 , § 2 , ff de minorib. — Et si parvenu à cet âge, l'homme ratifie ce qu'il a fait en minorité, la loi valide l'acte. — D. L. 3, § 1, in pr. ; et L. 5, § 2, in f., ff. de auctor. et cons.

(4) V. ci-devant, tit. 5, ch. 1, page 68.
(5) V. ci-devant, tit. 1, chap. 2, art. 2, p. 21-23.
(6) Il faut toutefois distinguer l'aliénation à titre gratuit, de l'aliénation à titre onéreux. Celle-ci, dans l'ancien droit, pouvait être faite même par les pupilles, par le moyen de leur tuteur et avec l'autorisation du juge, etc., tandis que ils ne pouvaient faire l'aliénation gratuite. L'aliénation gratuite à cause de mort, peut être faite par les mineurs et non pas par les interdits. Enfin, l'aliénation gratuite entre-vifs, ne peut être faite en général (v. le tit. des donations), ni par les uns ni par les autres.

ment (7), ne peut exercer aucun de ses droits civils; ainsi celui dont une faiblesse d'esprit occasionne un dérangement grave dans sa conduite, tel que le prodigue, ne peut exercer qu'en partie ses droits civils. C'est ce que nous allons examiner.

CHAPITRE II.

De l'interdiction (8).

L'INTERDICTION est l'état du majeur qu'un jugement a privé de la disposition de ses biens, de leur administration, et souvent de celle de sa personne.

I. Elle peut ou elle doit (9) être prononcée contre les majeurs (10) qui sont dans un état habituel d'imbécillité, de démence ou de fureur (11), même lorsque cet état présente des intervalles lucides (12). — *V. C-C, I*, 483, 485.

---

(7) Il n'y a peut-être point d'insensés ou d'imbécilles qui soient tout-à-fait privés de jugement ; mais il ne leur reste souvent que cette partie du jugement qui suffit à la satisfaction de leurs besoins les plus grossiers; ils sont presque réduits, quant à l'intelligence, au-dessous des animaux. -- V. la médecine légale de Foderé. § 47.

(8) *DROIT ANCIEN.* - Pour les règles de détail, v. Montigny, au répertoire, mot *interdiction*; Denisart, même mot (édit de 1775). V. aussi le 37e. plaidoyer de Daguesseau, dans ses œuvres, t. 3 ; Cochin, plaid. 37 et 43, tome 2; Lebrun, causes célèbres, an 10, n.° 8 ; an 11, nos. 4 et 12.

(9) *DROIT ANCIEN.* -- L'art. 483 du code décide en général, que l'interdiction *doit* être prononcée contre les imbécilles, insensés et furieux ; mais l'art. 485 restreint évidemment cette obligation à l'égard des furieux.

(10) *DROIT ANCIEN.* -- Idem. V. L. 3, in pr. et § 1, ff. de tutelis.

(11) *DROIT ANCIEN.* -- Idem, en y ajoutant l'état de prodigalité, et même celui de maladie perpétuelle (mais non pas de cécité). - Just. de curator., § 2 et 3; LL. 1, C. de curator. furios.; 1, 2, 6 et 15, ff. eod.; Jnst. eod. § 4; L. 3, C. qui dare tut. vel cur.; Despeisses, sup., sect. 1; Ferrière, sup., part. 3, sect. 4, n.° 123. -- La jurisprudence française interdisait aussi les veuves qui se mesalliaient. -- V. les arrêts cités par Montigny, sup., § 1, et par Denisart, nos. 35, 36.

(12) *DROIT ANCIEN.* -- Le curateur ne gérait point pendant ces intervalles; mais son administration recommençait aussitôt qu'ils finissaient. -- L. 6, C. de curator. furios.; CUJAS, ad d. tit.; Despeisses, sect. 6, n.° 18.

Au reste, pendant les mêmes intervalles, le furieux pouvait contrac-

On confond quelquefois l'imbécillité avec la démence (13), parce qu'on désigne par l'un et l'autre nom, l'état de celui qui ne peut raisonner et juger sainement. — *V. Encyclop., médecine, mot* démence.

Cependant ces deux états offrent des différences très-remarquables. Dans le premier, qui paraît tenir à une grande faiblesse des organes (14), l'individu semble manquer de raison, parce qu'il est dépourvu d'idées, ou qu'il n'a pas la mémoire et l'énergie nécessaires pour retenir ou comparer ses idées. L'insensé, au contraire, dont les organes sont peut-être plus irrités qu'affaiblis, ne manque pas d'idées, mais il les compare d'une manière désordonnée, et il en tire des jugemens faux ou bizarres.

Il résulte de cette observation que l'insensé, ainsi que le furieux, peuvent avoir des intervalles lucides, c'est-à-dire jouir de leur raison dans quelques instans, tandis que les imbécilles n'en peuvent avoir (15). Mais il faut remarquer aussi que l'affaiblissement des organes des imbécilles n'est pas toujours complet, de sorte qu'ils jouissent d'une partie de leur raison et qu'on n'a pas besoin de leur ôter tout l'exercice de leurs droits civils (16), au lieu que les intervalles lucides n'étant, pour ainsi dire, qu'une exception à la folie des insensés, ne suffisent pas pour les affranchir d'une interdiction complette. — *Émeri, sup.* — *V. la note* 7, page 185.

---

ter, témoigner, etc. — L. 2, C. de contrah. empt, CUJAS, ad d. tit. ; inst. quib. non est perm., § 1 ; L. 20, § 4 , ff. qui test. fac. poss.

(13) Et même avec la fureur, qui n'est au reste, qu'une démence portée à l'excès.

(14) On rangeait jadis les sourds-muets dans la classe des imbécilles. Il est bien évident que ceux qui ont été instruits par Lépée et Sicard, ne sont pas dans le cas d'être interdits; tout au plus pourrait-on leur donner un conseil judiciaire.

(15) Au reste, il n'est pas besoin que le dérangement de l'esprit des insensés, soit porté au plus haut degré, pour donner lieu à l'interdiction. — Cochin, plaid. 37, t. 2, in-8.°, p. 305 et 315; et pl. 43, p. 522.

(16) V. ci-après le ch. 3; Ricard, des donations, part. 3, ch. 1; les autorités citées dans Lebrun, an 10, n.° 8, p. 18-21; le jugement du tribunal de la Haute-Vienne, p. 44, ibid.; les moyens exposés dans l'affaire Lacoste (ci-après, note 17), an 11, n.° 12, p. 89 et suiv.

II. L'interdiction peut être provoquée par l'époux ou par tout parent (17), et s'il n'y en a point de connu (18), par le commissaire du Gouvernement. Ce fonctionnaire est même tenu de la provoquer contre le furieux, lorsque personne n'a agi à cet effet. — *C-C*, *I*, 484, 485. — En général, tout ce qui intéresse les interdits et les personnes placées sous l'aide d'un conseil, doit être surveillé par les commissaires, et aucun jugement sur ces points ne peut être rendu que sur leurs conclusions. — *V. C-C*, *I*, 505, 509.

III. La demande en interdiction, motivée sur des faits articulés par écrit et établis par pièces et témoins (19) présentés (20) par les *provoquans*, est portée devant le tribunal civil (21), qui prend alors l'avis du conseil de famille, conseil dont les provoquans sont exclus, mais où l'on admet les époux et enfans du défendeur (avec voix consultative seulement). — *V. C-C*, *I*, 487, 486, 488, 489.

Le tribunal, en présence du commissaire, interroge (22) ensuite le défendeur à la chambre du con-

---

(17) *DROIT ANCIEN.* — On n'admettait pas non plus les étrangers à cette provocation. — V. Montigny, sup., § 3; Denisart, sup., nos. 12 et 14. — Par conséquent, un époux dont le divorce a été prononcé, est non recevable à soutenir l'action d'interdiction intentée précédemment. — Ainsi jugé au tribunal d'appel de Paris, en frimaire an 11; Lebrun, n.° 4. - C'est sans doute aussi par rapport aux parens, que le tribunal d'appel de Grenoble a établi pour principe, qu'une demande en interdiction ne pouvait être repoussée par des fins de non recevoir. — V. dans Lebrun, an xj, n.° 12, p. 44, le premier jugement rendu (6 floréal an 9), dans la cause fameuse de madame de Lacoste, plaidans le cit. Michal, et le cit. Tissot, de Nîmes.

(18) On a trouvé des inconvéniens à donner au commissaire le droit de provoquer l'interdiction de l'imbécille et du simple insensé, lorsque les parens connus n'ont pas agi à cet effet. — Rapport de Bertrant de Greville, tribunat, 5 germinal an 11.

(19) La présomption est toujours pour la raison; il faut donc que la démence soit démontrée. — V. Lebrun, an 10, n.° 8.

(20) C'est-à-dire, désignés. Il n'est pas besoin de les présenter sur-le-champ en personne. — Jugement du tribunal de Corbeil, du 26 prairial an 11; jur. code civil, t. 1, page 146.

(21) Elle n'est point précédée de conciliation; la conciliation, dans ce cas, serait ou impossible ou injurieuse. — Rapport du tribun Tarrible, corps législatif, 8 germinal an 11.

(22) *DROIT ANCIEN.* — Exposition des faits, assemblée des parens,

seil, ou par le moyen d'un juge qu'il commet; et si le résultat de l'interrogatoire lui en montre la nécessité, il confie à un administrateur provisoire la personne et les biens du défendeur. — *V. C-C, I*, 490, 491.

IV. Le jugement est ensuite rendu à l'audience publique, les parties entendues ou appelées, et il est signifié à l'interdit et inscrit dans les dix jours sur les tableaux de l'auditoire (23), et des études des notaires. S'il n'y en a pas appel, ou si, en cas d'appel, il est confirmé (24), on nomme à l'interdit un tuteur et un subrogé tuteur (25), suivant les règles prescrites au titre des tutelles (26); en obser-

───────────────────────

interrogatoire du défendeur, audition de témoins.. ces formes étaient aussi suivies en général ; mais on ne les exigeait pas toutes dans tous les cas. — Montigny, sup., § 2 ; Serres, liv. 1, tit. 23, § 4; jugement du tribunal de Grenoble, cité note 17, et 3e. jugement de id. (du 22 ventôse an 10), dans la même cause; Lebrun, ibidem, p. 75, et p. 92 et suiv.; et n.º 4, p. 71.

Mais on n'interrogeait point les prodigues dont l'interdiction était demandée ; cela était inutile, puisqu'ils jouissaient de leur raison. C'était par des actes et des faits qu'on devait prouver leur conduite imprudente. — V. Montigny, ibidem; Denisart, nos. 13, 16-17; Cochin, pl. 43, t. 2, p. 522.

Enfin, les tribunaux avaient le droit d'ordonner plusieurs interrogatoires. — Second jugement (9 thermidor an 9) du tribunal de Grenoble, dans la même cause ; Lebrun, ibidem, page 63.

(23) DROIT ANCIEN. — Les jugemens d'interdiction étaient aussi publiés à Paris; on les notifiait au doyen des notaires du domicile de l'interdit. — Arrêts cités par Montigny, § 4, in f.; et par Denisart, nos. 44-47, 49, 50; obs. du tr. de Nancy, sur l'article 20 du projet.

Il faut remarquer que le code exige la publication même du jugement *de première instance* ; on indiquera par un réglement la manière dont devront être rédigés ces tableaux d'inscription. — Conseil d'état, 20 brumaire an 11.

(24) Le tribunal d'appel peut aussi interroger ou faire interroger le défendeur. — C-C, 1, 494.

(25) Excepté lorsqu'il en a déjà un. — Emery, exposé des motifs, corps législatif, 28 ventôse an 11.

DROIT ANCIEN. — Idem. - V. D. L. 3, in pr. et § 1, ff. de tutel. — Mais on n'en nommait point à celui qui était sous la puissance de son père. — L. 7, in pr., C. de curat. furios.; CUJAS, ad d. tit.; Despeisses, sup., sect. 1, n.º 3.

(26) V. ci-devant, tit. 10, ch. 1, art. 2, page 168.

DROIT ANCIEN. — Le fils pouvait être curateur de son père et de sa mère. — L. 12, in pr. et § 1, ff. de tut. et cur. dat. ; L. 1, § 1, et L. 4, ff. de curat. fur.; Despeisses, sup., sect. 4; n.º 4. — Il n'en était pas de

vant toutefois, 1.° que le mari est en ce cas, tuteur de droit de la femme; 2.° que la femme peut seulement être nommée tutrice du mari (27), encore le conseil de famille doit-il alors (sauf le recours de la femme lésée) régler les formes et les conditions de l'administration; 3.° que la tutelle non déférée aux époux, aux ascendans et aux descendans peut finir au bout de dix années (28). — *V. C-C*, *I*, 492, 495, 499-502.

V. L'interdiction a son effet du jour du jugement. Les actes antérieurs ne peuvent être annullés que lorsque la cause de l'interdiction existait *notoirement* (29) à l'époque où l'interdit les a passés (30), mais les actes postérieurs sont nuls de droit. Au reste, on ne peut, après la mort d'un individu, attaquer pour cause de démence, ses actes (31), qu'autant que son interdiction a été prononcée ou provoquée avant son décès, à moins que la preuve de la démence ne résulte de l'acte même qu'on attaque (32). — *V. C-C*, *I*, 496-498.

---

même du mari par rapport à la femme. — L. 14, ff. eod; L. 2, C. qui dare tut. vel cur.; CUJAS, ad D. tit. in f.; Despeisses, ibidem, n.° 41; (Montigny, sup., § 4, dit toutefois que le mari était curateur de droit).

(27) DROIT ANCIEN. Un arrêt du conseil, du 1.er août 1785, avait décidé qu'elle ne pouvait être curatrice (v. la note 25 du tit. 19, page 165); mais on jugea ensuite le contraire au parlement de Paris, le 6 septembre 1786, dans la cause du marquis de Cabris (v. aff. de Dauph.) — V. aussi Montigny, § 4; et Denisart, nos. 51 et 52.

(28) V. ci-devant, tit. 10, ch. 5, page 176.

(29) Cette condition importante a été proposée par le tribunal de Grenoble. — Obs. sur l'art. 24 du projet.

(30) DROIT ANCIEN. — Même décision. — On entretenait même le testament olographe, sage et réfléchi, quoiqu'on offrît de prouver que que la démence avait commencé auparavant. Mais on n'accordait pas cet avantage au testament notarié. — V. Expilly, pl. 17, n.° 6; Ricard, part. 3, ch. 1, nos. 29-31; Denisart, nos. 31-33; Montigny, § 5, in pr.; v. sur-tout d'Aguesseau, sup., 2e. audience.

Au reste, on entretenait les actes des prodigues antérieurs à l'interdiction, parce qu'ils avaient été passés par des personnes jouissant de leur raison. — V. Ricard, part. 1, ch. 3, n.° 145; d'Aguesseau, sup.; Montigny, sup., § 5; Denisart, n.° 23.

(31) Et à plus forte raison, faire prononcer l'interdiction précédemment demandée. — Jugement de cassation, du 10 brumaire an 12, dans l'affaire Lacoste (v. note 17).

(32) DROIT ANCIEN. — Idem. — V. des arrêts de 1730, 1731 et 1756.

L'effet principal de l'interdiction consiste à faire assimiler l'interdit au mineur (33), quant à sa personne et à ses biens (34), de sorte que les lois sur la tutelle des mineurs s'appliquent à celle des interdits. — *C-C*, *I*, 503. — Cependant cette dernière tutelle a des règles qui lui sont propres.

Ainsi, 1.° l'interdiction ne finit point comme la tutelle du mineur, à une époque déterminée, mais seulement lorsque ses causes ont cessé, et en établissant qu'elles ont cessé, de la même manière qu'on a établi leur existence, et par conséquent l'interdit ne reprend l'exercice de ses droits qu'après le jugement de main-levée (35). — *V. C-C*, *I*, 506.

2.° Le conseil de famille avec l'homologation du tribunal (36), règle les conventions matrimoniales, lorsque l'enfant de l'interdit veut se marier. — *V. C-C*, *I*, 505.

3.° Le même conseil détermine aussi le lieu où l'interdit doit être traité, car ses revenus sont essentiellement destinés à accélérer sa guérison et adoucir son sort (37). *V. C-C*, *I*, 504.

---

cités par Denisart, n.° 30 et 32, et par Montigny, sup. — V. enfin un arrêt du parlement de Paris, du 2 septembre 1777, aux aff. de Dauph.; et le jugement de cassation cité dans la note précédente.

(33) *DROIT ANCIEN*. — *Idem*. — L. 7, § 11, ✳. ita autem, et § 12, in pr., ff. quib. mod. in poss. eat.

(34) *DROIT ANCIEN*. — *Idem*. L. 7, in pr. ff. de curat. fur. - V. aussi LL. 12, 17 et 11, ff. eod.

(35) *DROIT ANCIEN*. — La loi 1, in pr., ✳. et tamdiù, ff. curat., fur., décide que la curatelle de l'interdit finit *de droit*, lorsque les causes de l'interdiction ont cessé; d'après cette décision, Ricard, sup., n.° 145, pense que les actes faits par l'interdit, pour démence, sont bons même avant la levée de l'interdiction, si l'on prouve que sa cause avait alors cessé. Mais cette règle n'était pas admise dans les pays coutumiers. — V. Montigny, § 6.

Au reste, l'interdiction était aussi levée à-peu-près de la même manière qu'elle avait été établie. — V. Pothier, traité des personnes, titre 6, sect. 5; Montigny, § 6, in pr. — L'interdit n'avait pas besoin, pour la demander, de l'assistance de son curateur. — Arrêt de 1781, cité ibid., in f.

(36) Cette homologation n'est pas une vaine formalité; elle ne doit être accordée que lorsque on s'est assuré de la justice de la délibération de famille. — Emery, sup.

(37) *DROIT ANCIEN*. — Idem Férè. V. D. L. 7, in pr. ff. de curat. fur.

Au reste, ceux qui laissent divaguer des furieux, sont sujets à des peines de police simple. — C. des dél. et des peines, art. 605.

CHAPITRE III.

Du conseil judiciaire (38).

I. Nous avons dit que les personnes privées tout-à-fait du jugement, étaient aussi privées par les lois de l'entier exercice de leurs droits civils ; celles chez qui le jugement n'est qu'affaibli ne doivent point subir une peine aussi rigoureuse. On peut en distinguer deux classes, les prodigues, et les individus dont l'imbécillité n'est pas complette.

1.° On appelle *prodigue* l'individu qui dissipe sans mesure et d'une manière extravagante son patrimoine (39). — Cette dissipation paraissait jadis si pernicieuse, soit pour les familles, soit pour la société, qu'on interdisait les prodigues (40) ; mais comme les prodigues jouissaient cependant de leur raison, et seulement d'une raison moins éclairée, les rédacteurs du code civil ont préféré de les assujettir simplement à s'aider d'un conseil judiciaire (41) dans leurs affaires les plus importantes. — *V. C-C, I,* 507 ; et Bertrand de Greville, sup.

---

(38) *DROIT ANCIEN.-* Pour les règles de détail, v. Lepage, au nouveau Denisart, mot *conseil nommé par justice*, § 2. — V. aussi Lebrun, causes célèbres, an 10, n.° 9.

(39) *DROIT ANCIEN.* — *Idem.* — V. L. 1, in pr. ff. de curat. fur. ; les sentences de Paul, liv. 3, tit. 5, § 9, au pand. de Pothier, eod., n.° 1. — « La prodigalité, dit Ricard, sup., n.° 146, résulte de plusieurs ac-
» tes réitérés qui ne se connaissent que par le cours du tems et avec la
» discussion de plusieurs choses qui concourent ensemble ». — Au reste, il faut plusieurs faits, et des faits importans qui dérivent bien de la volonté, et non de simples accidens, pour établir la prodigalité.-Emery et Bertrand, sup.

(40) V. ci-devant, notes 9, 20 et 28, pages 185, 187, 189.
DROIT NOUVEAU. — L'abolition de l'interdiction pour cause de prodigalité, ne fut pas prononcée directement, mais on l'induisit d'un décret de renvoi du 2 septembre 1793 et de l'art. 13 de la constitution de l'an 3. -Voyez deux lettres du ministre de la justice, des 1 frimaire an 7 et 16 vendémiaire an 8, (citées dans la jurisprudence du code, tome 1, page 28), et deux jugemens de cassation, des 24 nivôse et 11 messidor an 10 ; (le 1er. est cité dans Lebrun, an 11, n.° 4, page 49), au bulletin.

(41) La différence caractéristique du conseil et de l'interdiction, est que le conseil ne peut pas agir pour celui à qui il est donné, malgré lui, ni le forcer de faire aucun acte. Au contraire, l'interdit n'a pas le droit

2.° Nous avons dit que l'affaiblissement des organes des imbécilles n'était pas toujours entier; on observe au contraire une gradation dans cet affaiblissement, et s'il était possible d'en bien caractériser les différens périodes, ou si la langue était plus riche, on ne donnerait pas, en droit, le nom d'imbécilles à toutes les personnes qui ne jouissent pas de toute l'étendue de raison qu'on remarque chez la plupart des hommes.

Quoi qu'il en soit, c'est aux tribunaux à rémédier à cet inconvénient en ne prononçant pas l'interdiction, mais en assujettissant à un simple conseil judiciaire les personnes qu'ils reconnaissent douées d'une portion de facultés intellectuelles, suffisante pour exercer leurs droits civils les moins importans. (42). — *V. C-C, I*, 493.

II. Le conseil judiciaire est nommé par le tribunal, sur la demande de ceux qui ont droit de provoquer une interdiction (43), et après avoir observé les formes requises pour l'interdiction, et il est révoqué de la même manière (44). — *V. C-C , I*,

---

d'agir; c'est son curateur qui fait tout en son nom, et même sans qu'il soit besoin de son consentement. -- Lepage, sup., n.° 2.

Dans le projet de code présenté en l'an 8, et dans celui qui a été discuté au conseil d'état, en l'an 10 et en l'an 11, on ne limitait point l'exercice des droits civils des prodigues. Plusieurs tribunaux, tels que ceux de Cassation, d'Aix, Caën, Colmar, Dijon, Metz, Montpellier, Nancy, Paris, Rennes, réclamèrent contre cette omission. Cependant la limitation dont on parle a encore éprouvé beaucoup d'oppositions au conseil d'état. On a craint de porter atteinte aux droits des propriétaires, et l'on a été frappé, soit de la difficulté des preuves qu'exigerait l'action en interdiction, soit du scandale qu'occasionnerait cette action, réservée ordinairement à de très-proches parens. - V. conseil d'état, 13 brumaire an 11.

(42) *DROIT ANCIEN. Idem.* -- V. Montigny, sup., § 5; Roubaud, in repert., mot *conseil*. et sur-tout Lepage, sup., nos. 1-5.

DROIT NOUVEAU. Quelque raisonnable que fut la jurisprudence qui autorisait l'établissement des conseils judiciaires, comme elle n'était fondée sur le texte précis d'aucune loi, le tribunal de cassation avait décidé qu'elle ne pouvait être adoptée - Jugement de cassation des 24 nivôse et 11 messidor an 10.

(43) *DROIT ANCIEN.* Quelquefois sur celle de cette espèce d'interdit. - Lepage, nos. 1 et 7.

(44) *DROIT ANCIEN.* -- *Idem.* V. Lepage, nos. 2 et 18. Quelquefois les circonstances d'où résultait un changement dans les facultés de l'in-

493, 500, 509. — C'est communément un homme de loi éclairé qu'on charge de ces fonctions (45).

Le jugement est aussi publié de la même manière, (46) et il a son effet à la même époque qu'un jugement d'interdiction (47). — *C-C*, *I*, 495, 496.

III. L'assistance de ce conseil est nécessaire aux personnes ci-devant désignées, et suivant que l'ordonne le tribunal, lorsqu'elles veulent plaider, transiger, emprunter, recevoir un capital mobilier et en donner décharge, aliéner leurs biens ou les grever d'hypothèques. Les actes de cette espèce, faits sans cette assistance, sont nuls de droit (48). — *C-C*, *I*, 493, 507, 496. — Mais ces personnes peuvent faire valablement toutes les autres espèces d'actes, se marier (49), par exemple, et tester (50), tandis que les interdits en sont incapables. — *Emeri, sup.*

---

dividu soumis à un conseil, suffisaient seules pour opérer la révocation. — D. n.º 18.
(45) V. les arrêts cités par Lepage, sup., nos. 4, 8 et 17.
Au reste, le conseil judiciaire n'est point responsable ; il n'agit point en son nom dans les actes, et il peut donner sa démission. - Idem, nos. 14-16.
(46) DROIT ANCIEN. L'appel de la première sentence n'était que dévolutif et non pas suspensif. - Lepage, n.º 12.
(47) Les actes antérieurs sont valables. - Tarrible, sup. - V. aussi note 28, page 189.
(48) Mais lorsque on n'a pu employer cette assistance, parceque, par exemple, le conseil était décédé, les actes doivent-ils être également annullés ? Deux arrêts cités par Lepage, n.º 17, ont prononcé l'affirmative. Mais il paraît, d'après un troisième arrêt du 7 juin 1760, que la nature des actes influe beaucoup sur leur confirmation ou rejet.
(49) DROIT ANCIEN. Idem. Mais non pas les conventions accessoires au mariage. – Lepage, sup., n.ª 9.
(50) DROIT ANCIEN. Idem, si la sentence ne l'exprimait pas formellement. — Lepage, sup., n.º 10.

Récapitulation sommaire du livre premier, qui contient le traité des personnes.

Après avoir exposé quelles sont les diverses divisions des personnes en France (1), par rapport au droit privé ou civil (*titre préliminaire*), on a traité dans des titres particuliers, des règles propres à l'état des personnes comprises dans ces divisions, et en les considérant sous les points de vue suivans :

I. Capacité et incapacité civile.

On a expliqué à cette occasion ce qu'on entend par *droits civils*, quelles sont les personnes qui en jouissent et celles qui en sont privées, et les moyens par lesquels on peut les recouvrer ; ce que c'est qu'un changement et une question d'état. — *Titre* 1.er *et appendix*.

On a aussi exposé comment on constate *l'état civil*, ou quelles sont les règles propres aux actes de naissance, de mariage, décès, reconnaissance, adoption et divorce, passés en France ou hors de la France. — *Titre* 2.^{e}

II. Résidence et absence.

On a expliqué ce que c'était que la résidence et le domicile, et en quoi ils différaient. — *Titre* 3.^{e}

On a ensuite parlé des personnes éloignées de leur domicile depuis peu de tems, ou des *absens présumés*, et de celles qui en sont éloignées depuis long-tems sans qu'on en ait des nouvelles, ou des *absens proprement dits* : on a indiqué comment on faisait déclarer l'absence, et quels étaient les effets de l'absence déclarée. — *Titre* 4.^{e}

---

(1) On a aussi exposé la division des personnes dans les colonies françaises. — *Appendix au titre préliminaire.*

III. *Mariage et dissolution du mariage.*

On a exposé quelles étaient les personnes qui pouvaient contracter mariage, quels obstacles pouvaient s'opposer à ce contrat, de quelles formes il devait être précédé ou accompagné, quelles obligations en naissaient, par quels moyens on pouvait le faire annuller, et comment il se dissolvait (2). — *Titre* 5.ᵉ

Au nombre des modes de dissolution du mariage, est le *divorce* dont on a expliqué les causes, les modes et les effets. — *Titre* 6.ᵉ

La *mort civile* est encore un mode de dissolution du mariage. On en avait parlé au *titre* 1.ᵉʳ

La *séparation de corps* sans dissoudre le mariage y porte quelque atteinte. Il en a été question dans un *appendix au titre* 6.ᵉ

IV. *Paternité et filiation.*

Légitimité et illégitimité.

On a explique comment se forme et se prouve la paternité, et par conséquent la filiation ; et comme on divise la filiation en filiation légitime, illégitime, légitimée et civile, on a traité des règles propres à l'état des enfans légitimes, des enfans naturels, des enfans légitimes et des enfans adoptés. — *Titres* 7.ᵉ *et* 8.ᵉ

A la suite de l'*adoption*, on a donné les règles d'une institution nouvelle qui y a quelques rapports, la *tutelle officieuse.* — *Titre* 8.ᵉ

V. *Puissance paternelle.*

On a exposé en quoi consiste la puissance paternelle, à qui elle appartient, sur qui elle s'étend et quels en sont les effets, soit par rapport à la personne, soit par rapport aux biens du fils. — *Titre* 9.ᵉ

On a dit aussi comment cette puissance se dissolvait, et on a traité par conséquent de l'*émancipation.* — *Même titre.*

---

(2) On a aussi traité des mariages qui, quoique valables, étaient dépourvus des effets civils. — *Appendix au titre cinquième.*

VI. AGE.

Le droit civil distingue, sous le point de vue de l'âge, les pupilles, des mineurs et des majeurs. Les pupilles et les mineurs étaient administrés par des tuteurs et curateurs. Comme on ne distingue plus aujourd'hui que deux classes de personnes, les mineurs et les majeurs, on a traité d'abord des mineurs ou personnes en tutelle, et ensuite des majeurs ou personnes qui s'administrent ordinairement elles-mêmes.

On a parlé des diverses espèces de *tutelles* et de leurs modes, des personnes qui pouvaient exercer ces fonctions, de celles qui pouvaient s'en excuser. On a dit aussi en quoi consistaient ces fonctions et comment elles prenaient fin. — *Titre* 10.^e

Outre les tuteurs, diverses personnes participent à l'administration des mineurs : telles sont les cotuteur, protuteur, tuteur *ad hoc*, subrogé tuteur, tuteur honoraire, curateur... Il en a été question dans un *appendix au titre* 10.^e

On a enfin (3) dit ce qui constituait la *majorité*, et quels étaient les droits des *majeurs*. — *Titre* 11.^e

VII. FACULTÉS INTELLECTUELLES.

La raison est nécessaire pour l'exercice des droits civils. On a parlé des personnes qui en étaient tout-à-fait dépourvues, telles que les imbécilles, les insensés et les furieux, et qu'à cause de cela l'on prive de l'exercice de ces droits, que l'on constitue en un mot, en état d'*interdiction*.

On a exposé comment se poursuit et se prononce l'interdiction, quels en sont les effets et comment elle cesse. — *Titre* 11.^e

D'autres personnes, sans être dépourvues de jugement, ont une certaine faiblesse d'esprit qui ne

---

(3) Il est aussi question de l'âge dans plusieurs autres endroits, par exemple, 1.° de l'âge exigé des témoins, tit. 2, ch. 1, p. 29; 2.° De l'âge exigé des époux, tit. 5, ch. 1, p. 65; 3.° De l'âge qui fait excuser de la tutelle, tit. 10, ch. 3, p. 164; 4.° De l'âge où un enfant peut être détenu, tit. 8, p. 143.

leur permet pas d'administrer comme il faut leurs biens ; tels sont les prodigues. On leur nomme un *conseil judiciaire*, qui doit les assister dans leurs actes importans. — *Même titre.*

VIII à XXXI. Il y a beaucoup d'autres points de vue sous lesquels on peut considérer les personnes, dans le droit privé : nous en allons indiquer les principaux (par ordre alphabétique), ainsi que les titres où il en a été question.

1. *Adultère.*

On a parlé de ses effets aux titres du mariage (4), du divorce (5) et de la paternité (6).

2. *Affinité.* Voyez le n.º 20.

3. *Alimens.*

Qui les doit ? à qui sont-ils dûs ?... Voyez les titres du mariage (7) et du divorce (8).

4. *Amitié.* Voyez le n.º 20.

5. *Conception, naissance.*

On a indiqué quelques règles propres à l'enfant conçu, à l'enfant non viable et à l'enfant exposé, dans les titres de la tutelle (9), de la paternité (10) et des actes civils (11). On en indiquera d'autres aux titres des testamens, des successions, etc.

6. *Concubinage, dérèglement de mœurs.*

On en expose quelques effets aux titres du mariage (12), de la paternité (13), de la puissance paternelle (14), du divorce (15), de la tutelle (16).

7. *Condamnation.*

La condamnation à de certaines peines, produit

---

(4) Titre 5, ch. 2, page 72.
(5) Titre 6, pages 91, 92 ; et appendix, pages 106 et suivantes.
(6) Titre 7, ch. 1, page 115 ; ch. 2, p. 120 ; ch. 3, p. 126.
(7) Titre 5, ch. 4, page 84.
(8) Titre 6, ch. 3, page 102.
(9) Titre 10, appendix, pages 181, 182.
(10) Titre 7, ch. 1, page 114.
(11) Titre 2, page 34.
(12) Titre 5, appendix, page 89.
(13) Titre 7, ch. 2, page 120 et suivantes.
(14) Titre 8, ch. 12, pages 143 et 144.
(15) Titre 6, ch. 1, page 93 ; appendix, page 106 et suivantes.
(16) Titre 10, ch. 2, page 162, et ch. 4, page 168.

aussi des effets dans l'ordre civil. Voyez les titres des droits civils (17), du divorce (18) et de la tutelle (19).

8. *Dérèglement de mœurs.* Voyez le n.º 6.

9. *Désignation.*

Quelles sont les espèces de noms qu'on peut prendre ? quel est l'effet d'une désignation inexacte ? ... On l'indique aux titres des actes civils (20) et de la paternité (21), et dans la suite, à celui des testamens.

10. *Education.*

Qui en est chargé ? ... On l'annonce dans les titres de l'absence (22), du mariage (23), du divorce (24), des tutelles (25).

11. *Emigration.*

On parle de quelques-uns de ses effets dans les titres des droits civils (26) et du divorce (27).

12. *Emission de vœux solemnels.*

Cet engagement opérait diverses incapacités qu'on indique aux titres des droits civils (28) et du mariage (29), et dans la suite, à ceux des testamens, des successions, etc.

13. *Esclavage.*

L'esclavage aboli en France, a été maintenu dans plusieurs Colonies françaises. Voyez le titre des divisions des personnes (30).

14. *Extranéité.*

Les étrangers ne sont pas toujours assujettis aux mêmes règles et ne jouissent pas des mêmes avan-

---

(17) Voyez titre 1, pages 18 et 25.
(18) Titre 6, ch. 1, page 93; et ch. 2, pages 94 et suivantes.
(19) Titre 10, ch. 2, page 162.
(20) Titre 2, appendix, page 43 et suivantes.
(21) Titre 7, ch. 1, page 116.
(22) Titre 4, page 57.
(23) Titre 5, ch. 4, page 84.
(24) Titre 6, ch. 3, page 105.
(25) Titre 10, ch. 4, page 167.
(26) Titre 1, ch. 2, p. 23.
(27) Titre 6, ch. 2, page 94.
(28) Titre 1, ch. 2, page 20.
(29) Titre 5, ch. 2, page 70.
(30) Titre 1, appendix, page 6 et suivantes.

tages que les Français. On en parle aux titres de l'effet des lois (31) et des droits civils (32).

15. *Fonctions publiques.*

Les fonctionnaires publics ont quelques prérogatives particulières. Voyez les titres des tutelles (33), de la majorité (34), et dans la suite, ceux de la procédure.

16. *Impuberté, impuissance.*

On parle des effets que la première produit et que la seconde produisait, dans les titres du mariage (35) et du divorce (36).

17. *Impuissance.* Voyez le n.° précédent.

18. *Infirmités physiques.*

Elles nuisent ou servent dans quelques circonstances, indiquées aux titres du mariage (37), du divorce (38), de la tutelle (39) ; de la majorité (40).

19. *Naissance.* Voyez le n.° 5.

20. *Parenté, affinité, amitié.*

La nature et la mesure des deux premières seront exposées au traité des successions. On parle de quelques-uns des effets de toutes les trois aux titres du mariage (41), des tutelles (42) et de la majorité (43).

21. *Possession d'état.*

On indique quelques-unes de ses règles aux titres du mariage (44), de la paternité (45), de la majorité (46).

22. *Professions particulières.*

---

(31) Tome 1.er, liv. prélim. ; part. 1, ch. 2, page 31 *bis*.
(32) Tome 2, titre 1, ch. 1, pages 13-15.
(33) Titre 10, ch. 3, page 163.
(34) Titre 11, ch. 1, page 183.
(35) Titre 5, ch. 2, page 70.
(36) Titre 6, in pr., page 91.
(37) Titre 5, ch. 2, page 70.
(38) Titre 6, ch. 1, page 93.
(39) Titre 10, ch. 3, page 164.
(40) Titre 11, ch. 2, page 185 et suivantes.
(41) Titre 5, ch. 2, page 72.
(42) Titre 10, in pr., page 152 et ch. 1, page 158.
(43) Titre 11, ch. 2, pages 187, 189.
(44) Titre 5,, ch. 3, pages 79, 80.
(45) Titre 7, ch. 1, pages 115 et suivantes.
(46) Titre 11, ch. 2, n.° 4, page 188.

Certaines professions particulières ont aussi des règles spéciales. Tel est *l'état militaire*. — Voyez les titres des actes civils (47), du domicile (48), du mariage (49) et des tutelles (50); et aux livres suivans, ceux des prescriptions, des testamens, de la procédure, etc.

23. *Sexe.*

On expose quelques règles propres au sexe féminin, dans les titres des droits civils (51), du mariage (52), du divorce (53), de la paternité (54), de la tutelle (55) et de la majorité (56).

L'on en indique aussi quelques-unes aux titres des testamens, des cautions, etc.

24. *Voisinage.*

On parle de quelques-uns de ses effets aux titres des tutelles (57) et des obligations (dans un des livres suivans).

---

(47) Titre 2, ch. 3, pages 41-43.
(48) Titre 3, page 52.
(49) Titre 5, ch. 2, page 75.
(50) Titre 10, ch. 3, page 163.
(51) Titre 1, ch. 2, art. 1 et 3, pages 18 et 24.
(52) Titre 5, ch. 1 et 4, pages 65-68, et 81-83.
(53) Titre 6, ch. 1, page 93, ch. 2, page 98, ch. 3, page 102, appendix, pages 106-108.
(54) Titre 7, in pr., page 110; ch. 1, page 111, 115; ch. 2, p. 122.
(55) Titre 10, ch. 1, pages 155-157 et 160.
(56) Tit. 11, ch. 2, page 189.
(57) Titre 10, ch. 3, page 159, in f.

TABLE DES MATIÈRES.

LIVRE PREMIER. — DES PERSONNES.

Pages

TITRE PRÉLIMINAIRE. — *Des divisions des personnes* 1
Appendix au titre préliminaire. — *Des divisions des personnes dans les Colonies françaises* . . 6

TITRE I.er — *Des droits civils* 8
CHAP. I.er — *De la jouissance des droits civils* . 10
CHAP. II. — *De la privation des droits civils et des moyens de les recouvrer.* 16
Art. I.er — *De la privation des droits civils* . . ibid
§. I.er — *De la perte de la qualité de Français* . ibid
§ II. — *Des peines perpétuelles* 18
§. III. — *De la profession religieuse* 20
Art. II. — *Des effets de la privation des droits civils.* 21
Art. III. — *Des moyens de recouvrer les droits civils.* 24
Appendix au titre I.er — *Du changement et des questions d'état* 26

TITRE II. — *Des actes de l'état civil* 27
CHAP. I.er — *Des règles communes à tous les actes de l'état civil* 29
CHAP. II. — *Des actes civils reçus dans le territoire de la République* 33
§. I.er — *Des actes de naissance.* 34
§. II. — *Des actes de mariage.* 35
§. III. — *Des actes de décès* 39
§. IV. — *Des actes de reconnaissance d'enfant, d'adoption et de divorce.* 40

CHAP. III. — *Des actes passés hors du territoire de la République*	41
Appendix au titre II. — *Des noms des Français* .	43
TITRE III. — Du domicile.	48
TITRE IV. — De l'absence	54
CHAP. I.er — *De l'absence présumée*.	56
CHAP. II. — *De l'absence proprement dite, ou absence déclarée*.	58
Art. I.er — *De la manière de faire déclarer l'absence*.	id
Art. II. — *Des effets de l'absence déclarée* . . .	59
§. I.er — *Des biens de l'absent*	50
§. II. — *Des droits éventuels de l'absent* . . .	62
§. III. — *Des actions passives et du mariage de l'absent*	63
TITRE V. — Du mariage	64
CHAP. I.er — *Des qualités et conditions requises pour le mariage*	65
CHAP. II. — *Des obstacles ou empêchemens au mariage*.	70
Art. I.er — *Des empêchemens dirimans*. . . .	id
§. I.er — *Des empêchemens absolus*	id
§. II. — *Des empêchemens relatifs*	72
Art. II. — *Des empêchemens prohibitifs*. . .	74
Art. III. — *Des dispenses des empêchemens* . .	76
CHAP. III. — *Des formes du mariage*.	78
CHAP. IV. — *Des obligations qui naissent du mariage*.	80
Art. I.er — *Des droits et devoirs respectifs des époux*.	81
Art. II. — *Des droits et devoirs respectifs des époux et des enfans*	84
CHAP. V. — *Des nullités du mariage*	86
CHAP. VI. — *De la dissolution du mariage*. . .	88

	Pages
Appendix au titre V. — *Des mariages valables, mais dépourvus des effets civils*	ibid
TITRE VI. — Du divorce	90
Chap. I.er — *Des causes du divorce*	93
Chap. II. — *Des modes du divorce*	94
§. I.er — *Du divorce pour cause déterminée*	id
§. II. — *Du divorce par consentement mutuel*	99
§. III. — *Du divorce par incompatibilité*	101
Chap. III. — *Des effets du divorce*	102
Appendix au titre VI. — *De la séparation de corps*	106
TITRE VII. — De la paternité et de la filiation	109
Chap. I.er — *Des enfans légitimes*	111
Chap. II. — *Des enfans illégitimes ou naturels*	120
Chap. III. — *Des enfans légitimés*	126
TITRE VIII. — De l'adoption et de la tutelle officieuse	128
Chap. I.er — *De l'adoption*	130
Chap. II. — *De la tutelle officieuse*	134
TITRE IX. — De la puissance paternelle	136
Chap. I.er — *De la formation et de la dissolution de la puissance paternelle (et par conséquent de l'émancipation)*	138
Chap. II. — *Des effets de la puissance paternelle*	142
§. I.er — *Effets sur la personne*	id
§. II. — *Effets sur les biens*	146
TITRE X. — De la tutelle	151
Chap. I.er — *Des diverses espèces de tutelles et de leurs modes*	154
Art. I.er — *Des tutelles légitimes*	155
§. I.er — *De la tutelle des père et mère*	156
§. II. — *De la tutelle des ascendans*	157

	Pages
Art. II. — *Des tutelles de choix*	158
§. I.er — *De la tutelle de dernière volonté*	id
§. II. — *De la tutelle dative*	id
CHAP. II. — *Des particuliers qui peuvent être appelés à la tutelle*	161
CHAP. III. — *De ceux qui peuvent s'excuser de la tutelle*	163
CHAP. IV. — *Des fonctions des tuteurs*	166
Art. I.er — *De l'administration du tuteur*	ibid
§. I.er — *De l'administration de la personne du mineur*	167
§. II. — *De l'administration des biens du mineur.*	169
Art. II. — *Des comptes de la tutelle*	174
CHAP. V. — *De la fin de la tutelle*	176
Appendix au titre X. — *Des personnes qui participent à l'administration des mineurs*	177
TITRE XI. — De la majorité, de l'interdiction et du conseil judiciaire	183
CHAP. I.er — *De la majorité*	
CHAP. II. — *De l'interdiction*	185
CHAP. III. — *Du conseil judiciaire*	191
Récapitulation sommaire du livre premier.	194

FIN DE LA TABLE.

TABLE

ANALYTIQUE du Livre premier du Cours de Législation (I).

personnes n'ont plus, en France, qu'une même condition aux yeux de la loi civile; on est donc obligé (ainsi qu'on le voit dans cette table) de fonder leurs divisions sur caractères étrangers à toute idée de supériorité. . . . . *prél.*

Il n'en est pas de même dans certaines Colonies françaises. L'esclavage y est admis et est assujetti à de certaines règles qu'on indique. — Appendix. . . . . *id.*

				Titres	Chap.
I. Droits civils, ou droits qui résultent de la loi civile. Or, . . .	on en jouit . . .		1.° en général. Tel est l'avantage du Français d'origine et de naissance.	I.	1.
			2.° dans certains cas seulement. C'est ce qui arrive au Français de naissance ou d'origine seulement, et à l'étranger des deux sexes	*id.*	*id.*
	on en est privé. Cette privation .	1.° est causée par	1. la perte de la qualité de Français, qui résulte de l'abdication directe ou indirecte, de patrie. — Art. 1, §. 1.er	*id.*	2.
			2. la condamnation à des peines afflictives perpétuelles, ou à la mort naturelle, et par l'émigration. — §. 2 et 3.	*id.*	*id.*
			3. la profession religieuse. (Cette dernière cause n'a plus cet effet aujourd'hui). §. 3.	*id.*	*id.*
		2.° opère ; . .	1. la mort civile ; et celle-ci entraîne l'ouverture de la succession, la dissolution du mariage, etc. — Art. 2	*id.*	*id.*
			2. les incapacités propres aux étrangers. (V. le chap. 1.er, pag. 13). — D. art. 2.	*id.*	*id.*
	on les recouvre dans certains cas, par exemple lorsqu'on revient en France, lorsque la condamnation est anéantie. — Art 3			*id.*	*id.*
	La perte, ou le recouvrement des droits civils, fait subir à l'individu un *changement d'état*. — Appendix.			*id.*	»
	on les constate. Ce qui a lieu par le moyen des *actes de l'état civil*. Ces actes ont des règles.	1.° communes, telles que les règles propres aux fonctions de l'officier civil, aux déclarations, papier, signatures, témoins.		2.	1.
		2.° particulières, suivant qu'ils sont passés, ou	en France; et l'on distingue ici les actes de . . .	1. *Naissance*, d'enfans issus de parens connus ou inconnus. — §. 1.er	*id.*	2.
				2. *Mariage* (publications, âge, consentemens, oppositions, célébration). — §. 2.	*id.*	*id.*
				3. *Décès*, ordinaire ou extraordinaire. — §. 3.	*id.*	*id.*
				4, 5 et 6. Reconnaissance, adoption et divorce. — §. 4	*id.*	*id.*
			hors de France, soit en pays étranger, soit sur mer		*id.*	3.
	A cette occasion, on parle des *noms* qu'on peut y prendre, et en général des noms des Français, depuis plusieurs siècles. — Appendix				*id.*	»
II. Résidence.	où l'on est présent, C-D., où l'on a d'où l'on est absent ; or, l'ABSENCE est, ou	1.° son habitation de fait (ou autrement domicile de fait).			3.	»
		2.° son DOMICILE, ou établissement principal, dont on indique les caractères, les modes de changement, le choix, les effets			*id.*	»
		présumée; et alors on veille aux biens, aux enfans et aux droits de l'absent présumé			4.	1.
		déclarée, et l'on explique . . .	1.° comment on la fait déclarer (enquête, jugemens, etc.). — Art. 1.er		*id.*	2.
			2.° ses effets (après la déclaration)	1. aux biens de l'absent (possession, administration, partage, restitution). — Art. 2, §. 1.er	*id.*	»
		par rapport . .	2. à ses droits éventuels, tels que successibilité. — §. 2		*id.*	*id.*
			3 et 4. à ses actions passives et à son mariage. — §. 3.		*id.*	*id.*
III. Mariage. On le considère sous le rapport de . .	sa formation. On exige à ce sujet .	1.° qu'il y ait certaines qualités (l'âge suffisant) et conditions (le consentement des parties et des parens) .			5.	1.
		2.° qu'il n'y ait pas certains obstacles ou empêchemens dont on examine	ses, savoir : les 1. dirimans . . .	absolus (impuberté, démence, mort civile, etc.). — Art. 1.er, §. 1.er	*id.*	2.
				relatifs (adultère, parenté, affinité, divorce). — §. 2.	*id.*	*id.*
			2. prohibitifs, canoniques (ils n'existent plus), ou civils (les oppositions). — Art 2		*id.*	*id.*
		3.° qu'on observe certaines formes; savoir : les *fiançailles* (elles ne sont pas d'obligation), les publications et la célébration (V. tit. 3).			*id.*	3.
	ses effets, C-D. les droits et devoirs respectifs .	1.° des époux; savoir : . . .	de la femme envers le mari (nom, habitation, autorisation). — Art. 1.er		*id.*	4.
			du mari envers la femme (alimens, égards, soins, etc.). — D. art. 1.er		*id.*	*id.*
		2.° des époux et des enfans (alimens, éducation, légitime). — Art. 2.			*id.*	*id.*
	A cette occasion on parle de certains mariages, qui, jadis, quoique valables, ne produisaient pas les effets civils. — Appendix.				*id.*	5
	sa rescision, lorsque les lois ont été violées. Elle peut être demandée par certaines personnes				*id.*	6
	sa dissolution, qui est, ou . . .	ordinaire et naturelle, soit civile complète, et résulte alors	1. de la mort, soit naturelle, soit civile		6.	1.
			2. du DIVORCE, dont on expose	les causes (motifs déterminés, consentement mutuel, séparation de corps).	*id.*	2.
				les modes pour les divers divorces; savoir : 1. motifs déterminés. — §. 1.er	*id.*	*id.*
				2. consentement mutuel. — §. 2	*id.*	*id.*
				3. incompatibilité (celui-ci est aboli). — §. 3.	*id.*	*id.*
			les effets, soit par rapport aux époux, soit par rapport aux enfans .		*id.*	3.
		accidentelle et imparfaite. Elle résulte alors de la *séparation de corps*, dont on indique les causes, modes et effets. — Appendix.			*id.*	»
IV. Paternité (et par suite la *filiation*), dont on expose. . . .	les espèces. Or, la paternité est, ou	1.° légitime. — On indique comment elle se forme et se prouve, et quelles sont les règles propres à l'état des enfans légitimes			7.	1.
		2.° illégitime. — Idem . . . idem, par rapport aux enfans naturels.			*id.*	2.
		3.° légitimée. — Idem . . . idem, par rapport aux enfans légitimés			*id.*	3.
		4.° civile. — Idem . . . idem, par rapport aux enfans adoptés (ainsi que l'on traite de L'ADOPTION).			8.	1.
	le résultat principal, C-D, la PUISSANCE PATERNELLE. On en explique	1. la formation (elle a lieu par le mariage et par la reconnaissance des enfans naturels)			9.	1.
		2. la dissolution (*idem* par l'émancipation, soit expresse, soit tacite)			*id.*	*id.*
		3. les effets, sur .	la personne du fils (droit de correction, responsabilité des délits, exercice des actions). — §. 1.er		*id.*	*id.*
			les biens du fils (facultés et prohibitions, espèces de biens, droits du père sur ces biens, etc.). — §. 2		*id.*	*id.*
V. Age. Sous ce rapport, les hommes sont, ou .	mineurs, administrés par autrui, ou soumis à une TUTELLE . . .	1. ses genres (et leurs modes); savoir : la tutelle .	1.° légitime. . { 1. des père et mère. — Art. 1.er, §. 1		10.	1.
			{ 2. des ascendans. — Id., §. 2		*id.*	*id.*
			2.° de choix, C-D. { 1. de dernière volonté. — Art. 2, §. 1.er		*id.*	2.
			examine quels sont . . . { 2. dative. — Id., §. 2.		*id.*	*id.*
		2. les particuliers qui peuvent y être appelés ou en être exclus . .			*id.*	3.
		3; ceux qui peuvent s'en excuser (fonctionnaires, vieillards, etc.).			*id.*	*id.*
		4. les devoirs d'un tuteur, devoirs qui consistent à	1.° administrer { la personne du mineur. — Art. 1.er, §. 1.er		*id.*	4.
			{ ses biens. — D. art., §. 2		*id.*	*id.*
			2.° rendre compte de cette administration. — Art. 2		*id.*	*id.*
		5. les cas où elle prend fin (mort, puberté, changement d'état).			*id.*	5.
		OFFICIEUSE, dont on expose le mode et les effets			8.	2.
	majeurs, s'administrant eux-mêmes (on traite donc ici de la MAJORITÉ) .	1.° jouissent .	1. en entier; tels sont les majeurs dont on vient de parler		11.	1.
VI. Facultés Intellectuelles, dont les hommes		2.° sont privés;	2. partiellement; tels sont les majeurs qu'on met sous la protection d'un CONSEIL JUDICIAIRE		*id.*	3.
			tels sont les majeurs, insensés, furieux ou imbécilles qu'on frappe d'une INTERDICTION (ses causes, modes, effets, etc.).		*id.*	*id.*

Cette table est destinée principalement à exposer le *droit actuel*.

Il y a encore beaucoup d'autres points de vue. On parle des principaux, tels que le sexe, la profession, etc. dans plusieurs des titres précédens, titres auxquels on renvoie dans une récapitulation générale, pages 197-200.

www.ingramcontent.com/pod-product-compliance
Lightning Source LLC
Chambersburg PA
CBHW061259110426
42742CB00012BA/1982